Generation Fußnote *

Von der DDR wird nichts bleiben als eine Fußnote in der Weltgeschichte.

STEFAN HEYM, 1990

INHALT

VORWORT

Als mein vorletztes Vaterland entstand, war ich neuneinhalb Jahre alt und besuchte die vierte Klasse unserer Dorfschule. Die Schiefertafel hatte ich bereits zertrümmert, jetzt lernte ich, mit Federhalter, Deutsche Demokratische Republik, Pieck, Grotewohl und Ulbricht zu schreiben – Namen, die mich ein mehr oder weniger gutes Stück durchs Lebens begleiten sollten. An der Rückwand unseres Klassenzimmers, im Blickfeld der Lehrer, hing ein Porträt Josef Stalins, dem wir den verlorenen Krieg und die Zukunft der Menschheit zu verdanken hatten.

Zur DDR-Gründung zog ich mein weißes Hemd an, knotete das blaue Pioniertuch um den Hals und stellte mich mit anderen in Reih und Glied vor die alte Schule, wo vorher schon andere in ganz anderen Hemden gestanden hatten. An einem Holzmast wurde eine schwarz-rot-gelbe Fahne in den Wind gehängt. »Seid bereit!«, sagte unsere Pionierleiterin statt »Guten Morgen«. Wir antworteten: »Immer bereit!« – wozu, das würden wir schon noch erfahren.

So begann meine Zeit mit einem Staat, der mich mit nützlichem und überflüssigem Wissen anreicherte, mit Verantwortung betraute, überzeugte und indoktrinierte, auszeichnete und demütigte, faszinierte und enttäuschte. Er drückte mir das Brandzeichen »Ossi« auf die Stirn, mit dem ich bis heute auf noch so manchen Euro verzichten müsste, wenn Verfassungsrichter nicht mit der Gleichheitsfloskel im Grundgesetz drohten.

Ohne Wehmut schaue ich zurück, staune über die vielen Experten, die alles haben kommen sehen, wie es gekommen ist. Mit tausend Fragen blättere ich in hundert Notizheften aus meinem Journalistenleben, bevor sie auf dem Umweg über die Altpapiertonne einer nützlichen Verwendung zugeführt werden. Vielleicht entdecke ich, wo die Gründe für mein loyales Verhalten einem Staat gegenüber lagen, dem nach der allein gültigen Lehre jener Zeit die Zukunft gehörte und der doch so kläglich an seinen schwülstigen Dogmen und an der machtbesessenen Unfehlbarkeit seiner proletarischen Diktatoren zugrunde ging.

Es wäre im Nachhinein leicht, sich mit ein paar alten Männern aus der Verantwortung zu stehlen. Lange genug sonnten wir uns in ihrer Nähe und waren ihnen mit vorauseilendem Gehorsam zu Diensten. Ihre Illusionen bestimmten unsere Träume, ihre Wünsche waren unsere Ziele. Ihr Erziehungssystem gipfelte in der Maxime des Opportunisten: Jedes Ding hat drei Seiten – eine für den Parteisekretär, eine für den Klassenfeind und eine für das eigene Wohlbefinden.

Geradezu töricht wäre es, sich nicht rasch der verschrobenen Weltsichten jener Allgewaltigen zu entledigen, von denen nach dem Abfall der Macht der morbide Rest einer heruntergewirtschafteten Gesellschaftsalternative geblieben ist, deren Weltrevolutionslegende, geschrumpft und geölt, im Lenin-Mausoleum künstlich am Tod gehalten wird.

Auf einen meiner Sprüche aus jungen Jahren konnte ich mich in der DDR immer verlassen:

Jahre machen dich,
mit Glück, leiser,
älter ganz gewiss,
doch selten weiser.

Ehrlich bis auf die Knochen

Die DDR spielte sich im Wesentlichen zwischen Jubiläumsfeiern, Kampfdemonstrationen und Solidaritätsbasaren ab. Daran hatten sich die Bürger gewöhnt, denn sie feierten gern, sie marschierten gern und sie gaben auch.

Solche Tugenden wurden dem Nachwuchs frühzeitig anerzogen. Von den guten Tanten im Kindergarten, den freundlichen Staatsbürgerkundelehrern in der Schule und den vielen FDJ- und Parteisekretären, die der Vernunft manchen Stein in den Weg räumten. Das Volk selbst zerfiel in Klassen und Schichten, Demagogen und Opportunisten, Prämierte und Deprimierte. Zusammen waren es, knapp und knapper werdend, sechzehn Millionen.

Am liebsten wurde in der DDR gefeiert. Gelegenheiten fanden sich immer, da wurde nichts ausgelassen. Und weil zu jeder Feier auch eine Losung gehört, kamen Millionen Sprüchemaler nicht aus den Überstunden. Es war allemal einfacher, eine heruntergekommene Hauswand mit einem Transparent zu drapieren, anstatt zu verputzen. Parteipoeten, die sich die Sprüche ausdachten, standen bis zum Hals in der Pflicht. Einen ihrer Reime hörte ich auf einem FDJ-Parlament: »Der Papst übt heimlich auf dem Klo das Lied ›Avanti Popolo‹ «.

Losungen können es demzufolge nicht gewesen sein, an denen es dem Staat der Arbeiter und Bauern mangelte. Es waren Lösungen. Weil zu jedem Spruch die passende Anstecknadel gehört, wurden volkseigene Betriebe beauftragt, solche herzustellen. Die Abzeichen waren mehr oder weniger prunkvoll, die einfachen aus Plaste und Elaste aus Schkopau, die besseren aus emailliertem Messing. Letztere steckten sich die SED-Oberen an die Reverse ihrer mausgrauen Anzüge.

Nach Abschluss dieser Epoche besitze ich mehr als dreihundert Zeichen jener Zeit, und ich war gewiss nicht überall dabei. Zwar hieß ein Politsong »Wir sind überall …«, doch das galt nur für die Partei als Ganzes, gewissermaßen für ihren Geist, der schon über hundert Jahre als Gespenst in Europa umging.

Ökonomen warnten verhältnismäßig früh, dass die DDR an ihren Feierlichkeiten zugrunde gehen könne. Diesem Pessimismus wurde mit einer wachsenden Zahl staatlicher Auszeichnungen begegnet. Von der Aktivisten-Nadel über den Orden für hervorragende Leistungen in der Wasserwirtschaft bis zur Zetkin-Medaille gab es um die hundertfünfzig. Allein die Interimsspangen, in mehreren Reihen übereinander getragen, brachten Heldenbrüste aus dem Gleichgewicht. Nur die Standhaftesten hielten durch.

An ihrem glanzvollen vierzigsten Geburtstag hat sich die DDR bei einer Militärparade noch einmal selbst den Marsch geblasen, bevor sie recht friedlich ihre historische Mission aufgab. Dennoch lebte die DDR für viele erst danach richtig auf, als die Gefahr gering war, dass sie je wiederkehrt. Wie der Philosoph schon sagte: Manche Leute hören erst, wenn man ihnen die Ohren abschneidet.

Kommende Generationen werden die DDR als das wahre Paradies der Menschheit, als das Atlantis der Neuzeit preisen, das den Sorgen und Nöten aller seiner Bewohner mit hunderttausend Helfern Augen und Ohren widmete. Der Mensch, so hat es damals geheißen, wird man später sagen, steht immer im Mittelpunkt. Dagegen wird man immer noch nicht glauben, dass Rom an einem Tag erbaut wurde.

Bevor die Volkskammer der DDR den Gnadenschuss gab und die Konkursmasse zu Schnäppchenpreisen bevorzugt an Ortsfremde verhökern ließ, prägte Klassenkampf den Alltag. Klassenkampf gehörte zum täglichen Leben, wie man sich das von Tomaten und grünen Gurken gewünscht hätte. Wer sich nicht an die Regeln hielt, spürte die harte Hand der Arbeiterklasse und ihrer Avantgarde, die sich Parteisekretäre hielt wie andere Kampfhunde.

Einen Mitkämpfer neben mir stellte ein Parteisekretär einmal barsch mit den Worten zur Rede: »Genosse, du bist nicht richtig angezogen!«

Der Angesprochene blickte an sich hinunter, befühlte den wichtigsten Reißverschluss seiner Verpackung und sah den Nachfolger von Lenin und Stalin fragend an.

»Warum trägst du kein Parteiabzeichen?«, schlug dieser erbarmungslos zu.

Der Mann erschrak, fasste sich ans Herz und erwiderte geistesgegenwärtig: »Das habe ich heute Morgen versehentlich am Schlafanzug gelassen!« Das war Rettung aus höchster Peinlichkeit.

Ein Genosse versteckte sich nicht. Mit dem Abzeichen am Revers bekannte er sich zum »Neuen Deutschland«, der täglichen Gebrauchsanleitung für den Arbeiter-und-Bauern-Staat. Dazu sang uns der »Oktoberklub« ins Gewissen: »Sag mir, wo du stehst und welchen Weg du gehst«. Doch die Frage war rein rhetorisch, denn Weg und Ziel waren vorgegeben, Abweichungen nicht statthaft, nicht einmal Abkürzungen. Dagegen gab es Parteiverfahren, die wie Signaturen den Helm des Klassenkämpfers schmückten und dem Gegner Respekt abnötigten.

Auch in Beurteilungen spielte der Klassenkampf eine wichtige Rolle. Ein Manko in der geistigen oder moralischen Eignung war kaum ehrenrührig, wenn etwas Positives zum Klassenstandpunkt erwähnt wurde.

In der Beurteilung eines Fleischergesellen, der lange genug seinem Chef die Markknochen für die Suppe geklaut hatte, hieß es: »An seinem Klassenstandpunkt gibt es nichts auszusetzen. Ansonsten war er ehrlich bis auf die Knochen.«

ERINNERUNGEN

Was bleibt hängen im Gestrüpp unserer Erinnerungen? Ich versuche meiner eigenen Rück-Sicht auf die Sprünge zu helfen, durchwühlte Stapel von Kalendern und Notizheften, die festhalten, was mir einmal wichtig erschien. Vielleicht war es auch nicht wichtig, aber das weiß man immer erst später.

Überhaupt ist das mit dem Erinnern so eine Sache. Eine geheimnisvolle Kraft entscheidet, was für unser Gedächtnis merkenswert ist. Begeisterung allein kann es nicht sein. Den Führer aus Braunau hatten Millionen frenetisch gefeiert und seinen totalen Krieg geradezu herbeigejubelt. Wo er angekündigt war, warteten die Massen stundenlang wie auf den Messias und sangen: »Nach Hause, nach Hause, nach Hause gehen wir nicht, bis dass der Führer spricht ...«

Meine Mutter hat es mir anvertraut, wer sonst wusste schon noch davon. Kaum einer von den vierzehn Millionen, die in der NSDAP oder ihren Gefolgsorganisationen gewesen waren, erinnerte sich. Kollektive Amnesie. Zuerst war das Kurzzeitgedächtnis hinüber, mit den Jahren wurde das Langzeitgedächtnis infiziert. Die Symptome sind heute noch erkennbar.

Dabei ist es nachzuschlagen, wie die Welt einst von diesem Österreicher fasziniert war. Selbst das Nobelpreiskomitee tat sich beim Friedensnobelpreis 1938 schwer, zu entscheiden zwischen dem Autobahnbauer Adolf Hitler und dem militanten Hungerleider Mahatma Gandhi, der sogar Gewaltlosigkeit zur Waffe machte. Man wurde sich nicht einig und wich auf die Nansen-Stiftung zur humanitären Hilfe für die Flüchtlinge des Weltkrieges aus. Sogar das amerikanische Time Magazine hatte Hitler zum »Mann des Jahres« gekürt. Aber das will nicht viel heißen, die kürten auch Stalin, Ceaușescu und Osama bin Laden.

Da sitze ich nun über den blauen Oktavheftchen. Meine eigene Schnellschrift für das Kurzzeitgedächtnis mutet an wie ein archäologischer Fund aus der jüngeren Schreibzeit. Die Sprache derer, über die ich schrieb, war die Sprache der DDR, die nicht mehr die des Dritten Reichs war. So wie der Stechschritt bei der Wachablösung mittwochs Unter den Linden nicht mehr der Stechschritt aus braunen Zeiten war. Er sah zwar so aus, doch in den Stiefeln steckte der revolutionäre Fußschweiß bewaffneter Arbeiter und Bauern.

Aufmärsche hießen inzwischen »Manifestationen«, die immer »machtvoll« waren. Eine »sozialistische Menschengemeinschaft«

stapfte im Gleichklang der Losungen in die »lichte Zukunft des Kommunismus« – links, zwo, drei, vier. Die Augen immer schön geradeaus!

»Volksgemeinschaft« und »Gefolgschaft« waren anrüchige Vokabeln der untergegangenen Diktatur des Kapitals, in der des Proletariats pries man in der Sprache Stalins das »Kollektiv der sozialistischen Arbeit«, das sich laut »Brigadetagebuch« verpflichtete, »sozialistisch arbeiten, lernen und leben« zu wollen. Nach Feierabend engagierte man sich in der »sozialistischen Wohngemeinschaft«, beteiligte sich an den »Subbotniks«, fegte Straßen und harkte Grünanlagen, steckte an Feiertagen die Staatsflagge an die Neubauplatte und kämpfte so um die »Goldene Hausnummer«.

Dem Blockwart unrühmlichen Gedenkens folgte der »Vorsitzende der Hausgemeinschaftsleitung«, der übergeordnete »Wohnbezirksausschuss der Nationalen Front« wachte über die »sinnvolle Freizeitgestaltung« der Bürger, die an Wahltagen möglichst geschlossen in das Abstimmungslokal schritten, optimistisch ihre Zettel falteten und unter Missachtung der Wahlkabine in die Urne schoben. Da war sie weg, die Stimme.

Wer sich in der weit entfernt angedeuteten Kabine am Wahlschein zu schaffen machte, war gekennzeichnet. Es nützte aber nichts, das Wahlergebnis widerspiegelte immer das »enge Vertrauensverhältnis zwischen Partei und Volk«. So war alles geregelt, jeder wusste, wo er dran war, nicht immer wann.

Natürlich gab es auch Missbildungen, nehmen wir allein die sprachlichen. Begriffe wie »Textilverbundelement« (Knopf), »Flexibler transportabler Schüttgutbehälter« (Sack), »Rauhfutter verzehrende Großvieheinheit« (Rind), »Jahresendflügelfigur« (Weihnachtsengelchen), »Kinderkombination« (Kindergarten und -krippe unter einem Dach) und die »Komplexannahmestelle«, mit der nicht die Praxis eines Psychiaters gemeint war, sondern eine Sammelstelle für Reparaturaufträge, setzten sich kaum durch. Ebensowenig der »Wohnblockzusteller«, der nicht etwa Wohnblöcke zustellte, sondern Briefe und Zeitungen, wie einst Postbote und Zeitungsfrau.

Es ging schon rein praktisch nicht, einem Kumpel auf die Schulter zu klopfen und ihn mit den Worten zu begrüßen: »Na, du alter flexibler transportabler Schüttgutbehälter!«

KRIEGSVERSEHRTE

Irgendwann hat der Sozialismus in meinem Kopf Fuß gefasst. In den Notizen finde ich keine Einzelheiten, also muss es früher gewesen sein, vielleicht in der Kindheit. Kinder sind für die absonderlichsten Ideen empfänglich.

Meine eigenen Eindrücke reichen bis in die letzten zehn bis zwölf Kriegsmonate zurück. Ich sehe Soldaten in langen Kolonnen an unserem Dorf vorbeifahren. Sie ziehen in den Krieg, sagt meine Mutter, die mit mir am Straßenrand steht, weil wir meinem Vater zuwinken wollen. Doch wir finden ihn nicht, winken allen Soldaten zu.

Auch die Abende habe ich nicht vergessen, an denen meine Mutter mit Nachbarsfrauen vor unserer Haustür auf den Stufen saß. Sie redeten viel, aber sie schwiegen auch lange. Das Schweigen war unheimlich, weil ich glaubte, sie seien weggegangen. Von dem, was sie erzählten, verstand ich so gut wie nichts, aber der Tonfall ihrer Gespräche hielt mich wach. Zum Beispiel als eine Nachbarin weinend erzählte, ihr Mann sei am Schnepperbogen gefallen. Ich war schon oft gefallen, und niemand außer mir hatte geweint. Von der Schlacht am Dnepr hatte ich keine Ahnung. Und was »gefallen« hieß, das erfuhr ich erst später, wenn Mitschüler nie von ihren Vätern erzählen konnten.

Zu den unvergessenen Bildern aus jener Zeit gehört auch das: Entlang der Gera ziehen an einem kalten Vormittag im frühen fünfundvierziger Jahr in einem langen Treck heruntergekommene, ausgemergelte Gestalten in gestreifter, viel zu dünner Kleidung. Die Männer mit ihren ausdruckslosen Gesichtern wurden getrieben von Uniformierten und richtigen Hunden. Die Leute im Dorf nannten sie »die Buchenwäldler«. Meine Mutter zog mich rasch weg, ich denke, sie konnte den Anblick auch nur schwer ertragen, zumal sie als Rot-Kreuz-Schwester gewohnt war zu helfen, wo Hilfe vonnöten war.

Als der Krieg näher zu uns kam, versteckten wir uns immer öfter im Keller zwischen Kohlen und keimenden Kartoffeln. Pessimisten befürchteten, Flieger könnten versehentlich ihre Bombenlast schon vor Erfurt ausklinken und unser Dorf treffen. Optimisten meinten, die Stadt sei so schön hell, die könne man gar nicht verfehlen. Erfurt hatte Glück, ein paar Dutzend Wohnhäuser wurden zerstört und dabei etwa tausenddreihundert Menschen umgebracht, das war gerade mal der 0,000026-ste Teil der Toten des Zweiten Weltkrieges. Geht doch eigentlich.

Damals sang im »Volksempfänger« die Frau mit der tiefen Stimme: »Ich weiß, es wird einmal ein Wunderrrr gescheh'n«. Die Zeitungen waren voll mit schwarz eingerahmten Wundern. Meine Mutter saß stumm über den Anzeigen.

»Ist Vati auch dabei?«, fragte ich. Da weinte sie. Es war, als müsse sich jeder deutsche Mann schämen, dort nicht genannt zu sein. »Heldenklau« sagte der Volksmund, Heldenklau hatte sie alle geholt.

Soldaten mit ganz anderen Stahlhelmen, als wir sie kannten, parkten bald ihre Autos auf unseren Dorfstraßen. Sie bezogen auch unsere Wohnung, wir kamen in einem Waschhaus bei Verwandten unter. Vorsichtig näherte ich mich einem Soldaten mit dunkler Hautfarbe, der einem Mohren aus meinen »Putzi«-Büchern glich. Hanni, Fritz, Putzi und der Rabe Kolk kämpften während ihrer vielen Abenteuer auch gegen böse schwarzhäutige Menschenfresser in der Südsee.

Der Schwarze im Jeep war offensichtlich kein Menschenfresser. Er lachte, schenkte mir ein Päckchen und half es angesichts meines Zögerns aufzureißen. Es war Schokolade und das Zeug schmeckte.

Thüringen wurde im Juli von der Roten Armee besetzt. Als mein dunkelhäutiger Amerikaner verschwunden war und wir wieder in unsere Wohnung durften, lag eine Menge Schokolade herum. Als

Miete, sagte meine Mutter. Aber alles wird einmal alle. Später gab es in der DDR den Schokoladenersatz »Vitalade«, in der alles drin gewesen sein mochte, kaum aber Kakao.

Für alles gibt es Alternativen. Offensichtlich nicht für die »Putzi«-Bücher von Joachim Rohde aus dem Jahr 1937 mit den schwarzen Menschenfressern aus der Südsee, denn die wurden 1991 in Erfurt neu verlegt.

Stärker in meinen Erinnerungen haften geblieben sind andere Kriegsfolgen, Männer, denen ein Arm, ein Bein, beide Beine, ein Auge oder nur ein paar Finger fehlen. Es war für uns Kinder wie eine Entdeckung: »Schnell, komm mit, ich zeige dir einen Mann mit nur einem Arm.«

Ein Kollege meines Vaters hatte zwei Holzfüße in den Schuhen stecken. Beim Sportfest ließ er das runde Eisen der Kugelstoßer »versehentlich« darauf fallen. Wir Kinder amüsierten uns, weil Fremde nichts von den Prothesen wussten und erschraken. Der ohne zwei Füße lachte. Der mit nur einem Arm wettete, dass er die Kraft der zwei Arme in einem hätte und forderte zum Armdrücken heraus. Sein Bier bezahlten die Unterlegenen. Und der mit nur einem Auge wollte uns glaubhaft machen, das andere Auge sei aus Glas, damit er durchsehen könne. So gewann mancher Betroffene dem Krieg noch eine lustige Seite ab.

Vielleicht fiel es Schulkameraden dadurch leichter, einem Frosch ein Bein auszureißen. Wurde ja mit Menschen auch gemacht und die lebten. Manch einer nahm einen Strohhalm, steckte ihn dem Frosch in das Hinterteil und blies ihn auf. Es gab wenig, was den Menschen erspart blieb.

NEULEHRER

Mein erster Lehrer hatte schon meinen Vater unterrichtet. Er trug einen grauen Anzug mit Weste, in der eine Uhr an der Kette lag. Sein Gesicht nach unten schloss ein grauweißer Kinnbart ab, der mehr zu Toulouse-Lautrec passte als zu Ulbricht. In seiner Freizeit malte er wogende Kornfelder in Öl. Da auch ich gerne malte, lud er mich ein, ihm zuzuschauen. Zu Hause zeichnete ich ihn, wie er wogende Kornfelder malte, doch es wurde eine Karikatur.

Alle unsere Klassenräume rochen nach Fußbodenöl. Als alles im Dorf knapp war, schien allein das Fußbodenöl nicht auszugehen. Selbst in neu angebauten Schulräumen roch es sofort nach Fußbodenöl. Vielleicht war es ein Desinfektionsmittel gegen Fußpilz? Ich weiß es bis heute nicht genau.

Als Erstklässler schrieben wir auf Schiefer. Der Schiefer war in Holz gefasst, am Rahmen baumelten ein feuchter Schwamm und ein trockenes Läppchen, mit denen wir die Tafel säuberten. Wir schrieben mit einem dünnen Schieferstift, der mit einer Raspel spitz gehalten wurde.

Urplötzlich wurde unser alter Lehrer in den Ruhestand versetzt und mit ihm ein Gutteil der humanistischen Bildung. Fort waren sie, die alten Romantiker, die in der Waschfrau »die Alte dort in weißem Haar« sahen und nicht die ausgebeutete Proletarierin. Geblieben waren ein bisschen Aufklärung, etwas Sturm und Drang und viel Vormärz mit kernigen Sätzen wie: »Jeder Atemzug der Aristokratie ist das Röcheln der Freiheit.« Mit solchen Sprüchen war gut enteignen.

Die Klasse wurde von einem Neulehrer übernommen, dem Zange und Schraubenschlüssel vertrauter waren als eine Horde von Rotzlöffeln. Er mühte sich redlich ab, doch wir waren ihm keine große Hilfe. Allzu leicht verfingen elterliche Vorurteile: »Ein Lehrer ohne Lebenserfahrung, gerade ein paar Jahre älter als die großen Schüler – das kann nichts werden!« Irgendwann gab er auf und heiratete in eine begüterte Familie. Eine »Umsiedlerin« unterrichtete uns fortan, die gegen alle Vorurteile der Alteingesessenen mit Handarbeitsunterricht begann und es bis zur Kreisschulrätin brachte.

Dankbar erinnerte ich mich unserer Neulehrer Ende der sechziger Jahre beim Fernsehmehrteiler »Wege übers Land« von Helmut Sakowski mit Glanzrollen für Manfred Krug und Ursula Karusseit. Da gab es einen Neulehrer, der Blume mit *h* schrieb, beschwerte sich jemand. Im Moment gibt es Wichtigeres, erwiderte Bürgermeister Krug. Irgendwann werde er das *h* schon weglassen.

ZUSAMMENBRUCH

Ein Wort geisterte durch alle Zeitungen, Versammlungen und Stammtische. Es hieß »Zusammenbruch«. Nicht vom verlorenen Krieg, nicht von Niederlage, bedingungsloser Kapitulation und auch nicht von Schuld und Sühne war die Rede. Man hatte sich auf den kleinsten gemeinsamen Nenner geeinigt und der hieß Zusammenbruch. Jeder konnte entscheiden, was für ihn zusammengebrochen war, für die einen eine Welt, für die meisten die Hölle. Wäre »Zusammenbruch« nicht schon belegt gewesen, hätte er ganz gut auch auf das Ende der DDR gepasst, besser als die »Wende«, mit der Honecker-Erbe Krenz in seiner ersten Rede versuchte, hinter dem Ofen vorzulocken.

Ich war acht oder neun Jahre alt, als sich im Dorf ein Mann vorstellte, der Bürgermeister werden wollte oder sollte. Es war nicht mehr so, dass ein Großbauer von der Obrigkeit zum Dorfschulzen ernannt wurde, nein, es sollte demokratisch zugehen. Der Dorfschulze hieß jetzt Bürgermeister und die Obrigkeit SED. Meine Eltern nahmen mich mit in den Gasthof, wo der Mann seine Lebensgeschichte ausbreitete, damit ich etwas lernte.

Während ich mich langweilte, fiel mir auf, dass der Mann sein Leben in zwei Hälften teilte. Er erzählte, was er vor dem Zusammenbruch getan oder nicht getan hatte und wie seine Entwicklung nach dem Zusammenbruch verlief.

Der Zusammenbruch war das Jahr Null, von dem aus entweder nach hinten oder nach vorn erzählt wurde. Wie damals, als sich die christliche Welt einigte, die Zeit vor der Geburt des Jesuskindes nach hinten abzurechnen und ab seiner Geburt nach vorn zu zählen. Nur dass diesmal mehr gestorben als geboren worden war. Ich erlebte den Beginn einer neuen Zeitrechnung, nur dass sie nicht bei null begann.

Nach dem Zusammenbruch besuchte uns ein Mann aus der Stadt, der vordem der Hauptmann meines Vaters war. Er war freundlich, sagte zu meiner Mutter »gnädige Frau« und schenkte mir Spielsachen. Dafür packte ihm mein Vater ab und zu eine große Tüte aus der Zuckerfabrik ein, in der er arbeitete. Der Hauptmann handelte mit Versicherungen, und mein Vater überredete seine Kollegen, sich für die Zukunft gut abzusichern. Dafür bekam er Provision.

Auch nach 1989 verkauften ehemalige Offiziere, Partei- und Staatsdiener der DDR Versicherungen und anderes. Ein ehemaliger Mitarbeiter aus dem Amtssitz des Staatsrates bot mir Lexika aus dem Weltbild-Verlag an. Als er mich erkannte, war ihm das peinlich. Musste es nicht, denn zum einen habe ich nichts gegen das achtenswerte Angebot dieses Verlages, und zum anderen bin ich sicher, mein Bekannter war nie in Bestechungsskandale verwickelt, hat nie heimlich Parteispenden kassiert, nicht vor Untersuchungsausschüssen gelogen und wurde vom Leben doch so gebeutelt, nur weil er seinem Staatsoberhaupt treu gedient hat. Loyalität hat in Umbruchzeiten keine Lobby.

Meistens waren es Versicherungen, die diese Leute anpriesen. Nach Kriegen, Zusammenbrüchen und Revolutionen gehen Versicherungen immer gut. Doch für Kriege, Zusammenbrüche und Revolutionen scheinen sie nicht besonders geeignet zu sein.

HUNGER

Mitunter wählte ich meinen Heimweg aus der Schule so, dass ich am offenen Küchenfenster eines größeren Bauernhofes vorbeigehen musste. Ich verlangsamte meine Schritte oder tat, als suche ich etwas in meiner Schultasche, um den Duft, der aus dem Fenster drang und aus einer Mischung von Schinken, Wurst, frischem Brot und Gebratenem bestand, so lange wie möglich in mich aufzusaugen. In den Pökelfässern und Räucherkammern der Bauern war schon wieder eine Menge Hoffnung.

Im Herbst sammelten wir Kinder Zuckerrüben, die von den Pferdewagen fielen, mit denen die Bauern ihr Erntegut in die Zuckerfabrik am Dorfrand fuhren. Fielen keine, halfen wir nach. Mein Vater hatte als erfahrener Zuckerkocher aus dem Waschkessel in der Küche eine Saftfabrik gemacht. Ich weiß noch, wie ich den störenden Schaum abschöpfte, wenn das Zeug kochte. Aus den Rüben wurde süßer Sirup, der verschwenderisch über den Brotrand tropfte, wenn man nicht schnell genug mit der Zunge war.

Im Sommer gingen wir »Ähren lesen«, das heißt, wir sammelten auf abgeernteten Feldern Getreideähren. Die kamen in einen Sack, der kräftig auf die Erde geschlagen wurde, damit sich die Spreu vom Weizen trennte. Damit hatten wir Futter für unsere schlanken Italiener und die dicken Rohdeländer, die Eier- und Suppenfleischlieferanten, sowie Streu für die Kaninchen.

Ab und zu borgten wir uns eine Zentrifuge, gewannen den Rahm aus der Milch und verdickten ihn in einer Schleuder, bis er zu Butter wurde. Über das Schnapsbrennen durfte ich nicht reden. Ich weiß nur, dass es unentwegt aus einem Glaskühler tropfte. Auch kosten durfte ich nicht, wie beispielsweise beim Wein. Wenn der aus dem großen dunkelgrünen Ballon, auf den ein Violinschlüssel aus Glas gestöpselt war, in Flaschen abgefüllt wurde, saugte ich mit dem Mund am Schlauch. Alle amüsierten sich, wenn mir etwas in den Mund geriet. Ich tat überrascht und schluckte mehr, als hätte sein müssen.

Wenn die Erwachsenen feierten, gab es von allem etwas, und alle waren lustig. Dazu wurden Spiele gespielt, die ich als Siebenjähriger durch einen Türspalt beobachtete. Ein Mann und eine Frau, die als Paar nicht zusammengehörten, hatten eine Taschenuhr von je einer Seite zu küssen, die ein anderer an der Kette vor ihren Gesichtern baumeln ließ. Wenn beide die Uhr küssten, zog der Spielleiter die Uhr blitzschnell weg, und alle klopften sich vor Lachen auf die Schenkel. Solche Spiele gehen heute nicht mehr, wo kaum noch jemand eine Taschenuhr trägt.

Während der Hackfruchternte stoppelten wir Kartoffeln. Mit Handwagen, Sack und Hacke zogen wir auf gerodete Felder und

wühlten nach Erdäpfeln, die sich an der Kartoffelschleuder vorbei-
gemogelt hatten. Wenn wir auf Feldern stoppelten, die noch nicht
abgeerntet waren, nahmen wir die Fahrräder und mein Vater fuhr
mit. Da er sozial dachte, klauten wir nur auf Feldern großer Bauern, nicht von schmalen Arbeiteräckern.

Mitunter gab es Nudeln mit Täubchen. Die Vögel fingen wir mit
einem großen Mehlsieb auf dem flachen Schuppendach vor dem
Küchenfenster. Wir stellten das Sieb schräg unter einen Holzspan,
an den wir einen dünnen Faden banden. Das andere Ende hielten
wir hinter der Gardine in der Hand. Mit Körnern lockten wir die
Tauben unter das Sieb, um dann den Holzpflock umzureißen. Es
kam auch vor, dass meine Mutter Täubchen kochte, die mein Vater gerade verkauft hatte. Er sagte nur: »Die hatten Heimweh.«

Oft rieb ich mir die schmerzenden Beine. Meinen Knochen fehlten Aufbaustoffe, meinte der Doktor. Was sollte ich mit Sand und
Kalk – ein gutes Essen würde mir schon genügen, dachte ich. Mitunter begnügten wir uns mit Kaffeesuppe, brockten trockenes Brot
in Malzkaffee und verfeinerten das Ganze mit etwas Zucker und
Milch. Sonntags gab es »arme Ritter«, also Weißbrotscheiben, die
in Milch gewälzt wurden, in die ein Ei gequirlt war. In der Pfanne
wurden sie goldgelb gebraten – oder so ähnlich. Eine Spezialität
war Kochkäse mit Kümmel, dessen Geschmack ich mit etwas Fantasie bis heute nachempfinde. Andere Diätprogramme kannten wir
damals nicht.

Ein gleichaltriger Junge im Nachbarhaus hatte die Schwind-
sucht, was immer ich mir darunter vorgestellt haben mochte. Er
bekam Hundefett aus dem Westen. Ich weiß nicht mehr, ob ich ihn
beneidete.

HIMMELSGABEN

Buchenwald auf dem Ettersberg war eines der ersten Ziele damali-
ger Schulausflüge. Bevor wir etwas über Weimar und die deutsche
Klassik erfuhren, zeigte man uns bei Weimar eine klassische deut-

sche Vernichtungsanstalt – ein ehemaliges Konzentrationslager. Vor dem Schönen das Abschreckende, vor dem Geist die Macht.

In einer Ruine außerhalb des Barackenlagers saßen sowjetische Soldaten, redeten, rauchten, wurden neugierig auf uns. Wir zögerten, winkten verhalten zurück, gingen langsam auf sie zu, der Lehrer mutig voran. Die »Russen« hatten auch in unseren Köpfen einen Ruf auszuräumen, an dem die meisten von ihnen schuldlos waren. Die Propaganda des tausendjährigen Reichs hatte Verheerendes angerichtet. Ich entsinne mich, wie wir noch Jahre nach dem Krieg im Dorf »Räuber – Russ« spielten. Ich weiß nicht mehr genau, ob die Räuber die Bösen waren.

Die Soldaten drückten uns die Hände, lachten, scherzten auch, stellten uns ihren Kameraden als lebendige Vergleiche mit ihren eigenen Kindern vor. Einer redete auf mich ein, zeigte mir ein Foto von einem ebenfalls blonden Jungen. Dann drückte er mich, steckte mir ein blaugraues Leinenpäckchen mit kyrillischen Buchstaben zu und schob mir eine Zeitung unter die Jacke. Für Papa, sagte er.

Ich war verreist gewesen und hatte sogar etwas mitgebracht! Machorka und ein Stück »Prawda« als Zigarettenpapier. Mein Vater freute sich, kannte er doch Machorka aus seiner Zeit, als er nach Stalingrad unterwegs war.

In Buchenwald ersparte man uns Kindern nicht den Anblick der Todesöfen der Firma Topf & Söhne, verschonte man uns nicht mit der Schilderung von Grausamkeiten, die das Fassungsvermögen unserer kleinen Köpfe überstiegen. Man vergisst so etwas ein Leben lang nicht. Jahre später, als ich mit meiner jungen Familie neben dem eleganten Topf-Anwesen im Erfurter Süden wohnte, spielten wir mit unseren Kindern oft im Park der Villa. Auch in dieser wunderschönen Umgebung konnte ich nie ganz vergessen, dass die einstigen Besitzer Buchenwald ausgestattet und die »Verbrennungszellen« für Auschwitz geliefert hatten. Hightech, von deutschen Ingenieuren ersonnen – »Made in Germany«.

Nichts wussten wir davon, dass in Lagern wie Buchenwald nach dem Krieg Menschen mit anderen Gesinnungen als der herrschenden eingesperrt waren. Darunter ehemalige Sozialdemokraten, Patrioten aus allen Schichten des Volkes, die sich der »Diktatur des Proletariats« widersetzten, die statt der »Einheitslisten« freie und geheime Wahlen forderten. Niemand erzählte uns davon. Zum Vergessen kam schon wieder das Wegschauen.

Ab und zu fand ich hauchdünne Flugblätter mit deftigen Sprüchen gegen Ulbricht und die SED. Ich sah noch, wie sie vom Himmel herabkamen und leicht wie Herbstlaub über die Felder tänzelten oder liegen blieben. Die Schrift war so winzig, dass ältere Leute sie nur mit Brille oder Brennglas lesen konnten. Ich empfand den Inhalt als Hetze, weil er im Gegensatz zu allem stand, was wir lernten.

Auch eine andere »Himmelsgabe« wurde wahrscheinlich aus den Ami-Fliegern geworfen, die unentwegt die Westberliner mit allem versorgten, was die zum Leben brauchten. Aber vielleicht sollte uns das auch nur zur Gründlichkeit animieren. Als im Frühsommer die Kartoffeln in der Blüte standen, schickte uns die Schule mit leeren Flaschen auf die Felder. Für jeden Kartoffelkäfer, den wir vom Blatt lasen und in die Flasche steckten, gab es auf dem Bürgermeisteramt einen Pfennig. Mitunter pflückten wir Käfer und Larven wie Trauben ab.

Von dem Käfergeld kaufte ich in einem neu eröffneten HO-Laden Schinken, Wurst, Käse, eine gebratene Gans und Ölsardinen. Die waren ganz klein aus Gips zum Spielen. So erfüllten wir unsere großen Träume.

VATERLAND

Im Oktober 1949 wurde die Deutsche Demokratische Republik gegründet. In der Schule hatten wir zu den Namen Stalin und Thälmann auch noch die von Wilhelm Pieck, Otto Grotewohl und Walter Ulbricht zu lernen. Bald übten wir auch das Lied, in dem es hinten heißt: »... dass die Sonne schön wie nie über Deutschland scheint, über Deuuutsch-laaand scheeeint.«

Ich war inzwischen »Junger Pionier«, laut deren zehn Geboten ich vor den Eltern das Vaterland zu lieben hatte, danach den Frieden und die Sowjetunion. Appelle bereicherten von nun an den Schulalltag. An Staatsfeiertagen trugen wir zum weißen Hemd das blaue Halstuch, dessen Ecken Schule, Elternhaus und Pionierorganisation bedeuteten. Wenn beim Appell die schwarz-rot-gelbe Fahne aufgezogen wurde – damals noch ohne Hammer, Zirkel und Ährenkranz –, richteten wir die Augen geradeaus. Auf den Gruß der Pionierleiterin »Seid bereit!« erwiderten wir blanko: »Immer bereit!«. Dabei stellten wir die flache Hand mit eng anliegenden Fingern nach hinten hochkant mitten auf den Kopf – warum auch immer. In Deutschland muss bei Grußerweisungen immer eine Hand irgendwie gehalten werden. Vielleicht wird es eines Tages zur Pflicht, Daumen und Zeigefinger gegeneinander zu reiben, wenn man einen *Guten Tag* wünscht.

Die Freude zur Staatsgründung hielt sich zu Hause in Grenzen. Uns Kinder berührte das kaum, denn aus dem Westen kannte ich gerade einmal Tante Angela aus Düsseldorf. Die besuchte ab und zu meine Oma, weil beide Cousinen waren. Es hieß, ihr Mann sei Kraftfahrer eines gewissen Ludwig Erhard, der Wirtschaftsminister in Bonn geworden war. Tante Angela war vornehm und herzlich. Sie brachte seltenes Obst und echte Schokolade mit. Doch bald kam sie nicht mehr. Offensichtlich hatte man sie in den Kalten Krieg eingezogen.

Auf der Wippe im Kindergarten saß mir ein gleichaltriger Junge gegenüber, den ich noch nicht gesehen hatte. »Bist du Umsiedler?«, fragte ich. Der Junge nickte. Ich wusste nicht, was ein Umsiedler ist. Die Leute im Dorf nannten jene so, die plötzlich von irgendwoher kamen, ein bisschen dünner waren, ein bisschen ernster schauten und auch ein bisschen anders sprachen. Auch wir wurden für ein paar Wochen Quartiergeber, bis die Mutter mit ihren beiden Mädels, die sich lieb um mich kümmerten, irgendwo im Thüringer Wald etwas Dauerhaftes fand.

Wer weiß heute noch, woher diese oder jener gekommen waren? Die hübschen Töchter der Umsiedler wurden später von einheimischen Bauernsöhnen geheiratet, die zugereisten Burschen gingen in die Industrie oder verdingten sich als Knechte und machten den Bauerntöchtern vielversprechende Angebote oder gleich ein Kind. Zum Kirmesball prügelten sich die Platzhirsche mit den Hinzugekommenen, dann vertrug man sich wieder, und alles kam ins Lot. Die Kinder aus den Verbindungen mit den Zugezogenen gehörten bald so selbstverständlich zum Dorf wie wir. Ich glaube nicht, dass Vertriebenenverbände hilfreich gewesen wären, es sei denn, Wunden offen zu halten.

Anfangs hieß es zwar noch: Warum kommen die alle zu uns? Aber das war nicht so. Damals war jeder vierte Bewohner in der Ostzone Umsiedler. Deutschland war kleiner geworden, der Raum musste neu aufgeteilt werden.

AGITATOR

Mein Vater nannte sich eine Zeit lang auch Agitator. Agitatoren trinken Alkohol und locken die Bauern in die Landwirtschaftliche Produktionsgenossenschaft, reimte ich mir zusammen. Denn immer, wenn dies der Fall war, roch er nach Schnaps. Zu meiner Mutter sagte er: »Der weiß genau, dass es ihn eines Tages auch trifft ...« oder »Die sollen uns in Ruhe lassen mit ihren russischen Kolchosen.«

Dennoch trottete mein Vater nach Feierabend los, um mit den Bauern zu reden, zu trinken und seinen Parteiauftrag zu erfüllen. Im Dorf kannte jeder jeden. So stand dem Agitator ein alteingesessener Bauer im Dorf näher als die Partei in der Stadt. Tradition und Parteidisziplin mussten unter einen Hut, das ging nur mit Schnaps.

Die meisten LPG waren bis dahin aus ehemals kleineren Bauernhöfen entstanden, deren Besitzer freiwillig eintreten mussten. In den späten Fünfzigern kamen Funktionäre aus Erfurt, die bei Gesprächen mit den Bauern, die sich bis dahin dem Fortschritt verweigert hatten, dabei sein wollten. Nach dem Besuch auf einem

Bauernhof sagte der Instrukteur aus der Stadt zu meinem Vater: »Da habt ihr einen ziemlich harten Brocken weich zu kochen.« Er klopfte ihm auf die Schulter und lobte: »Weiter so, Genosse, wir kriegen sie alle.«

Gegen Abend trank mein Vater mit dem »harten Brocken« im Wirtshaus ein Bier, und gemeinsam schimpften sie auf die LPG und auf die Genossen aus der Stadt, die nicht wüssten, wo Barthel den Most holt. Da ich schon in der Lehre war, spendierte mir der Bauer ein Bier und riet: »Werde du nur kein Bauer!« Ich tat ihm den Gefallen.

Viele Bauern beugten sich der Gewalt, die mit subtilen Mitteln jeden, der sich der LPG verweigern wollte, in ihre Fänge bekam. 1960 wurde schließlich der Sieg der »sozialistischen Produktionsverhältnisse« auf dem Land verkündet. Die Bauern hatten verloren.

VORBILDER

Wir wuchsen auf wie im Treibhaus und waren kaum fremden Einflüssen ausgesetzt. Noch lag das Fernsehzeitalter vor uns. Ich bastelte mit zwölf, dreizehn Jahren gerade mal ein Detektorradio. Die Sender tastete ich mit einer Drahtspirale auf einem Bleikristall ab und leitete die Radiowellen über einen Hörer, den ich aus einem alten Telefon hatte, an mein Ohr.

Das Erziehungsrezept war einfach: Wir erlebten Buchenwald, ehrten »Teddy« und erfuhren, dass die Mörder Thälmanns im Westen unbehelligt lebten. Hitlers Generäle, namentlich Speidel und Heusinger, die vielen Kindern die Väter geraubt hatten, bereiteten einen neuen Krieg vor, an dem Leute wie Thyssen und Krupp wieder verdienen würden, während das Volk verelendet. Wir erfuhren, dass Kriegsverbrecher, Blutrichter, KZ-Aufseher und andere Helfershelfer der Nazis in der Bundesrepublik eine neue Heimat hatten, hohe Renten kassierten und Orden bekamen, während in der DDR alle Kriegsverbrecher streng bestraft würden.

Regelmäßig gab es Schwarzbücher, Braunbücher oder Weiß-
bücher. Zum Beispiel gegen die »Remilitarisierung« im Westen.
Da heißt es: »*Kriegsverbrecher an der Spitze von NATO und Bun-
deswehr. Bonns Nazi-Generalstab zieht einen neuen Teufelskreis
um die Welt. Die gefährlichste Offizierskamarilla des deutschen
Militarismus greift nach den Kommandospitzen der NATO innerhalb und außerhalb Europas. Die aggressivsten Vertreter der Bonner Expansions- und Revanchepolitik sind dabei.*«

Es war nicht allzu schwer, an das zu glauben, was uns als
Sozialismus ausgemalt wurde. Zumal es uns Leute schmackhaft
machten, die unter dem Naziregime gelitten hatten, mit dem Leben
knapp davongekommen waren und ehrlich an das glaubten, was
sie erzählten. Wir zollten ihnen Respekt und sahen keinen Grund,
solche Lebenserfahrung in Frage zu stellen.

Die DEFA drehte die passenden Filme dazu. »Ernst Thälmann –
Sohn seiner Klasse« und »Ernst Thälmann – Führer seiner Klasse«,
Pflichtlektionen für Millionen Schüler, Monumentalschinken, für
die sich der Regisseur ein halbes Jahrhundert später noch schämte.
Der Wahrheitsgehalt war nebensächlich, das Ziel war die Wirkung
auf die Menschen, die sein sollten wie dieser Film-Thälmann – ein
Bud Spencer des Klassenkampfes.

Die in diesen Filmen mit viel Hurra glorifizierten Straßen-
kämpfe der zwanziger Jahre in Hamburg und anderswo sollten
junge Männer überzeugen, zur Waffe zu greifen. Nicht allzu lange
vorher hatte es noch geheißen: »Nie wieder soll ein Deutscher ein
Gewehr anfassen!«

Da aber in den neu entstehenden bewaffneten Kräften nicht
mit Katapult und Flitzbogen geschossen wurde, hieß es bald im
Schulbuch für Staatsbürgerkunde: »Ein Gewehr ist dann eine gute
Sache, wenn es für eine gute Sache da ist.«

In den achtziger Jahren wurde übrigens ein neuer Thälmann-
Film, diesmal vom DDR-Fernsehen, für die Nach-Ulbricht-Gene-
ration gedreht. In einer Szene wurde der junge Erich Honecker ein-
gebaut. Das Foto, auf dem er »Teddy« auf seinen Schultern trägt,
schmückt eines der Filmplakate. Während der Dreharbeiten ging

Seite für Seite des Buchs ins »große Haus«, um jeden Dialog zum Teil sogar von Honecker persönlich absegnen zu lassen, wie mir einer der Autoren erzählte.

Nach der Uraufführung im Kino »International« wurden Honecker die Schauspieler vorgestellt, protokollgerecht erst die »Guten« und dann die »Bösen«. Erst Helmut Schellhardt, der mit vielen gestelzten Sätzen einen Thälmann gab, wie er gewünscht wurde, viel später der überragende Arno Wyzniewski, der den Goebbels hinlegte, dass dieser sich eine Scheibe davon hätte abschneiden können.

Ich hatte mich während der Film-Gala auf eine Massenszene konzentriert, die auf dem Bebelplatz neben der Staatsoper spielte. Unser Schwiegersohn Torsten, der gerade seinen Grundwehrdienst bei der NVA ableistete, war im Sommer 1986 zu den Dreharbeiten abkommandiert worden. Er hatte alte Klamotten bekommen und einen Arbeiter darzustellen. Es hätte sein Großvater sein können, der von den Nazis in Plötzensee hingerichtet wurde.

Sein Vater hingegen hatte es sich mit Honecker verscherzt und war aus der SED geflogen. Zusammen mit Bärbel Bohley und Wolf Biermann war er im widervereinigten Deutschland inmitten der Stasiakten in den Hungerstreik getreten, damit diese nicht irgendwohin verbracht werden. Wenn er uns zwischendurch zu Hause besuchte, sorgte meine Frau mit ihrer Kochkunst dafür, dass ihm die Streikkraft nicht ausging.

RAUSCH

Mit Politik hatten wir Kinder nicht viel im Sinn. Wir fühlten uns behütet, verinnerlichten die sinnigen Sprüche von Frieden und Sozialismus und glaubten die Gräuelmärchen über den verruchten Westen, dessen glamouröse Unkultur uns wie Speck in die Mausefalle des Kapitalismus locken sollte.

Wenn wir uns die Welt tatsächlich noch schöner wünschten, stromerten wir Kinder hinaus in die herbstlichen Fluren. Zielgerichtet zu einem Mohnfeld, in dem wir die raschelnden Köpfe abknickten, öffneten und die blauen Körnchen in den Mund schütteten, zermalmten und den süßlichen Brei genüsslich schluckten. Es war alles soooo schön!

Nach dem Unterricht war ich dem Bauernhof gegenüber eine willkommene Arbeitskraft. Zusammen mit dem Enkel des Bauern, mit dem ich befreundet war, hatten wir im Herbst unser tägliches Soll zu erfüllen. Von einem prall gefüllten Pferdewagen warfen wir Futterrüben über eine Backsteinmauer in eine große Miete. Wir spuckten in die Hände, wie Erwachsene das tun, wenn sie sich Lust vortäuschen, und warfen, bis es dunkel wurde und die letzten Rüben gegen die Mauer klatschten, weil wir nicht mehr die Kraft hatten, darüber zu werfen. Die Bäuerin hatte uns zwischendurch aufgemuntert: »Nun macht mal Hennecke«, rief sie uns zu, wenn wir zu trödeln begannen. Nicht dass sie auf Hennecke oder gar auf Sozialismus stand, im Gegenteil. Aber wenn es nützte.

Sie meinte den Bergarbeiter Adolf Hennecke aus Oelsnitz, der im Oktober 1948 beim Steinkohlenabbau die Norm um das x-Fache überbot und so die »Aktivistenbewegung« auslöste. Da die Schicht gezielt vorbereitet und ihre propagandistische Wirkung sehr durchsichtig war, wurde die Aktion von vielen Arbeitern als Verrat bezeichnet. Fünf Jahre später löste die Erhöhung der Normen den Arbeiteraufstand aus.

Die Tochter Henneckes war später die Schulleiterin unserer Kinder. Sie hat als Kind Ehrungen und Beschimpfungen ihres Vaters gleichermaßen erlebt. Sie erwarb sich Achtung und Ansehen, weil sie mehr als einmal wider den Stachel löckte und sich im Interesse ihrer Schüler auch mit den Schulbehörden anlegte. Eine ihrer Lehrerinnen, die u.a. Englisch unterrichtete und sich ebenfalls nicht in persönliche Entscheidungen hineinreden ließ, trug echte Jeans, was bis in die achtziger Jahre an DDR-Schulen überhaupt nicht gern gesehen war.

Die hübsche Blondine störte das überhaupt nicht, sie trug, was ihr gefiel. Geschadet hat es letztlich auch nicht, denn heute ist Carmen Nebel ein gesamtdeutscher Fernsehstar.

Nach der täglichen Rübenaktion ging es in die Bauernküche. Dort hing ein geschnitzter Holzteller mit Kornähren und dem Spruch »Gottes Segen aus Himmel und Erde« an der Wand. Mein Segen war ganz irdischer Natur und bestand aus einer Scheibe vom großen runden Brot und einer etwas dünneren vom Schinken. Mein Freund Jürgen, der Bauernenkel, wollte nie Bauer werden, er wurde Schiffbauer.

MUSEN

Als ich zwölf war, bescherte mir Herbert Roth mein erstes prägendes Erlebnis mit der Kunst. Mit seinem Ensemble »Suhler Volksmusik« gastierte er 1952 im »Lindenhof«. Ich saß in der ersten Reihe und war von dem dürren Sänger mit dem dunklen, wellig nach hinten gekämmten Haar begeistert. Für 1,20 Mark kaufte ich ihm ein taufrisches Notenblatt mit dem »Rennsteiglied« ab, das ich unentwegt auf meinem Akkordeon übte, um eines Tages so berühmt zu werden wie er.

In unserem Haus gab es zwei Mädchen, Marlies und Gudrun. Die eine spielte Geige, die andere Klavier. Wann immer wir Zeit hatten, musizierten wir zusammen. Niemand forderte uns dazu auf, es machte einfach Spaß, zumal die Jüngere der beiden, die aus dem Böhmischen zugesiedelt war, mein Herz entflammt hatte. Unser Repertoire reichte von Jessels »Schwarzwaldmädel« bis zu Kálmáns »Csárdásfürstin«, die wir mit besonderer Freude spielten und sangen. Rock und Beat waren noch nicht erfunden oder hatten uns noch nicht erreicht. Wenn unsere Eltern zusammen Rommee spielten, gab es vorher ein halbstündiges Konzert mit Gesang und Rezitationen, dessen Wirkung ähnlich war wie spätere Fernsehunterhaltung, jedoch mit dem nicht unwesentlichen Vorteil, dass die Künstler zu den Familien gehörten.

Mitunter wurden wir dramatisch, bauten im Hof mit Wäscheleine und Gardinen eine Bühne, richteten ein Parkett für Verwandte und Bekannte her und spielten die Streiche von Max und Moritz. Ich erkannte sehr früh, dass Applaus der wichtigste Lohn des Künstlers ist, wichtiger als jede Gage. Leider wurde uns auch keine angeboten. Künstlerische Wege schlugen wir dennoch nicht ein, die Mädels wurden Ingenieurin und Zahnärztin.

Damals leistete sich meine Familie ein Klavier, gebaut vom Königlichen Hoflieferanten Späthe in Gera. Es hatte 52 weiße, die dazugehörigen schwarzen Tasten und drei Pedale, wie ein Trabant. Da es einem Erfurter Milchhändler gehörte, der sich gerade erhängt hatte, war es nicht sehr teuer. Es war das erste Klavier im weitverzweigten Kreis unserer Verwandtschaft, denn niemand wusste Einzelheiten über seine Bedienung. Da half mir der Dorfkirchenorganist, ein pensionierter Lehrer, der mich für fünf Mark pro Stunde und ab und zu einem Glas Wurst aus eigener Schlachtung unterrichtete.

FERNSEHEN

Fernsehen war damals noch kein familiärer Störfaktor. Erst Ende 1952 hatten die Kinderjahre des neuen Mediums begonnen. Zu Stalins 73. Geburtstag, am 21. Dezember, strahlte Berlin-Adlershof erstmals ein Versuchsprogramm aus. Herbert Köfer als Nachrichtensprecher und Margit Schaumäker als Ansagerin hätten die Zuschauer vor den etwa 60 Fernsehgeräten in Ostberlin alle mit Handschlag begrüßen können. Doch zwei, drei Jahre später wäre das schon nicht mehr möglich gewesen.

Wenn ich Mitte der fünfziger Jahre aus der Lehre nach Hause in mein Dorf kam, trafen wir jungen Leute uns zum Fernsehen im »Lindenhof«. Der Wirt hatte ein langes schmales Zimmer neben dem Gastraum zum Fernsehzentrum umgestaltet. Der Raum war verdunkelt, damit man das winzige Bild im »Rembrandt« halbwegs gut erkennen konnte. Ein Rauchverbot hätte den Bierkonsum eingeschränkt, der den Fernseher amortisierte, der mehr als dreitausend Mark kostete. Auf einem Stuhl saß, wer rechtzeitig gekommen war, andere hockten im Schneidersitz auf dem Fußboden vor dem Fernseher und verrenkten sich die Hälse. Wer zu spät kam, saß ganz hinten auf einem Tisch.

Zu den ersten Fernsehstars jener Jahre gehörten Christel Bodenstein, Fred Delmare, Edwin Marian, Hans-Peter Minetti, Erik S. Klein, Manfred Krug, Otto Mellies, Günter Naumann, Armin Mueller-Stahl, Hilmar Thate, Jochen Thomas und Gerry Wolff, um nur einige zu nennen, die in den fünfziger und sechziger Jahren Fernsehlieblinge wurden. Es mag Jüngeren nicht viel sagen, aber das waren Schauspieler, deren Können ich sogar bis in eine »Telenovela« gefolgt wäre.

In diese Medienbranche wäre ich fast geraten, als mir Anfang der achtziger Jahre ein Mann aus der Spitze des DDR-Fernsehens anbot, eine leitende Position im Unterhaltungsressort zu übernehmen. Er kannte mich und hatte überdies von meinen Hörspielen, Exposés für die »Heitere Dramatik« und anderen Sachen erfahren. Vielleicht hätte ich ein bisschen mehr Mut haben sollen.

Als in den meisten Häusern Fernsehgeräte standen, hatte sich ein Ritual herausgebildet, das bis zum Untergang der DDR überall praktiziert wurde. Jeden Sonntagvormittag saß mindestens ein schreibkundiges Familienmitglied vor dem Fernseher und notierte die von der ARD ausgestrahlte Programmvorschau für die neue Woche. Oder einer schrieb, der andere las die eingeblendete Laufschrift mit den Programmnotizen vor.

War eine Familie verhindert, beispielsweise durch die Teilnahme an einer Friedensdemonstration gegen die westdeutschen Kriegstreiber, brachte man vorher dem Nachbarn ein paar unbeschriebene Blätter und ein Kohlepapier. Vieler Worte brauchte es nicht. Irgendwann machte man es wieder gut. Da interessierte es auch nicht, ob jemand in der Partei war oder nicht. Hier ging es ums nackte Überleben – um das Fernsehprogramm der kommenden Woche.

Ulbricht blies auf der zweiten SED-Parteikonferenz 1952 in Berlin zum gesellschaftlichen Halali. Er forderte dazu auf, »planmäßig und systematisch die Grundlagen des Sozialismus zu errichten«, und wir spielten Hoftheater. Honecker formierte die FDJ als »Reserve und Helfer der Partei«, und wir sangen Operetten. Damit nicht genug, wir besuchten auch noch den Gottesdienst und nahmen am Konfirmandenunterricht teil. So kann aus dem Sozialismus nichts werden. Also wurden andere Saiten aufgezogen.

Die Mitglieder der christlichen »Jungen Gemeinde« wurden zur Jagd freigegeben. Sie flogen von Oberschulen, durften nicht studieren und oft nicht den gewünschten Beruf erlernen. Musterprozesse gegen Jugendliche und Theologen wurden mit dem Ziel konstruiert, sie der Kriegshetze, Sabotage und Spionage zu bezichtigen. Besonders die Kinder von Intellektuellen waren betroffen. Hunderttausende verließen die DDR. Auch die Familien zweier Freunde von mir, deren Väter Direktoren der Zuckerfabrik waren, setzten sich in die Bundesrepublik ab, um ihren Kindern eine gediegene Ausbildung zu ermöglichen.

Dennoch sah man vieles auf dem flachen Land, wo jeder jeden kennt, entspannter als in der Hektik und Anonymität der Städte. Obwohl ich bis zur Konfirmation kirchlich aktiv war, störte das kaum jemanden. Stolz waren wir allerdings schon, als wir in der achten Klasse zum Appell antraten, ein patriotisches Lied sangen und feierlich die FDJ-Ausweise empfingen. Unser erster richtiger Ausweis. Jetzt brauchten wir uns nicht mehr das Kindertuch um den Hals zu wickeln, sondern trugen das blaue FDJ-Hemd mit der aufgehenden Sonne am linken Ärmel.

In der Freizeit trafen wir jungen Leute uns zu unterhaltsamen FDJ-Nachmittagen. Ich schleppte mein Akkordeon mit und spielte Volks- und Jugendlieder, die von allen begeistert mitgesungen wurden. Die Liederbücher waren damals noch weltoffen. Da wurden Städte und Landschaften besungen, die es in der DDR gar nicht gab. »Alt-Heidelberg«, »An der Weser«, »Bald gras ich am

Neckar«, »Ein Jäger aus Kurpfalz«, »Es steht ein Baum im Odenwald« oder »… ein Wirtshaus an der Lahn«. In späteren Liederbüchern der DDR sind solche Titel nicht mehr zu finden.

Dann wiederum forderte die Kirche ihr Recht. Bei Beerdigungen streifte ich eine lange schwarze Kutte über und trug das Kruzifix am langen Stiel vom Haus des Verblichenen dem Begräbniszug voran bis zum Friedhof. Dafür bekam ich von den Überlebenden zwei Mark. Immer wenn jemand gestorben war, begann unter uns Jungs die Rangelei ums Kreuztragen. Bei Reichen etwas mehr als bei Armen. Doch meistens gaben die Armen freudiger als die Reichen. Was das Gleichnis mit dem Kamel und dem Nadelöhr nicht glaubwürdiger macht.

Mit unserem Gewissen waren wir schon arg gebeutelt. Pionier mit echtem Halstuch in der Schule, Krippenspieler mit falschem Bart in der Kirche – ich glaube, von da an wurden wir alle ein bisschen schizophren. Manches, das wir als Kinder zu Hause aufschnappten, klang in der Schule ganz anders. So konnte es vorkommen, dass ein Schüler nach der Rückgabe von Kunstwerken der Dresdner Gemäldegalerie durch die Sowjetregierung in einem Aufsatz schrieb: »Die Sowjetunion hat uns die wertvollen Bilder zurückgegeben, die uns 1945 die Russen geklaut haben.«

Zur Konfirmation trug ich einen dunklen Anzug mit Krawatte. Die Haare hatte ich wie mein Lieblingsschauspieler Gérard Philipe in dem Film »Die Kartause von Parma« gekämmt. In der Kirche wurden wir Konfirmanden noch einmal der Glaubensgemeinde präsentiert. Der Pfarrer stellte Fragen zur biblischen Geschichte. Melden sollten sich auf seine Fragen immer recht viele, wer die Antwort wusste mit dem rechten, wer nicht, mit dem linken Arm. Die Gemeinde war begeistert.

Ein Jahr danach begannen die Jugendweihen. Als Lockmittel gab es eine Armbanduhr und das Buch »Weltall – Erde – Mensch«, in dem der Wissenschaftler Robert Havemann den einleitenden Beitrag über »Die Einheitlichkeit von Natur und Gesellschaft« geschrieben hatte, bevor der Naturwissenschaftler als »Dissident« aus der Gesellschaft ausgeschlossen wurde.

Die Beeinflussung war mitunter so subtil, dass wir vieles unmerklich in uns aufnahmen. Bis heute bewahre ich ein liniertes Schulheft aus dem Jahr 1951 auf, von dem der Verlag Volk und Wissen 4,5 Millionen Stück drucken ließ. Es zeigt auf der Titelseite das Weltjugendabzeichen und den Text »Junge Pioniere – für Frieden und Völkerfreundschaft seid bereit!«. Wer wollte das nicht sein. Auf den inneren Umschlagseiten sind Fotos von spielenden und tanzenden Kindern aus aller Welt, und auf der Rückseite lacht uns Väterchen Stalin an. Was ist dagegen ein Kruzifix in einem bayerischen Klassenzimmer?

LIEBLINGSBURG

Drei Wochen unserer Sommerferien verbrachten wir Kinder, deren Eltern in der Zuckerfabrik arbeiteten, in einer wunderschönen Villa in Schnepfenthal bei Waltershausen im Thüringer Wald. Sie musste von der Ausstattung und der Größe des Parks her einmal einem sehr begüterten Bürger gehört haben.

Tagsüber waren wir viel unterwegs. Wir durchstreiften die Wälder, fingen in den klaren Gebirgsbächen Krebse, die wir wieder aussetzten, und besichtigten Schlösser, Museen und staunten über den uralten GutsMuths-Sportplatz, den der Mitbegründer der deutschen Turnbewegung einst hier angelegt hat.

So oft es möglich war, besuchten wir die deutscheste aller Burgen, die Wartburg bei Eisenach. Aus den »Thüringer Sagen« von Fritz Lehmensick aus dem Jahr 1912 kannte ich die ganze Geschichte der Burg von ihrem Bau (»Wart' Berg, du sollst mir eine Burg tragen!«) durch Ludwig den Springer über das Rosenwunder der Heiligen Elisabeth, die sich hingebungsvoll der Ärmsten annahm, bis hin zu Albrecht dem Unartigen und dem Spruch seiner Untertanen »Schlimm ist uns zumute / wir stehen unter der Knute«. Albrecht hieß übrigens später der 1. SED-Chef im Bezirk Suhl, doch das ist reiner Zufall.

Mit Ehrfurcht betrachtete ich den Walfischknochen in der Luther-Stube, der dem Reformator als Hocker diente, sowie die Reste des legendären Tintenkleckses an der Wand, der angeblich entstanden war, als Luther bei der Bibelübersetzung das Tintenfass nach dem Teufel warf. Angesichts der Vielzahl der Erinnerungsstücke rings um den Erdball, die alle von diesem Fleck stammen, hat man es irgendwann aufgegeben, Putz und Klecks zu erneuern.

Anfang der neunziger Jahre beschrieb ich, dass Erich Honecker 1985 in einer geheimen Aktion ein kostbares Doppelkapitelle aus dem zwölften Jahrhundert (Inventar-Nummer B 105) aus der Erdgeschossarkade der Westfassade für eine Friedenswand in der Marienkirche von Hamm-Heessen in Westfalen spendete. Die örtliche Presse unterstellte mir gar, ich hätte die Geschichte erfunden. Offensichtlich hatte man noch wie in alten Zeiten geurteilt, ohne zu prüfen.

Der damalige Ortsheimatpfleger von Heessen sagte zu mir: »Wir waren alle wie vor den Kopf gestoßen. Damit hatte niemand von uns gerechnet: Herr Honecker beteiligt sich an unserer Friedenswand! Aber wir haben es uns nicht leicht gemacht und eingehend beraten, was zu tun sei. Doch im Sinne des Anliegens der Wand konnten wir uns der Gabe nicht verschließen.«

Die Oberbürgermeisterin hatte zur Übergabe des Kapitells alle Fraktionsvorsitzenden im Stadtrat zu einem offiziellen Essen geladen, bei dem das Geschenk »von den Anwesenden als die bislang künstlerisch wertvollste und architektonisch eindrucksvollste Gabe gewürdigt« wurde, wie es in einem Brief an den Wartburg-Chef heißt, der auch die Bitte um Vertraulichkeit enthält.
Der Wartburg hat das keinen Abbruch getan. Für das verschenkte Kapitell wurde eine Sandsteinkopie gefertigt und eingelagert. Honecker aber hatte die Gewissheit, auf irgendeine Weise – falls das mit dem Sozialismus schiefgehen sollte – werde auch er in die Geschichte eingehen. Und sei es neben dem Papst, der ebenfalls eine Gabe zur Friedenswand beigesteuert hat.

FERIENIDYLLE

Jedes Jahr waren meine Eltern dankbar, wenn ich in den Sommerferien zu den Großeltern nach Hauteroda, in ein kleines Vorharzdörfchen, fahren durfte, um mich dort einige Wochen erholen und richtig satt essen zu können. Das eine schloss das andere damals ein. Ich solle aber achtgeben, so lautete eine oft wiederholte Warnung, irgendwo in den Wäldern der näheren Umgebung lägen die Russen. Ich hatte mir immer ausgemalt, wie die im Unterholz liegen und sich vor uns verstecken, wenn wir Beeren sammelten. Doch ich habe keine Russen zu Gesicht bekommen. Erst später, in den siebziger und achtziger Jahren, wenn sie im Dorf mit ihren gigantischen Militärfahrzeugen parkten und für die Bauern und Mopedbesitzer Benzin in Kanister, Eimer und Schüsseln aus den Tanks abzapften. Am liebsten gegen Hochprozentiges.

Ich will gleich denen widersprechen, die »versoffene Russen« rufen oder denken. Bei einem Besuch Erich Honeckers in Wünsdorf, dem Sitz des sowjetischen Oberkommandos in der DDR, habe ich im September 1979 Mannschaftsunterkünfte gesehen, die auch mich zur Flasche hätten greifen lassen. Metallpritschen in Reih und Glied an langen schmucklosen Wänden und mit schmalen Zwischenräumen, als wären sie zum Exerzieren angetreten. So wie man marschierte, so schlief man offensichtlich auch. Dazu kam als persönliches Mobiliar vor jedem Bett ein Holzhocker ohne Lehne. Diese Unterkunft war natürlich für Honeckers Besuch besonders sorgfältig hergerichtet worden.

Aufregend fand ich es, bei der Getreideernte mit den Schnittern zum Mittag unter einem schattigen Baum am Feldrain zu sitzen, Brot und Wurst mit ihnen zu teilen und aus Steinkrügen kalten Tee zu trinken. Beim Umgang mit der Sense waren die Älteren aus Familie und Verwandtschaft durch ihre Erfahrung im Vorteil, wenngleich sich die Jüngeren ungestümer ins Zeug legten. Die Frauen bündelten indes das Gemähte und banden es mit selbstgefertigten Strohseilen zu Garben.

Mit diesen fuhren wir zur Dreschmaschine, die ein Großbauer vermietete, um die Körner aus den Halmen zu schütteln. Das war einfacher, als das Stroh auf der Tenne auszubreiten und mit den Dreschflegeln – das sind längliche, sechs bis acht Zentimeter dicke Kloben aus Hartholz, die mit Lederschlaufen beweglich an Holzstielen befestigt sind – auf das Getreide zu schlagen, damit sich die Körner von der Spreu trennen. Werden keine Körner gewonnen, nennt man das leeres Stroh dreschen, was in Wahlversammlungen und Talkshows eine beliebte Methode ist, nebenbei auch noch die Zeit totzuschlagen.

Am Abend saß mein Großvater auf einem dreibeinigen Holzbock im Hof und dengelte die Sensen. Er schlug mit der Hammerspitze im Rhythmus, wie von einem Metronom vorgegeben, auf die Schneide der Sense, die auf einem kleinen Amboss lag. Dadurch wurde sie scharf wie ein Rasiermesser und war am nächsten Tag wieder einsatzbereit. Das verlangte viel Erfahrung und Fingerspitzengefühl.

Dabei war mein Opa Bruno kein Bauer gewesen. Er war sein ganzes Arbeitsleben lang Kalikumpel. Zufällig ergab es sich, dass ich Anfang der neunziger Jahre, da lebte er schon lange nicht mehr, die Grube besuchte, in der er so lange gearbeitet hatte. Mich durchströmte ein warmes Gefühl familiärer Verbundenheit, wenngleich der Anlass meines Besuchs nicht sehr erfreulich war. Ich erlebte die letzte Seilfahrt der Kumpel im stillgelegten Schacht. An den Fördertürmen wehten schwarze Fahnen. Die Treuhandanstalt hatte einen rabiaten Schlussstrich unter die legendäre ostdeutsche Kaligeschichte gezogen.

Obwohl sich international viele Interessenten um die Kali-Industrie der DDR bemüht hatten, die nach Kanada und der UdSSR drittgrößter Exporteur der Welt war, wurden alle mit zum Teil miesen Tricks aus dem Feld geschlagen. Die marode westdeutsche Kali und Salz AG brauchte für einen Appel und ein Ei die ostdeutschen Kalilager, um aus ihren tiefroten Zahlen zu gelangen. Mit dem jüngsten Kaliwerk Deutschlands in Zielitz bei Magdeburg und den reichen Vorkommen bei Merkers in der Rhön gelang ihnen das. Solche Transferleistungen von Ost nach West werden allzu oft verschwiegen.

Ein paar Tausend Kalikumpel in Bischofferode, Merkers, Sondershausen und anderswo im Osten verloren ihre Jobs und mussten sich bei ihren Hungerstreiks auch noch als Querulanten der Einigung verhöhnen lassen. Weil die Gewerkschaften gute Miene zum bösen Spiel machten, kündigte ich ihnen mit dieser Begründung Vertrauen und Mitgliedschaft. Ich weiß nicht, ob ich das ohne die Lebensgeschichte meines Großvaters getan hätte.

VÄTERCHENS ABGANG

Anfang März 1953 feierten wir den Geburtstag meines Freundes Jürgen. Während wir die alkoholfreie Erdbeerbowle schlürften, traf uns die Nachricht aus dem Radio wie ein Donnerschlag: Stalin ist tot!

Am Vortag schnöde hinweggerafft nach einer »Blutung in der linken Gehirnhälfte, mit Bluthochdruck und Arteriosklerose, einer rechtsseitigen Lähmung und einem anhaltenden Verlust des Bewusstseins«, wie es im ärztlichen Bulletin hieß.

Verlust des Bewusstseins? Das war unmöglich! Leute ohne Bewusstsein wurden beschimpft, zu Gegnern erklärt. Und nun das! Eigentlich waren wir überzeugt, dass der Mann, den Millionen »Väterchen« nannten und bei dem laut einem Gedicht von Erich Weinert abends im Kreml immer noch Licht brannte, unsterblich war. Stalin, Innbegriff des Sozialismus, Wegbereiter, Lehrmeister, Vater aller Völker, kam für uns noch vor Goethe, Thälmann und unserem Klassenlehrer.

Nichts, gar nichts wussten wir von den 470 Straflagern mit zweieinhalb Millionen Gulag-Häftlingen, nichts von den »Säuberungen« dieses paranoiden Massenmörders mit möglicherweise mehr Opfern, als die DDR Einwohner hatte. Sicher wussten unsere Politiker vom Terror des Diktators. Die Namen ermordeter deutscher Kommunisten füllen lange Listen – für uns, hätten wir damals davon erfahren, unvorstellbar.

Ein hemmungsloses Pathos überflutete das Land. Stundenlang bekundeten Millionen Menschen im kilometerlangen Zug durch die Berliner Stalinallee ihre Trauer. Rundfunkreportagen gingen unter die Haut: »Der Verkehr steht still. Die Arbeit ruht. Millionen halten den Atem an und schweigen ...«

Von nun an gab es den Mann nicht mehr, dessen Lieblingslied »Suliko« ich mit meiner hellen Knabenstimme leidenschaftlich zuweilen auch öffentlich sang: »Such ich, ach, das Grab meiner Liebsten überall, o widrig Geschick. Weinend klagt ich oft mein Herzeleid: Wo bist du, entschwundenes Glück!«

Es war nicht so, dass wir mit verheulten Gesichtern herumliefen, aber uns wunderte schon, dass ein Tribun, der stets wie ein übermenschlicher Heros dargestellt wurde, so mir nichts dir nichts starb. Vielleicht würde er auferstehen, wie schon ein anderer vor ihm. Aber wozu? Seine Nachfolge war geregelt.

Aber erst einmal kam das vermeintliche große Aufräumen. Die Geheimrede Chruschtschows über die Verbrechen Stalins 1956 wurde uns vorenthalten. Jahre brauchte es, bis die Berliner Stalinallee umbenannt und der bronzene Diktator vom Sockel gehoben wurde – schamvoll bei Nacht und Nebel. Ein Bekannter erzählte mir, wie er als Polizist in der Dynamo-Sporthalle gegenüber zu beobachten hatte, ob es bei der Denkmalsdemontage zu Tumulten protestierender Bürger käme. Doch kein Schwein kümmerte der Abriss. Aus dem bronzenen Untier entstanden Figuren für den Tierpark Friedrichsfelde. Stalin blieb im Lande, im Schafspelz gewissermaßen.

STREIKS

Tote Vorbilder haben in der Regel nur eine kurze Halbwertszeit. Ein Vierteljahr nach Stalins Tod kletterten die Bauarbeiter in der Stalinallee von den Gerüsten und marschierten in das Ostberliner Machtzentrum. Eigentlich wollten sie nur gegen Normenerhöhung, Lohnminderung und Sozialabbau protestieren und den Herrschenden die Meinung sagen, doch die hatten sich verkrochen.

Es war nicht ausgemacht, dass die Arbeiter, also die Mitlieder der »herrschenden Klasse«, in ihrem Staat ein Machtwort sprechen. Zum Glück für die Arbeiterführer war die Arbeiterklasse, entgegen allen propagandistischen Beteuerungen, nicht bewaffnet. Die Legende vom »Arbeiterstaat« platzte wie eine Seifenblase, denn es waren vorwiegend Arbeiterinnen und Arbeiter, die in mehr als fünfhundert Städten und Gemeinden mit Demonstrationen, Streiks und Kundgebungen ausgerechnet im »Karl-Marx-Jahr« 1953 ihren Missmut über das Regime des Arbeiter-und-Bauern-Staates bekundeten. Die meisten der fast zehntausend Verhafteten waren Arbeiter.

Wir bekamen die Stimmung im Volk mit, weil viele Erwachsene aus unserem Dorf in Großbetrieben arbeiteten. Etliche hatten sich den Streiks angeschlossen und erzählten abends von ihrem Protest gegen die erhöhten Normen, die einen Teil der kargen Löhne auffressen würden. Wir in der siebten Klasse übten Solidarität und drehten mutig Stalins Bild an der Wand unseres Klassenzimmers um. Niemand scherte sich darum.

Laut Radio und Zeitungen waren das alles faschistische Provokateure, die zu Streiks aufriefen oder sich solchen anschlossen. Die Leute aus unserem Dorf sind keine faschistischen Provokateure, sagte mein Vater, denn er kannte sie alle. Was und wem sollten wir nun glauben? Von nun an galt es sorgfältig abzuwägen, was man wo zu wem sagte oder besser nur dachte.

Statt Stalin hing fortan Pieck an der Wand des Klassenzimmers, und einer unserer Lieblingslehrer, der Physik unterrichtet hatte und zwei Dörfer weiter wohnte, durfte nicht mehr kommen. Zu fünft pilgerten wir eines Nachmittags zu ihm nach Hause und bekundeten ihm unsere Sympathie. Statt reinen Wein schenkte er uns Limonade ein, bedankte sich und schickte uns wieder zurück. Weder forderten wir seine Rückkehr, noch streikten wir für ihn. Wir gewöhnten uns an seinen Nachfolger.

Viele Erwachsene mogelten sich bei Fragen nach dem Arbeiteraufstand um eine Antwort. Andere waren vielleicht ein wenig zu schnell damit. Der Dichter Stefan Heym, damals bereits eine Autorität, schrieb in einer Zeitung: *»Der 17. Juni war … ein großangelegter konterrevolutionärer Putschversuch. Darüber muss man sich klar sein, damit etwas Sauberkeit in jene Ecke des Kopfes kommt, wo das Wort ›Revolution‹ herumspukt.«*

In seinem Buch »Fünf Tage im Juni« klingt später vieles anders. Vielleicht hatte ihn Brecht nachdenklich gemacht, der in seinem

Gedicht »Die Lösung« meinte, das Volk habe sich das Vertrauen der Regierung verscherzt und müsse es durch doppelte Arbeit zurückerobern und hinzusetzt: »Wäre es da nicht doch einfacher, die Regierung löste das Volk auf und wählte ein anderes?«

HELDEN

Bald nach dem Arbeiteraufstand wurde Onkel Hugo, der Bruder meines Vaters, aus dem Gefängnis »Roter Ochse« in Halle entlassen. Wegen »Antisowjethetze« war er ein paar Jahre eingesperrt gewesen. In der Verwandtschaft war darüber nicht viel geredet worden, um die Kinder, die stolz das blaue Halstuch trugen, nicht zu irritieren.

Unvergessen ist das Erlebnis, das ich im folgenden Jahr mit ihm hatte. Es war der 4. Juli 1954, ein strahlender Sommertag. Die Schule hatte ich beendet, einen Lehrvertrag in der Tasche, der Ernst des Lebens lag vor mir, doch es waren Ferien. Onkel Hugo lud mich zu sich ein, und wir hockten in der geräumigen Wohnküche seines Häuschens in der Lindenstraße vor dem Radio und verfolgten die Reportage vom Endspiel um die Fußballweltmeisterschaft in Bern.

Obwohl wir Fernsehen noch nicht kannten, blickten wir wie hypnotisiert auf den dunklen Holzkasten mit der vergilbten Stoffbespannung über dem Lautsprecher und bangten um einen, wie es lange schien, kaum noch erreichbaren Sieg der deutschen Mannschaft. Bis die Männer um Kapitän Fritz Walter das Spiel gegen die damals berühmten Ungarn wendeten. Ich glaube, es war die erste wirkliche Wende in der deutschen Nachkriegsgeschichte.

Herbert Zimmermann, der das Spiel kommentierte, riss uns mit in den Siegesrausch. Sein unvergessener »Toooooor!«-Ruf begeisterte uns so, als wären wir im Stadion dabei gewesen. Es war sensationell, was sich im legendären Wankdorf-Stadion und in uns abspielte. Einerseits gehörten die Ungarn zum Ostblock wie wir, andererseits waren die Spieler um Fritz Walter Deutsche wie wir.

Keine Frage, für wen unsere Herzen schlugen. In Blöcken denken nur Politiker. Über Jahre konnte ich die komplette deutsche Mannschaft mit allen Auswechselspielern aufsagen. Doch selten genug wurde ich danach gefragt, so dass die Helden von Bern allmählich anderen Helden im Kopf Platz machten, die hießen dann Manolis Glezos aus Griechenland, Raymonde Dien aus Frankreich, Philipp Müller aus Essen, Angela Davis aus den USA oder Luis Corvalán aus Chile.

Ich hatte den Eindruck, Onkel Hugo fand im Sieg von Bern eine stille Genugtuung für das ihm zugefügte Unrecht. Während er nie einer Partei angehörte, war mein um ein Jahr jüngerer Vater Sozialdemokrat und der noch etwas jüngere Bruder Helmut Kommunist. Bei Familienfeiern schlug man sich gegenseitig die Schuld über die Spaltung der Arbeiterklasse, die Hitler den Weg zur Macht ebnen half, um die Ohren. Man war und blieb auch in der SED bei seinen Wurzeln.

In der Familie meiner Frau waren die Gegensätze gravierender. Oswald, ein Gewerkschaftsführer der Berliner Bauleute, war ein Linker. Sein Schwager Albert trug die SS-Uniform. Als Oswald untertauchen musste, spürte ihn Albert auf. Oswald überlebte im Konzentrationslager. Albert versoff nach dem Krieg den Rest seines Verstandes. Oswald setzte sich noch kurze Zeit für den Aufbau neuer Gewerkschaften ein, doch bald starb er an den Folgen der Misshandlungen im KZ. Albert folgte ihm aus anderen Gründen. Danach wurde Oswalds Witwe, Lotte, bettlägerig. Bis zu ihrem Tod hat sich Alberts Witwe, Else, rührend um sie gekümmert. Frauen sind so, Gott sei Dank.

KAISERTREUE

Anderthalb Jahre nach Stalin starb mein Opa Louis, der seit jungen Jahren in der Zuckerfabrik am Dorfrand arbeitete, die im Goldsegen des letzten gewonnenen Krieges der Deutschen, 1870/71 gegen Frankreich, entstanden war.

Zu jener Zeit war nicht selten das ganze Leben eines Arbeiters mit einer Fabrik, einem Unternehmen, oft auch mit einer Unternehmerfamilie verbunden. Arbeitgeber und Arbeitnehmer hingen auf Gedeih und Verderb zusammen, konnten nur gemeinsam überleben oder untergehen, egal, welcher Art ihre Beziehungen waren. Beide Seiten wussten und respektierten das. Das »Management« in seiner heutigen Form, das die historisch gewachsene Symbiose von Arbeitnehmern und Arbeitgebern der Gewinnmaximierung opfert und die Tauglichkeit des Kapitalismus zur Lösung der Menschheitsprobleme ad absurdum führt, gab es noch nicht.

Als mein Opa geboren wurde, herrschte in Deutschland Kaiser Wilhelm I., Bismarck war Reichskanzler und erließ bald das »Gesetz gegen die gemeingefährlichen Bestrebungen der Sozialdemokraten«. Die SPD hatte gerade ihr »Gothaer Programm« verabschiedet, in dem eine Forderung lautete: »*Eine einzige progressive Einkommenssteuer für Staat und Gemeinden anstatt aller Bestehenden, insbesondere der das Volk belastenden indirekten Steuern.*« Die SPD war, wie leicht zu erkennen ist, eine revolutionäre Arbeiterpartei, was Jüngere kaum wissen.

Erst als mein Opa schon vierzig war, ging die Monarchie zugrunde. Es war haargenau die Zeitspanne, die ich in der DDR unter Ulbricht und Honecker erlebte. Weimarer Republik, Nationalsozialismus und DDR waren für ihn vorübergehende Erscheinungen, bis sich die Deutschen wieder auf einen Kaiser besinnen würden. Von solcherlei Nibelungentreue bleibe ich, Gott sei Dank, verschont. Was wollten wir auch mit einem Kaiser?

Opa Louis starb zwischen Weihnachten und Neujahr 1954. Er lag tot in seinem kleinen Häuschen im Doppelbett am Fenster zur Straße. Das Kinn war mit einem weißen Leinentuch hochgebunden. Wir verweilten an seinem Bett, die Hände zum Gebet gefaltet, um Abschied zu nehmen. Während ich so tat, als hielt ich Zwiesprache mit Gott, betrachtete ich den goldgerahmten Elfenreigen über den Betten. Die grazilen Wesen waren nur hauchdünn bekleidet.

Nach der Beerdigung trafen sich Familie, Nachbarn und Bekannte in der guten Stube, die immer nur sonntags aufgeschlossen wurde und etwas muffig roch. Die Tochter meines Opas fungierte beim Leichenschmaus als Maître de Plaisir, weil sie das als Witwe eines ehemaligen Beamten vom Landratsamt gut konnte. Dabei schenkte sie unentwegt aus Flaschen ein, die auf dem Tisch standen. Wir Kinder bekamen Apfelmost. Dann klingelte es, Tante Berthas Gesicht verfinsterte sich wie beim Pawlow'schen Reflex, und bald kam sie mit verheulten Augen und neuen Gästen in die Stube. Kurz darauf lachte sie wieder über schöne alte Familiengeschichten. »Fell versaufen« hieß es im Dorf zu solchen Gelagen nach Beerdigungen. Ich nannte sie etwas zivilisierter »Weißt-du-noch-Treffen«.

Weil der Tod meines Opas zwischen das Fest fiel, feierten meine Eltern Silvester nicht bei Freunden, sondern blieben zu Hause und gingen zeitig schlafen. Ich stieg heimlich aus dem Fenster meines Zimmers und bei einem der Nachbarmädels ein. Dort feierten wir zu dritt bis ins neue Jahr. So hat sich mir der Tod meines Großvaters eingeprägt.

BRIGADETAGEBUCH

Nach der achten Klasse hatte ich mich um eine Lehre als Facharbeiter für organische Grundstoffchemie in einem Apoldaer Betrieb beworben. Es war ein Tipp vom Sohn unseres Pfarrers, der dort gerade ausgelernt hatte. Mein Vater war zufrieden, rechnete er doch damit, dass ich anschließend ein Ingenieurstudium absolvieren, das Labor der Zuckerfabrik leiten, und dann sein Nachfolger als Siedemeister oder mehr werden würde. So wie mein Vater Nachfolger seines Vaters war.

Dem Betrieb galt damals das Interesse der ganzen Familie. In den frühen fünfziger Jahren hingen wir oft am Radio, weil während der Rübenkampagne vom Wettbewerb der Zuckerfabriken im Land um die beste Zuckerqualität berichtet wurde. Da belegte die Schicht meines Vaters stets einen vorderen Platz, und im Radio musste er als Wettbewerbssieger Rede und Antwort stehen.

Als eines Tages ein Rundfunkreporter meinen Vater interviewte, war im Siedehaus, wo der Rübensaft gekocht und gefiltert wurde, ein untypisches, geradezu störendes Geräusch zu hören. Mein Vater erklärte uns, dass der Kraftfahrer des Reporters an einer Eisentreppe stand und während des Interviews mit einem Hammer ab und zu auf das Metallgeländer schlug, dass es laut durch die Halle dröhnte. Hammerschläge gehörten zum Sozialismus, denn auf dem Plakat der zweiten Parteikonferenz 1952 hält ein Arbeiter einen riesigen Hammer in seinen Händen, als wolle er damit alles kurz und klein schlagen. Die Arbeiter würden den Kapitalisten schon zeigen, wo der Hammer hängt. Außerdem heißt es bei Goethe: »Du musst steigen oder sinken, / Du musst herrschen und gewinnen, / Oder dienen und verlieren, / Leiden oder triumphieren, / Amboss oder Hammer sein.« Zu diesem Spruch fanden viele Jugendweihestunden statt.

Heute steht die Zuckerfabrik nicht mehr. Der über achtzig Meter hohe Schornstein war ein markanter Punkt in der Landschaft, höher als die Kirchtürme in den Dörfern ringsum. Als er im Mai 1992 gesprengt wurde, sah ihn mein Vater stürzen. Er überlebte ihn um zwei Monate.

Eine Erinnerung an die Zuckerfabrik ist für mich das Brigadetagebuch, das von 1959 an über zehn Jahre die Entwicklung des Meisterbereichs meines Vaters schildert.

Auf der ersten Seite des sozialistischen Poesiealbums, dessen roten Einband golden das Zeichen des Siebenjahrplanes schmückt, steht ein Spruch aus dem »Sozialistenmarsch« von 1891: *Der Erde Glück, der Sonne Pracht / Des Geistes Licht, des Wissens Macht / Dem ganzen Volke sei's gegeben. / Das ist das Ziel, das wir erstreben / Mit uns das Volk, mit uns der Sieg!*

Auf der ersten Innenseite stehen, gewissermaßen als Leitfaden für das Kollektiv, Ulbrichts »Grundsätze der sozialistischen Moral und Ethik«. Dann wird das Leben und Wirken von 45 Frauen und Männern handschriftlich und reich bebildert chronologisch dargestellt. Zwischendurch werden auch Ereignisse der Weltgeschichte reflektiert. Zu finden ist beispielsweise ein Glückwunschtelegramm vom 20. Juni 1963, 16.30 Uhr, an das ZK der KPdSU, Moskau Kreml, zu einer »wissenschaftlichen Großtat« im Kosmos, dem Flug von Wostok 5 und Wostok 6, das die Brigadekasse 11,97 Mark kostete.

Ein anderer Beitrag schildert, wie im Sommer 1961 brauner Rohrzucker aus Kuba zu feinem Weißzucker veredelt wurde, weil das durch die Kubablockade in der Region nicht möglich war. Mit technischen Raffinessen wurde der Kubazucker in Extraeinsätzen, auch unter Verzicht auf Urlaub, verarbeitet. Die politischen Hintergründe wurden in der Brigade diskutiert, weil man sich nicht nur als Lohnarbeiter verstand.

GRENZSITUATIONEN

Ereignisse, die außer den Betroffenen möglichst niemand bewusst wahrnehmen wollte, um nicht irgendwann selbst betroffen zu sein, sind unrühmliche Bestandteile der Geschichte des Arbeiter-und-Bauern-Staates. Obwohl Tausende darunter litten, erfuhr die Öffentlichkeit erst Jahrzehnte später davon. Karl-Heinz, ein guter Bekannter aus Erfurt, ist ein solcher Betroffener. Oft saßen wir damals zusammen, erzählten uns Geschichten, sprachen von der Arbeit und tauschten die neuesten Witze über die DDR aus. Witze über die DDR wurden eigentlich immer erzählt. Diesbezüglich konnte die Führung zufrieden sein. Wilhelm II., der sich oft die neuesten Witze über sich erzählen ließ, befürchtete, als es eines Tages keinen neuen Witz gab: »Man räsoniert inwendig!«

Karl-Heinz, ein unterhaltsamer Gesprächspartner, hatte in seiner Kindheit ein traumatisches Erlebnis, von dem wir nichts ahnten. Als wir Kinder Anfang der fünfziger Jahre friedlich auf unseren Dorfstraßen spielten, waren er, seine Mutter und seine Geschwister bei Nacht und Nebel aus ihrer Wohnung im Grenzgebiet zur Bundesrepublik in das »Hinterland« verschleppt worden. Karl-Heinz Jahrzehnte später: »Wir fünf Kinder hingen an unserer Mutter und haben gebrüllt, was das Zeug hielt. Einer dieser Schergen stand vor einem Lastauto, schaute auf die Uhr und schrie: ›Was ihr in fünf Minuten aufgeladen habt, das könnt ihr Schweine mitnehmen.‹ Mit wenig Hab und Gut wurden wir in einen baupolizeilich gesperrten Saal in Greußen verfrachtet. Sechs Monate lang mussten wir mit einem Bett auskommen.« Das einzige »Verbrechen« seiner Mutter hatte darin bestanden, fünfhundert Meter in den Westen gegangen zu sein, um dort ein Bettlaken gegen zwei Stückchen Butter für ihre Kinder einzutauschen.

Die Ehefrau von Karl-Heinz, Deutschlehrerin an einer Erfurter Sporteliteschule, gründete noch 1989 den »Verband der Zwangsausgesiedelten«. Es stellte sich bald heraus, dass mehr als zehntausend Bürger aus fast allen DDR-Bezirken an der Grenze zur Bundesrepublik unter ähnlichen entwürdigenden Bedingungen bis hin zur entschädigungslosen Enteignung zwangsausgesiedelt wurden. Unter Strafandrohung war es ihnen verboten, darüber zu reden.

Anfang der neunziger Jahre wollte ich mehr über die mir bis dahin unbekannten Zwangsaussiedlungen »politisch unzuverlässiger Personen« aus dem Grenzgebiet wissen und stieß dabei auf den ersten politischen Mord an der innerdeutschen Grenze, der noch von keiner Geschichtschronik festgehalten ist. Er geschah in der Gemeinde Großburschla, einer Exklave der DDR im Hessischen, die nur über eine schmale Zufahrt erreichbar war.

Es war der 7. April 1951. Ein Teil der erwerbsfähigen Einwohner ging wie eh und je morgens über die Werra-Brücke zur Arbeit in Betriebe auf westdeutscher Seite. Nach Feierabend kamen alle wieder wie selbstverständlich nach Hause. Die Grenzer an der Werra-Brücke durchsuchten die zurückkehrenden Arbeiter nach Westwaren, filzten sie immer schikanöser von oben bis unten. In der ersten Etage eines Fachwerkhauses gegenüber der Brücke saß Schneidermeister Paul Tippach von der Ortsparteileitung der SED und beobachtete alles durch das offene Fenster.

»Paul, komm runter, sieh dir an, wie deine Genossen mit uns umspringen«, riefen ein paar Männer hinauf. Paul Tippach, der ehemalige Sozialdemokrat, reagierte allergisch auf das Unrecht, ging auf die Straße und ermahnte die Grenzer, sich zurückzuhalten. Da griff der Kommandeur ein und ließ Paul Tippach zur Wache bringen, wo er ihm vorwarf, sich in sein Grenzregime einzumischen. In dem Moment kam Tippachs Ehefrau, um von ihrem Mann Geld für die Handwerker zu holen. In zwei Tagen sollte Richtfest für das neue Einfamilienhaus sein. Der Parteisekretär ging zur Tür, um seiner Frau, die im fünften Monat schwanger war, das Geld zu bringen. Dabei zückte er schon die Brieftasche. Der Offizier forderte ihn lautstark auf zu bleiben. Als Paul Tippach dennoch ging, befahl der Wachhabende zu schießen. Grenzer L. schoss. Die Kugel durchschlug den Körper des Schneidermeisters samt Brieftasche, die er gerade aus der Innentasche zog.

Die Beerdigung war am 12. April. So viele Menschen hatten noch nie an einer Trauerfeier in Großburschla teilgenommen. Drei Pfarrer hatten über der Predigt gesessen, um möglichst viel zu sagen, ohne Redeverbot zu riskieren. Pfarrer Hans Müller zitierte aus dem 1. Buch Mose: »Er aber sprach: Was hast du getan? Die Stimme deines Bruders Bluts schreiet zu mir von der Erde.«

Die SED-Führung nahm den Fall zum Anlass, Beschlüsse zu forcieren, die ab dem folgenden Jahr in die Tat umgesetzt wurden. Politisch unliebsame Personen wurden aus dem Grenzgebiet zumeist in heruntergekommene, abrissreife Wohnungen zwangsumgesiedelt.

Während der Aktion mit dem Tarnnamen »Ungeziefer« 1952 wurden im Eichsfeld 417 Personen gewaltsam »umgesiedelt«. Ein Einsatzleiter beendete seinen Bericht über die Ausweisung von fünf Familien aus vier Dörfern mit der Notiz: »Benzinverbrauch: 240 Liter Benzin, 4,25 Liter Oel.« So wurde Macht abgerechnet.

LEHREN

Zwei Jahre meiner Lehrzeit verbrachte ich im Hydrierwerk Rodleben bei Dessau. Zunächst war ich einem pharmakologischen Forschungslabor zugeteilt, in dem Versuchstiere eine große Rolle spielen. Ich lernte die Tiere anzufassen und so zu nehmen – beispielsweise Ratten –, dass sie mich in ihrer Not nicht bissen. Eine Zange mit gekrümmten Enden, wie ältere Kollegen sie mitunter benutzten, war nicht erlaubt. Der Chef durfte das nicht sehen, da gebärdete er sich als Tierschützer. »Wenn ich das mit Ihnen machen würde«, fuhr er mich an, als ich die Zange nur in der Hand hielt.

Ich überwand mich, packte eine weiße Ratte, die sich fauchend an die Innenwand des Drahtkäfigs klammerte, fest mit Daumen und Zeigefinger im Genick, drehte sie um und sah in ihre ängstlichen roten Augen. Dann griff ich zur Schere und schnipp, schnapp waren einige Zehen weg. Vorne drei und hinten vier, schon war die Ratte bei allen Versuchen unverwechselbar die Nummer 34.

»Gut«, sagte mein Chef. Ich verkniff es mir zu antworten: »Wenn ich das mit Ihnen machen würde, Herr Doktor?«

Noch weniger begeistert war ich, niedlichen kleinen Meerschweinchen den Dünndarm herauszunehmen, denn ohne diesen konnten sie nicht leben. Den deponierte ich in einer physiologischen Kochsalzlösung im Kühlschrank und schnitt von Versuch zu Versuch jeweils ein Stück davon ab. Das spannte ich in eine Apparatur, wobei eines der Enden mit einem Zeiger verbunden war, der auf eine drehbar gelagerte berußte Trommel Kurven zeichnete. Der Kochsalzlösung, die den Darm umgab, fügte ich etwas Nikotin hinzu und erzeugte so einen Krampf. Danach tropfte ich unterschiedliche Mengen eines Medikaments hinzu, um den Krampf zu lösen. Auf der Trommel ließ sich ablesen, wie es wirkte. Es war aufschlussreich zu sehen, was Nikotin anrichtet. Spontan stellte ich vier Jahrzehnte später das Rauchen ein.

Die Arbeit in der Produktion des Hydrierwerkes war für mich angenehmer als alle Tierversuche. Dennoch suchte ich nach Möglichkeiten, mir die Arbeit zu erleichtern. Als ich tagelang aus einem riesigen Rührbehälter eine chemische Lösung in Fässer abfüllen, zur Waage rollen, wiegen und dann in einen anderen Behälter absaugen musste, wurde mir das zu bunt. Ich reichte meinen ersten Verbesserungsvorschlag ein: Die Flüssigkeit wird unter Umgehung der Fässer gleich in den anderen Behälter gepumpt. Vorher wird mit einer Spindel das spezifische Gewicht und das Gewicht der ganzen Soße ermittelt.

»Hilf dem Jungen, den Vorschlag ordentlich auszuarbeiten«, sagte der Leiter des Erfinderbüros zu einem älteren Kollegen, den manche auch alter Fuchs nannten. Der Fuchs meinte kurzerhand: »Weißt du, wir machen das so: Du erzählst, wie es gehen soll, ich schreibe es ordentlich auf.« Das war die erste Erfahrung meines Lebens, bei der ich richtig übers Ohr gehauen wurde. 30 Mark bekam ich für den Vorschlag, mein Kollege ein paar Hunderter.

Im neuerbauten Lehrlingswohnheim, in dessen Klubraum ein Klavier stand, löste ich einen mittleren Skandal aus, als ich das Nazi-Lied von den zitternden morschen Knochen spielte, in dessen Refrain es heißt: »Wir werden weiter marschieren, wenn alles in Scherben fällt ...«. Der Aufregung nach sah ich einer standrechtlichen Erschießung entgegen. Die Vorbereitungen zur Hinrichtung wurden erst abgebrochen, als dem Heimleiter bestätigt wurde, dass ich dieses Lied für das Betriebs-Kabarett »Die Spritzflasche« üben sollte, dem ich angehörte.

Eine Kollegin trug ein Gedicht über den massenhaften Absatz brauner Abführpillen vor, das Entnazifizierungsbetrügern gewidmet war. Zum Refrain kam aus dem Hintergrund von mir die musikalische Untermalung, die ich natürlich üben musste. Mit großer Freude spielte ich den Zwerg Laurin in »Hänsel und Gretel« von Jewgeni Schwarz, den Diener in Goethes »Die Mitschuldigen« und nahm mir vor, irgendwann einmal beruflich auf den Brettern zu stehen, die viel Geld bedeuten.

Im Lehrlingswohnheim schlief im Doppelstockbett über mir ein Junge, der aus dem Harz stammte und zwei Jahre älter war als ich. Jeden Freitag bemühte er sich, am Abend in Dessau den Anschlusszug nach Hause zu erreichen. Wie er mir einmal erzählte, traf er in der Gegend um Ellrich nachts seine Kunden, die von irgendwoher aus der DDR anreisten, um von ihm heimlich über die grüne Grenze in den Westen geschleust zu werden. Er kannte jeden Stein, jede Bodensenke, jeden Hügel und fast jeden Ast. Er sparte auf ein Motorrad, das er sich mit achtzehn kaufen wollte.

Als Lernaktivleiter betreute ich im Hydrierwerk Rodleben sechs junge Ausländer, die nach dem Koreakrieg in der DDR ausgebildet wurden. Was diese drei Mädchen und drei Jungs erlebt hatten, war für uns nicht fassbar. In eintausendfünfhundert Luftangriffen hatten die Amerikaner ihrer Heimatstadt Pjöngjang das angetan, was sie schon damals perfekt beherrschten, sie in die Steinzeit zurückgebombt. Napalm wurde zu einem Begriff barbarischer Kriegsführung. Die Welt war entsetzt, was wenig nützte, denn Vietnam stand erst noch bevor.

Umso erstaunlicher war es, mit welcher Verbissenheit diese sechs Jugendlichen die Lehre meisterten, zumal sie zunächst alles, was in unseren Lehrbüchern stand, ins Russische und von da ins Koreanische übersetzen mussten, weil es keine deutsch-koreanischen Wörterbücher gab. Ich half ihnen, so gut ich konnte, dass sie recht schnell deutsch verstanden und sprachen.

Oft saß ich mit den Jungs zusammen. An der Wand in ihrem Zimmer hingen zwei Bilder, Stalin und ihr großer Führer Kim Il Sung. Auf dem Tisch stand eine Schüssel mit Sauerkraut, das von Paprika rot gefärbt war. Wir aßen mit den Fingern und lachten viel. Dabei sprachen wir über Schule, Ausbildung und Weltrevolution. So wie für uns die Adenauer-Regierung im Westen der ausgemachte Gegner war, gab es bei den Nordkoreanern die Li-Syng-Man-Clique im Süden der geteilten Halbinsel. Zwischen Jung Zun und mir entwickelte sich eine persönliche Freundschaft, wie ich sie später so nicht wieder erlebt habe. Unvergessen, wie wir uns mitten in einem Getreidefeld hinter dem Lehrlingswohnheim versteckten und unsere erste Zigarette, eine leichte »Carmen«, rauchten.

Als ich in den siebziger Jahren über die nordkoreanische Botschaft in Berlin einen Kontakt zu meinen Freunden herstellen wollte, erreichte ich nichts. Gegen Nordkorea war die DDR geradezu ein Muster an Freizügigkeit. Zweimal reiste ich in die Koreanische Demokratische Volksrepublik (KDVR), aber auch dort war nicht daran zu denken, eine oder einen der sechs zu finden. Ich erlebte eine vorzügliche Behandlung, sah das märchenhaft hergerichtete Geburtshaus von Kim Il Sung und war beeindruckt vom riesigen Nampho-Staudamm, dessen Wasser sich mit dem Schweiß eines hungernden Volkes mischt.

Dennoch besuchen Woche für Woche rund vierzigtausend Nordkoreaner das Mausoleum des »großen Führers«. Ich will, um nicht ungerecht zu urteilen, nicht mutmaßen, welchen Zulauf eine ähnliche Gedenkstätte in Deutschland hätte. Zum Beispiel auf dem Obersalzberg. Zumal wir Deutschen richtig satt sind.

In unserem Wohnheim lebten auch neun Griechinnen, jung, schön und feurig. Im großen Foyer legten sie Schallplatten mit ihrer Musik auf. Agira brachte mir bei, im Kreis zu tanzen und mit den Fingern zu schnipsen wie später im Kino Anthony Quinn als Alexis Sorbas beim Sirtaki. Das konnte sehr anmutig aussehen, aber nicht bei allen Deutschen. Ich hatte den Vorteil, einer Tanzgruppe anzugehören, in der wir ähnlich schwere Tänze hüpften, zum Beispiel den »Hohenbuckower Springer«.

ZIELE

In Apolda, wo ich vereinbarungsgemäß die letzten Monate meiner Lehre verbrachte, wählte mich die FDJ als jüngstes Mitglied in ihre Kreisleitung. Auch die SED wollte mich ausnahmsweise schon mit sechzehn Jahren in ihren Reihen begrüßen. Eigentlich war das Beitrittsalter auf 18 Jahre angehoben worden, doch für klassenbewusste Facharbeiter mit proletarischer Herkunft gab es Ausnahmen.

Es war nicht so, dass man froh und stolz war, für die Partei ausgewählt zu werden. Vielleicht war ich mir auch der Ehre nicht bewusst. Wo bleibt dann die Kunst, an der ich mehr hing als an all den politischen Dingen? Gerade spielte ich in einem Mundharmonika-Trio den Bass. Wir hatten tolle Auftritte, trugen karierte Jacken und dunkle Hosen, dazu grüne Fliegen zum weißen Hemd und kamen stets unter heftigem Beifall im munteren Laufschritt auf die Bühne. Unser Knüller bei jedem Auftritt war Bill Haleys Welthit »Rock Around the Clock«. Darf ich das als Genosse?

Kurzum diktierte ich meiner Mutter einen Brief, in dem sie den »werten Herrn Parteisekretär« bat, mich erst 18 Jahre alt werden und dann über einen Beitritt »in Ihre Partei« entscheiden zu lassen. Die Distanz im Text duldete keinen Widerspruch. Kopfschüttelnd wurde das akzeptiert. Mit achtzehn wollte ich weit weg sein, möglichst in China.

Zunächst stellte ich mich in der Filmfabrik Agfa Wolfen vor. »Ich bin frischgebackener Chemiefacharbeiter mit guten Zeugnissen auf der Suche nach Arbeit und Unterkunft«, bewarb ich mich von der Pförtnerloge aus telefonisch in der Kaderabteilung. Nach zwei Minuten wusste ich, dass ich den gewünschten Beruf, jedoch kein Bett hatte, auf das ich mich zwecks polizeilicher Meldepflicht hätte legen können.

Nachdem ich eine Nacht unter einer Elbbrücke geschlafen hatte, trampte ich am Morgen zum nächsten Betrieb. Die Leute in der Farbenfabrik hatten zu meiner großen Freude ein Bett in der Arbeiterwohnsiedlung Greppin für mich, suchten aber keine Facharbeiter. An Hilfsarbeitern sei ihnen gelegen. Hilfsarbeiter, so gestand ich verzweifelt, sei ich auch. Ich bekam sogleich eine Stelle und einen Stundenlohn, der über dem Facharbeiterlohn in Apolda lag.

DURCHFALL

Da ich mich der Kunst widmen wollte, empfahl ich mich einer Schauspielschule in Düsseldorf, deren Anzeige ich in einer Westzeitung fand, die unter den Bewohnern des Heimes kursierte. Ich legte ein Foto von mir in der Rolle des Zwergs Laurin in »Hänsel und Gretel« bei und versprach, notfalls meinen Wohnort zu wechseln. Entweder ist der Brief nie angekommen oder man wollte sich keinen armen Zoni aufhalsen. Oder die Zeitung war alt und die Schule pleite.

Nachdem ich vergebens auf Antwort gewartet hatte, bewarb ich mich an der Filmhochschule in Babelsberg und wurde zur Eignungsprüfung eingeladen. Im Foyer einer alten Villa traf ich den Studenten Ernst-Georg Schwill (»Berlin – Ecke Schönhauser«, »Sie nannten ihn Amigo«, »Tatort«), der mir Mut machte, die Flinte nicht ins Korn zu werfen, wenn es nicht gleich klappen sollte. Er wisse von berühmten Künstlern, die durch die Aufnahmeprüfung gefallen seien.

Das erlauchte Konsortium vor der Bühne wollte nicht glauben, dass ich mir im »Faust« die Rolle des Mephisto zutrauen würde. Allenfalls könne ich einen Studenten in Auerbachs Keller abgeben. Nun war ich als schmächtiger Siebzehnjähriger mit 55 Kilogramm Lebendgewicht wahrlich etwas jung und leicht für den Teufel, doch wer weiß schon, wie sich Belzebub tarnt, wenn er nicht gerade als Pudel herumdackelt.

Der von Ulbricht im April 1959 verkündete »Bitterfelder Weg«, nicht nur von Spöttern »bitterer Feldweg« genannt, auf dem talentierte Arbeiter die Gipfel der Kunst erklimmen sollten, war noch nicht ausgerufen. Vielleicht hätte es mit mir geklappt, wenn man schon eher gezwungen gewesen wäre, aus rohem Arbeitermaterial Künstler zu formen. »Greif zur Feder, Kumpel«, hieß es beispielsweise für künftige Dichter.

Viele Gedanken brachte ich in nächtlichen Bahnhofswartesälen und wo sonst ich mich notwendigerweise aufhalten musste, altklug zu Papier. Sie lagern seit zig Jahren, kaum noch lesbar, in Schubläden, darunter ein mit 16 Jahren gereimter Lebensrückblick, der beginnt: »*Die Welt war finster, geschwängert die Luft / Von Pulver, von Rauch und von Tränen / Da erblickte ich ihr düsteres Licht / Denn ich konnte die Zeit mir nicht wählen.*« Wenn ich es unter Gleichaltrigen rezitierte, schämte ich mich zuzugeben, dass ich heimlich dichte. Ich fragte: Von Becher oder von Weinert? Die meisten sagten, natürlich von Becher.

Die Arbeit in der Betanaphtol-Anlage der Farbenfabrik Wolfen war körperlich so anstrengend, dass ich es länger als ein paar Monate nicht aushielt. Ich bediente haushohe Rührwerke und eine Filteranlage, aus der ich schmächtiges Kerlchen den zähen Rückstand über einen hohen Rand zu schaufeln und wegzukarren hatte. So musste der Nilschlamm zur Zeit der Pharaonen getrocknet worden sein.

SPRÜCHE

Die Chemie stand hoch im Kurs, seit Ulbricht im November 1958 auf einer Konferenz in Leuna verkündet hatte: »Chemie gibt Brot, Wohlstand und Schönheit«. Ein Spruch, der im Osten so eingängig war wie im Westen die HB-Werbung »Wer wird denn gleich in die Luft gehen?«.

Die Chemieindustrie hatte in Mitteldeutschland um Halle herum Tradition. Eine von Ulbrichts berühmten Chemiekonferenzen erlebte ich als Reporter später in Wolfen. Dazu hatte er auch Schriftsteller eingeladen, so Benito Wogatzki, der die Fernsehserie »Meine besten Freunde« schrieb, die in der Chemieindustrie spielte. Viele Zuschauer kannten die Konflikte aus ihrem Alltag, die der Autor darstellte. In der Hauptrolle als Meister Falk glänzte der unvergessene Wolf Kaiser, den ich auch als »Mackie Messer« im Berliner Ensemble verehrte.

Leider spielen heute im Fernsehen dort, wo die meisten arbeitenden Menschen ihre Tage verbringen, fast nur Krimis. Es scheint, als gingen täglich Millionen Menschen zur Arbeit in Mördersyndikate, Mafiahöhlen und Bestechungssümpfe, wobei es die Wirklichkeit schwer genug macht, diesen Eindruck zu entkräften.

Die Fernsehintendanten reden sich bei der Themenwahl mit Einschaltquoten heraus. Ich riskiere jede Wette, dass Direktübertragungen von Hexenverbrennungen die höchsten Einschaltquoten brächten. Dennoch finden keine statt. Noch nicht.

Um der Mühsal in Wolfen zu entkommen, bewarb ich mich für einen Einsatz in China. Ich wollte der jungen Volksrepublik bei ihrer Politik des »großen Sprungs« behilflich sein. Noch hatte Mao den Fehdehandschuh nicht Chruschtschow vor die Füße geworfen, noch vertuschte man die größte Hungerkatastrophe der Menschheit im Bruderland am Jangtsekiang.

Als »Hilfsarbeiter« sei ich nicht geeignet, hieß es in der Absage, die brauche man aber dringend in Wolfen. Dennoch ging ich weg, zurück nach Erfurt.

SCHÜTZE

Bevor im Januar 1962 die allgemeine Wehrpflicht eingeführt wurde, hatten die Werber der Wehrkreiskommandos alle Hände voll zu tun, die Truppenstärke der NVA auf hunderttausend Mann zu halten. Mich suchten sie Anfang 1958 im Erfurter Funkwerk auf, wo ich in einem Forschungslabor an Fernsehröhren experimentierte.

Ich hatte die Bildflächen der Glaskolben von innen so zu beschichten, dass sich darauf später einmal die Konturen von Fernsehbildern abzeichnen würden. Die Kunst bestand darin, die angesetzte Brühe so aus der Röhre zu kippen, dass der auf der Flüssigkeit schwimmende Film faltenlos an der Mattscheibe hängen blieb und die abgesetzte gelbe Farbschicht fixierte.

Dreimal hatten mich die Werber zu Gesprächen gebeten. Sie priesen meine proletarische Herkunft, die zur Militärkarriere geradezu verpflichte. Wenn ich so weit sei, würde ich mich melden, gab ich an und zeigte kein Verständnis dafür, schon jetzt die Errungenschaften des Sozialismus zu verteidigen. Noch wollte ich sie mehren. Enttäuscht ließen sie von mir ab. In den folgenden Wochen geschah auch nichts, was meinen bewaffneten Einsatz erforderlich gemacht hätte.

Einige Wochen später meldete ich mich »zur Fahne«, wie es hieß, wenn man zum Militär einrückte. Kein Werber konnte mich auf seinem Konto verbuchen. Mit einem Köfferchen zog ich in die Löberfeldkaserne und wurde ohne viel Brimborium unter der Truppenfahne einer Spezialeinheit für atomare Aufklärung im Korridor vor der Toilette vereidigt. Ich musste die Fahne berühren und schwören, mein Vaterland »unter Einsatz meines Lebens« zu verteidigen. Nach Einführung der Wehrpflicht vier Jahre später wurde der Schwur geändert, da genügte es, dem Vaterland treu zu dienen. Man durfte leben bleiben.

Eskaladierwand und Sturmbahn waren nicht nach meinem Geschmack. Warum sollte ich über Holzwände klettern und unter Drahtverhaue kriechen? Meine Finger waren durch die Arbeit in den Laboratorien so mitgenommen, dass ich sie auf ärztliche Anordnung sorgfältig pflegen, regelmäßig cremen und in Verbände legen musste. Fortan lief ich mit »weißen Handschuhen« durch die Gegend, war also nur bedingt einsatzfähig und arbeitete zeitweise in der Bibliothek für Dienstvorschriften.

Der Politstellvertreter des Kompaniechefs meinte, die SED sei wie geschaffen für mich. Tagelang bat mich der Feldkurat, wie ich ihn nach Hašeks »bravem Soldaten Schwejk« heimlich nannte, zu politischen Gesprächen in sein Büro. Es schien, als habe er eine Angel ausgeworfen und testete, bei welchem Köder ich anbeißen würde. Ich tat mich schwer, seinen Würmern zu folgen, denn je länger unsere Gespräche dauerten, umso seltener musste ich marschieren.

Die letzte Rettung, mich den Werbungen des Hauptmanns zu entziehen, war die Bibel. Als Richtschnur meines Handelns pries ich die Zehn Gebote, legte das Neue Testament auf meinen Nachttisch, bestellte die CDU-Zeitung »Neue Zeit« und verlangte, sonntags zum Gottesdienst gehen zu dürfen. Alles wohlüberlegte Dinge, die man mir nach menschenrechtlichem Ermessen nicht abschlagen konnte. Daraufhin gab es wieder lange Gespräche – während der Grundausbildung. Wir einigten uns darauf, dass ich die CDU-Zeitung abbestelle, das Neue Testament unter die Socken schiebe und auf den Kirchgang verzichte. Alle Seiten waren zufrieden, bis ein Lapsus den Zorn des Politoffiziers für immer und ewig auf mich zog.

Kurz vor einem Appell bemerkte ich an meiner Uniformjacke einen fehlenden Knopf. Ich steckte einen Reserveknopf in das Loch und schob durch die Metallschlaufe der Rückseite ein großes SED-

Abzeichen mit langer Nadel aus meinem Nähbeutel. Mein Vater hatte es mir geschenkt, falls ich doch einmal schwach werden sollte.

Mein Feldkurat bemerkte den abstehenden Knopf und sah, als er mir überlegen lächelnd den alten Trick nachweisen wollte, den andere mit einem Streichholz praktizieren, das verhängnisvolle Corpus Delicti. Sein Blick verfinsterte sich, er wurde puterrot, vor versammelter Kompanie hagelte es eine Standpauke über die Verunglimpfung von Symbolen der Partei der Arbeiterklasse. Bei ihm hatte ich es bis in die Steinzeit verschissen.

Jetzt tat er mir leid. Ich hatte überzogen. Der Hauptmann, der inbrünstig an das zu glauben schien, was er erzählte, hatte so viel Kraft aufgewendet, um mich für die Partei zu gewinnen. Er musste an sich zweifeln. Da ich mich vielen seiner Argumente nur aus Spaß am Streit widersetzt hatte, stellte ich nach ein paar Wochen unvermittelt den Antrag, in die SED aufgenommen zu werden.

Verwundert rief der Politstellvertreter, der auch Parteisekretär war, eine Versammlung ein. Zweiunddreißig Genossen der Kompanie sollten meine Beweggründe prüfen, um einen Eintritt zu empfehlen. Ein Unteroffizier wollte wissen, ob ich überhaupt für dieses Land sei – ja oder nein? Ich wüsste nicht, für welches Land ich sonst sein sollte, entgegnete ich, ich kenne ja kein anderes. Neunundzwanzig Mitglieder stimmten gegen meine Aufnahme.

Kurze Zeit später landete ich im Armeeknast auf dem Erfurter Petersberg, weil ich zusammen mit dem Bruder des Hauptfeldwebels die Ausgangszeit um zwei Stunden überschritten hatte. Eigentlich hatte ich nur auf ihn gewartet, weil er nicht von seiner Freundin loskam. Doch ich nahm die Schuld auf mich, weil er ein guter Kerl war und im Gegensatz zu mir Unteroffizier werden wollte.

Als ich mich aus dem dreitägigen Arrest nach drei Stunden zurückmeldete, glaubte mein Kompaniechef ein Gespenst zu sehen, das mir ähnelte. Ein Unteroffizier in der Arrestanstalt auf dem Petersberg hatte mich beim Gang in die Zelle angebrüllt, ich möge gefälligst rennen.

»Tut mir leid«, sagte ich, »meine Füße sind ebenso beschädigt wie meine Hände. Ich kann nicht schnell laufen. Besonders Treppen machen mir zu schaffen. Und da wir gerade dabei sind, Genosse Unteroffizier, ich brauche alle zwei Stunden Tropfen in die Augen.«

Dem Schleifer blieb die Luft weg. »Wir sind hier nicht im Lazarett«, brüllte er, »im Gegenteil.« Er lieferte mich bei einem Feldscher ab, der mit meinen Haut- und Augenproblemen maßlos überfordert war. Also fuhr man mich kurzerhand als »arrestuntauglich« zurück in die Kaserne. Sie konnten mich nicht einmal ordentlich bestrafen.

Für mich endete die Armeezeit im Militärlazarett in Gotha. Zwischen einem Haufen lebenslustiger Burschen in der Abteilung für Haut- und Geschlechtskrankheiten schien ich der Einzige mit Hautproblemen gewesen zu sein, denn niemand wollte wissen, wie ich sie mir zugezogen hatte. Alle anderen berichteten ausführlich über solche Details. Für diese Genossen war ich ein Aussätziger.

Nach zwei Wochen ergebnisloser Behandlung durch die Militärärzte durfte ich zurück in die Kaserne, meine Siebensachen packen und der Armee *ade* sagen.

LIPSI

Danach fand ich einen Übergangsjob bei der FDJ. In der Kreisleitung Erfurt-Land suchte man einen Instrukteur, der die Meinung der Kreisleitung in die Berufsschulen trägt und die dortigen FDJ-Sekretäre anleitet. Das übernahm ich, doch es muss so unwichtig gewesen sein, dass ich mich an Einzelheiten nicht mehr erinnere.

Ein paar sonderbare Aufgaben sind im Gedächtnis hängen geblieben, die so abstrus sind, dass man sie einfach nicht vergessen kann. Zum Beispiel hatten wir dafür zu sorgen, dass jeder Delegierte, der 1959 zum sechsten FDJ-Parlament nach Rostock fuhr, zwei Feldsteine in seinem Gepäck mitzuführen hatte. Die wurden für eine neue Mole des Hafens gebraucht, in dem ab 1960 Zehntausendtonner gelöscht werden sollten. Also sorgten wir dafür, dass es genügend Steine gab und niemand sie vergaß.

Außerdem musste jeder FDJ-Funktionär den Lipsi beherrschen. Das war ein Gesellschaftstanz im 6/4-Takt, dessen Schritte sich das Leipziger Tanzlehrerpaar Seifert als sozialistische Alternative zu Rock'n Roll, Twist und anderen »dekadenten« Musikerscheinungen ausgedacht hatte. In der Kreisleitung gingen wir mit gutem Beispiel voran und lernten Lipsi tanzen. Im Sitzungsraum wurden die Tische beiseite geschoben und eine Schallplatte aufgelegt: »Heute tanzen alle jungen Leute im Lipsischritt, nur noch im Lipsischritt …«, sang Helga Brauer.

Der 1. Sekretär tanzte mit der Sekretärin, der 2. Sekretär mit der Buchhalterin, der 3. Sekretär mit der Hauptkassiererin – und ich mit dem Kraftfahrer, denn mehr Frauen gab es nicht. Der für Organisation und Kader verantwortliche 2. Sekretär hatte sich das Rüstzeug für den Tanzkurs in der FDJ-Bezirksleitung geholt, wo man in ähnlicher Weise die Tische beiseite geschoben hatte. Sogar das »Neue Deutschland« druckte eine praktische Anleitung zum Lipsi-Tanzen.

Ich sehnte mich zurück nach dem Sirtaki und den »Hohenbuckower Springer« meiner alten Volkstanzgruppe.

Radio en miniature

Als mein Lustgefühl nach einigen Wochen ausreichend bedient war, bewarb ich mich im Verkehrsministerium als Zugfunksprecher. Damit begann für mich der Journalismus. In Schnellzügen von Erfurt zur Insel Rügen, nach Dresden, Berlin, Zwickau oder Suhl gestaltete ich fortan bunte Radioprogramme, die in alle Zugabteile übertragen wurden.

Im Zug gab es eine gemütliche Kabine von der Größe eines 1.-Klasse-Abteils. Darin waren neben einem Sofa zum Schlafen ein Regiepult, ein Studio-Tonbandgerät und viele Tonbänder mit Musik. Außerdem gab es einen Plattenspieler, Schallplatten von »Amiga« und »Eterna« sowie viele gute Hinweise. Zum Beispiel hatten wir eine Platte mit dem großen Schaljapin, der Stimme des Jahrhunderts, die wir zwar auflegen, aber nicht ansagen durften, denn der Sänger war kurz nach der russischen Oktoberrevolution in den Westen geflohen, wo er schon vor zwanzig Jahren gestorben war. Aber wie hieß es doch: Vorwärts, und nichts vergessen!

Die hübscheste von mehreren Sprecherinnen wurde meine Ausbilderin. Nach zwölf Wochen legte ich beim Chef des Zugfunks, dem Altkommunisten Heinrich Eggebrecht, eine praktische Prüfung ab. Eggebrecht war im Zentralkomitee der SED in Ungnade gefallen und als Zugfunkchef in das Verkehrsministerium strafversetzt worden.

Eggebrecht war übrigens nicht gut auf seinen Bruder zu sprechen, der vom geraden Weg abgekommen sei, sowohl politisch als auch sexuell, erzählte er mir einmal. Im Westen profiliere er sich auf widerwärtige Weise im Fernsehen. Immerhin war der Publizist Axel Eggebrecht – er hatte u.a. das Drehbuch für »Bel ami« geschrieben – für mich schon ein Begriff, bevor ich seinen Bruder kannte. Da der aber mein Chef war, stimmte ich zu.

Um nicht allzu sehr die regionale Herkunft der einzelnen Sprecherinnen und Sprecher herauszuhören, unterrichtete uns der Schauspieler Bruno Lorenz, der zur alten Garde des proletarischen Theaters gehörte und in dem legendären Brecht/Dudow-Film »Kuhle Wampe« mitgespielt hat. Jetzt drehte er monatliche Runden durch die Zugfunkaußenstellen der Republik und lehrte die Sprecher das Sprechen. Mit ihm übten wir: »Spitzfindig ist die Liebe, sie minnt nicht immer blindlings. Wie sie sich listig zieret, wirkt sie mit Witz nicht minder« oder »Getreten quietscht die Qualle stark, es quillt in manchem Stalle Quark«, »Abraham saß nah am Abhang ...« und so weiter. Zu jedem Buchstaben gibt es Sprüche.

Beim Zugfunk wurde ich nun endlich Kandidat der SED. Da ich kein Arbeiter mehr war, sondern als Reichsbahnhauptsekretär mit drei Sternen auf jeder Schulter ein Angestellter, betrug die Kandidatenzeit zwei Jahre. Ich fand das ungerecht, denn Bewährungszeiten werden auch vom Gericht meistens nur für ein Jahr ausgesprochen. Arbeiter brauchten sogar nur ein halbes Jahr, um zu beweisen, dass sie an keinen Gott, keinen Kaiser noch Tribun glaubten, um ein vollwertiges Mitglied der Partei zu werden.

Mit meiner vormaligen Ausbilderin Karin veranstaltete ich auch mancherlei Wunschkonzerte bei Sonderfahrten von Belegschaften. Beispielsweise mietete das Büromaschinenwerk Sömmerda für seine Mitarbeiter einen Doppelstockzug und fuhr damit übers Wochenende in den Thüringer Wald. Dazu moderierten wir recht unterhaltsame Sendungen, an denen alle viel Vergnügen hatten.

FAMILIE

Bald beschlossen wir, schon einer Wohnung wegen, zu heiraten. Aus rein praktischen Gründen ließen wir uns überreden, auf sozialistische Weise zu heiraten, zumal Geld bei uns das Wenigste war. Kurzum, wir ließen uns auf dem Erfurter Hauptbahnhof trauen.

An jenem Novembertag hatte uns der Fahrer des Thüringer Reichsbahnpräsidenten mit dem Auto von zu Hause abgeholt.

Vor dem Hauptbahnhof setzte er uns ab, und wir schritten durch ein langes Spalier von Eisenbahnern und schaulustigen Reisenden zwei Etagen hinauf in den Saal der früheren Bahnhofsmission, der inzwischen Kulturraum war.

Vor einem rot drapierten Tisch standen zwei einzelne Stühle und dahinter einige Stuhlreihen. Mit ein paar immergrünen Palmen und Gummibäumen war eine Atmosphäre geschaffen worden. Dazu gehörte auch ein Streichquartett, das auf unseren Wunsch hin das sinfonische Zwischenspiel aus »Cavalleria rusticana« von Pietro Mascagni spielen sollte. Meine Frau fragte ganz leise, warum die unser Lieblingsstück nicht spielten. »Sie versuchen es gerade«, flüsterte ich zurück.

Eine Standesbeamtin erzählte Dinge, die wir so gut wie nicht wahrnahmen, wir steckten uns Eheringe an die Finger, die wir gegen ältere Exemplare von verblichenen Vorfahren eingetauscht hatten, und taten so, als wenn wir uns zum ersten Male küssten. Auf dem Bahnsteig pfiff uns eine Lok etwas, und auf dem Weg zum Bahnhofsvorplatz war den Leuten der Neid von den Gesichtern abzulesen. Solche Blumen hätten sie auch gern gehabt. Manche Reisende waren so überrascht, dass sie glaubten, wir seien geradewegs mit einem Zug aus dem siebten Himmel angekommen. Doch da hätten wir Pässe gebraucht.

Vom Bahnhof ging es in das nahegelegene Hotel »Bürgerhof«, dessen Chef ein Cousin meines Vaters war. Er hatte einen mittleren Saal für uns hergerichtet. In der Ecke stapelten sich die Geschenke. Heinrich Eggebrecht vom Zugfunk aus Berlin hatte nagelneue Bettwäsche beigesteuert, die etwas feiner war als die in den Mitropa-Schlafwagen.

Da am Ende des Sozialismus-Experiments in der DDR erstaunlicherweise die sozialistisch geschlossenen Ehen nicht für ungültig erklärt wurden, gelten wir bis heute als verheiratet. Dieser Lapsus muss beim Einigungsvertrag passiert sein.

Eine große Schuhfabrik mit dem Ehrennamen eines gefallenen Spanienkämpfers suchte einen Betriebsfunkredakteur. Ich hatte Glück. Vom Zugfunk zum Betriebsfunk war es nur ein kleiner Schritt. Ich war sesshaft, hatte geordnete Arbeitszeiten und weilte abends bei der Familie.

Für meine volkseigenen Schuhmacher gestaltete ich vorzugsweise satirische Sendungen, die ich mit Musikbändern, einem Mikrofon und zwei »Smaragd«-Tonbandgeräten mixte. Wenn die Arbeit an den Fließbändern schon ziemlich eintönig ist, wollte ich wenigstens mit meinen Sendungen die Stimmung etwas auflockern. Die Kritik von Kunden an der Haltbarkeit der Schuhsohlen unterlegte ich mit Heidi Brühls aktuellem Hit »Wir wollen niemals auseinandergeh'n«. Für die Leute am Band war das lustig, für den Chef weniger.

Als die Redakteurin unserer Betriebszeitung für etliche Monate ausfiel, bewarb ich mich um die Vertretung. Mit gerade zwanzig Jahren tat ich so, als hätte ich bis dahin kaum etwas anderes als Zeitungen gemacht, die ich in Wirklichkeit nur vom Durchblättern kannte. Dem Mutigen eine Chance: Ich bekam den Job.

Mit einem Zeilenmaß, mit dem man die Texte in allen Schriftgrößen in das Layout einpasst, legte ich los. Zum Auftakt wollte ich einen Knaller landen und fuhr eine Attacke gegen Radio Luxemburg, dessen heiße Hits in höheren Parteikreisen nicht sehr beliebt waren. In einem Artikel im »Keller« auf der dritten Seite schilderte ich, dass dieser Sender, mit US-Dollars finanziert, seine musikalische Speerspitze gegen den Sozialismus richte. Als Schlagzeile wählte ich: »Unter fremden Sternen!«, denn das war gerade ein populärer Hit von Freddy Quinn, den ich auch gern sang.

Die Metteure in der Druckerei, die die Überschriften mit der Hand setzten, verwechselten das Ausrufezeichen mit dem Fragezeichen. Wie ich mich auch bemühte, ich fand für das Fragezeichen keine logische Begründung. Um Ärger zu vermeiden, schnitt ich aus rohen Kartoffeln Stempel in Form großer Ausrufezeichen und

ließ die Mitglieder der Parteileitung das Fragezeichen in rund zwei-
tausend Zeitungen überstempeln. Zum Thema veranstaltete ich zu-
dem ein Jugendforum, bis auch der letzte Mitarbeiter in allen vier
Betriebsteilen wusste, wo auf dem 49-Meter-Band der Kurzwelle
Radio Luxemburg zu finden war. Der eine oder andere bedankte
sich dafür. Ich gestehe, das war so nicht beabsichtigt.

FEINDBERÜHRUNG

Meine erste »Feindberührung« hatte ich Anfang 1961. In der
Schuhfabrik, wo ich Betriebsfunkredakteur war, bat mich ein Kollege aus der Verwaltung, den ich ganz gut kannte, beim Auftritt
seines Trios – Akkordeon, Gitarre und Bass – einzuspringen, weil
ein Freund erkrankt sei. Er reichte mir den Bass, ich zupfte mich
ein wenig durch die wichtigsten Akkorde und war am Abend voll
dabei. Da in der Brigade, deren Feier wir kulturell umrahmten,
heftig gebechert wurde und auch kein Musikkritiker anwesend
war, wurde es ein unterhaltsamer Abend. Zum Schluss bekam jeder von uns zweihundert Mark auf die Hand und noch einen guten
Schluck extra.

Das machte uns mutig, mein Kollege und ich beratschlagten
kurz nach Mitternacht, wie wir den angebrochenen Abend aus-
klingen lassen können. Kurzentschlossen setzten wir uns in einen
Zug nach Berlin. Damals war ganz Berlin noch rundum zur
DDR hin abgesperrt. Für Ostberliner und Ostdeutsche waren die
Grenzkontrollen eine reine Formsache, aber Westberliner durften
bis zum Mauerbau zwar nach Ostberlin, aber nicht weiter in die
DDR. In Zügen, Bussen und auf Straßen gab es Kontrollen. Für
die Grenzer, die im Zug nach dem Anliegen unseres Besuchs in der
DDR-Hauptstadt fragten, erfand mein Kollege plausibel klingende
Gründe.

Als es Morgen wurde, waren wir am Ziel. Kurze Zeit später
überschritten wir am Brandenburger Tor die Grenze. Ein großes
Schild machte uns darauf aufmerksam, dass wir den »demokra-

tischen Sektor« verließen. Wir waren uns der Gefahr bewusst, tauschten in einer Wechselstube hundert Mark, ich glaube eins zu fünfkommanochwas, kauften »HB«, tranken »Sinalco« und gingen ins Kino. Zum Billigtarif für Ostdeutsche sahen wir uns nahe dem KaDeWe einen Film mit Martine Carol an, der dadurch gestört wurde, dass fortwährend Leute mit Bauchläden durch die Reihen liefen und Kleinkram anboten. Solche Belästigungen gab es zu unseren sowjetischen Filmkunstwerken nicht.

Völlig überraschend tauchten wir gegen Mittag in der Neuköllner Kopfstraße bei den Verwandten meiner Frau auf, die uns für Gespenster hielten, sich jedoch rasch mit der Situation aussöhnten. Mit einem wunderschönen Stoffpudel für unseren Sohn begaben wir uns auf die Heimreise und konnten von nun an am Stammtisch oder wo immer es ungefährlich war, damit angeben, schon mal im Westen gewesen zu sein.

Einige Wochen später wurde ich zur SED-Stadtleitung bestellt, genauer gesagt zur Parteikontrollkommission. Eine resolute Genossin Else befragte mich peinlichst genau nach unserem Aufenthalt in Westberlin. Ob wir jemanden getroffen hätten, ob mein Kollege Kontakte gehabt hätte, ob er mich überreden wollte, im Westen zu bleiben. Ich verneinte wahrheitsgemäß alles. Dann erfuhr ich, dass mein Kollege nicht mehr mein Kollege war, sondern die DDR verraten und sich in den verruchten Westen abgesetzt hätte. Die besondere Brisanz erhielt seine Flucht durch die Tatsache, dass er einer der Kommandeure der »Kampfgruppen der Arbeiterklasse« im Erfurter Stadtbezirk Süd war. Von seiner Frau hatte man von unserer Exkursion erfahren, die ihm offensichtlich den Mund wässrig gemacht hatte. Da ich Kandidat der SED und eigentlich der »Verführte« gewesen war, beließ man es bei einer Verwarnung und gab mir den Rat, mich zu bewähren.

Allein die Tatsache, dass dieser Kerl seine Frau mit zwei kleinen Kindern zu Hause sitzen gelassen hatte, machte ihn in meinen Augen klein und hässlich. Kapitalismus hin, Sozialismus her – hätte er nicht Frau und Kinder mitnehmen können? Ich strich seinen Namen für immer aus meinem Gedächtnis.

Ganz »oben« wurde zu jener Zeit gefordert, geeignete Nach-
wuchskader ausfindig zu machen und zu fördern, die nicht mit
der Ideologie des Nationalsozialismus belastet waren. Ich gehörte
zweifelsfrei dazu. Das mag der Grund gewesen sein, weshalb ich
im Frühjahr 1961 als FDJ-Sekretär in einem Erfurter Großbetrieb
gewählt wurde, in dem ich schon mal an Fernsehröhren experimentierte. Man hatte mir viel süßen Honig ums Maul geschmiert,
dass ich schlecht nein sagen konnte.

Doch auch aus dieser Tätigkeit ist wenig Erinnerungswürdiges
erhalten geblieben. Nur an ein Ereignis denke ich mit Schaudern
zurück.

Im April 1961 gab es die Krise mit der Schweinebucht. Von
der CIA unterstützte Exil-Kubaner wollten die Zuckerrohrinsel
im Handstreich überrennen und Fidel Castro stürzen. Dieser hatte
kurzerhand die Mobilmachung angeordnet und den Ausnahme-
zustand verhängt. Nach wenigen Tagen teilte der David Castro
dem Goliath Kennedy das Scheitern der Invasion mit.

Bevor die Sache entschieden war, hatte die Erfurter FDJ-Füh-
rung ihre Funktionäre aus den Betrieben zu sich bestellt. Der
Stadt-Sekretär trug über dem weißen Hemd ein Schulterhalfter mit
Waffe, die wir offensichtlich mal sehen sollten, bevor er die Jacke
darüberzog.

Das Gesicht zur Faust geballt, schilderte er den Ernst der Lage,
die nur allzu leicht einen Flächenbrand nach sich ziehen könne.
Doch der imperialistische Gegner hätte nicht die geringsten Chancen, auch wenn er die »Bonner Ultras« auf seiner Seite hätte. So
ähnlich klang die Ansprache. Gleichaltrige Burschen antworteten
mit revolutionären Losungen, hoben die Fäuste und baten gewissermaßen um Stahlhelm und Kalaschnikow für ihren Einsatz.
»Cuba si, Yankee no!«

Heute mag man darüber lächeln, doch wir saßen bis zur Bei-
legung des Konflikts, der mit der beabsichtigten Stationierung
sowjetischer Atomraketen 1962 auf der Karibikinsel seinem Höhe-

punkt zusteuerte, auf einem Pulverfass, wie seitdem kaum wieder. Ein Atomkrieg rückte in greifbare Nähe. Wohl dem, der sich nicht für Politik interessierte und den tatsächlichen Ernst der Lage nicht begriff. Man mag sich nicht einmal aus Spaß vorstellen, ein anderer als Kennedy wäre Präsident gewesen und hätte als Gegenleistung für den Abzug der Sowjet-Raketen aus Kuba nicht klammheimlich die auf die UdSSR gerichteten Mittelstreckenraketen aus dem Norden der Türkei abgezogen.

Ich hielt mich zurück und dachte an Frau und Kinder. So viel Erfahrung besaß ich als ausgemusterter Schütze auch nicht, um gegen die USA viel ausrichten zu können. Da hätte ich als Soldat besser aufpassen müssen. Mir war nicht einmal nach opportunistischem Geschrei zumute, selbst wenn ich gewusst hätte, dass aus einem Einsatz nichts wird.

Andere »Spielchen« in dieser FDJ-Zeit waren weniger gefährlich, dafür hinterhältiger. Als ein evangelischer Jugendpfarrer in die Erfurter Reglerkirche eingeladen hatte, um mit jungen Menschen über den Sinn des Lebens zu sprechen, wurden auch wir aktiv. Wir Jugendfunktionäre waren, natürlich ohne Blauhemd, ebenfalls in die Kirche gegangen, die bis zum letzten Platz gefüllt war. Wir sollten nicht mitschreiben, uns jedoch alles genau einprägen und so tun, als gehörten wir dazu.

Ein FDJ-Funktionär – als solcher wurde er uns Naivlingen jedenfalls vorgestellt – hatte uns eingewiesen. Er saß neben mir. Als ich beim Singen das Gesangbuch nicht öffnete, raunte er mir zu, ich solle ins Buch schauen. »Brauche ich nicht«, raunte ich zurück, »ich kenne den Text.« Das machte ihn stutzig.

Der 13. August 1961 war – mit gehörigem Abstand betrachtet – ein Glücksfall für mich. Gerade war auch der Opa meiner Frau beerdigt worden, ihre nahen Verwandten aus Westberlin hatten uns besucht, doch nun schienen alle Brücken zu ihnen abgebrochen zu sein. Ihr Wohnort Westberlin war eingemauert worden.

Als ich am Montag nach dem Mauerbau die Euphorie eines Vorgesetzten mit den Worten bremste: »Lass mich mit der Scheiß-Mauer in Ruhe!«, hatte das meinen fristlosen Abschied aus dem

Jugendverband zur Folge. Mir wurde nahe gelegt, mich in der Produktion zu bewähren.

Ein Mitarbeiter der SED-Bezirksleitung Erfurt, der später als Korrespondent für »Neues Deutschland« aus Bonn und Lateinamerika berichtete, half mir aus der Klemme. »Du musst erst einmal weg aus Erfurt«, empfahl er und vermittelte mich über den Verlag »Das Volk« in eine Kreisredaktion, die angeblich »frisches Blut« vertragen könne.

Reporter

In Bad Langensalza lernte ich den politischen Tagesjournalismus kennen. Jeden Tag zu dritt eine Zeitungsseite zu gestalten, dazu brauchte es Einfälle und Themen. Das war nach meinem Geschmack. Mein Chef, ein ehemaliger U-Boot-Matrose unter Großadmiral Dönitz, behielt sich den Kontakt zur SED-Kreisleitung vor. Ich wurde Landwirtschaftsredakteur in einem Kreis, in dem die Landwirtschaft dominierte.

Wann immer die Kreisleitung entschied, dass eine neue Initiative notwendig sei, um die Bauern zu motivieren, war ich bereits unterwegs und schrieb mit einem LPG-Vorsitzenden irgendeinen Aufruf für die Frühjahrsbestellung, die Ernte, volle Milchkannen oder eine verlustarme Ferkelaufzucht.

Im Patendorf unserer Redaktion recherchierte ich besonders gründlich, weil ich überzeugt war, dass der Erfolg einer Genossenschaft von den Leistungen jedes Einzelnen abhängt. Da diese unterschiedlich ausfielen, worüber um des lieben Friedens willen niemand sprach, schlug ich zu.

Während einer Einwohnerversammlung in der Dorfkneipe benannte ich Mängel, von denen ich erfahren hatte, nannte Namen von Bauern, die stets zuerst an sich und dann erst an die Genossenschaft dachten, die den Stalldung knüppeldick auf die eigenen, einen schäbigen Rest auf die Felder der LPG brachten und Ähnliches. Jeder im Dorf wusste davon, aber ausgesprochen hatte es noch niemand.

Die Stimmung im Saal wurde bedrohlich. Der stellvertretende Kreisratsvorsitzende, den ich zum Forum eingeladen hatte, raunte mir zu: »Hör auf, wir kommen hier nicht mehr lebend raus.«

Wir kamen. Und ich schrieb einen deftigen Artikel. Daraufhin erteilte mir der Bürgermeister telefonisch Dorfverbot, anderenfalls würde man mir alle Knochen brechen. Mein Chef beschwerte sich bei der Kreisleitung, und der Bürgermeister musste sich beim nächsten Bürgermeistertreffen im Interesse seines Jobs öffentlich bei mir entschuldigen. Dabei lud er mich ein, doch wieder einmal sein Dorf zu besuchen.

Als im Mai 1962 eine Etappe der Friedensfahrt Warschau–Berlin–Prag durch unseren Kreis führte, wollte ich mit meiner »Praktika FX2« unbedingt »Täve« Schur fotografieren, eines der populärsten Sportidole der DDR. Mein Chef hatte Verständnis, versprach das Foto zu veröffentlichen und übernahm an diesem Tag meinen Dienst als Umbruchredakteur. In der Setzerei stellten die Metteure unsere Seite zusammen, die in die Kreisausgabe der Bezirkszeitung eingefügt wurde. Ein Redakteur kürzte hier um ein, zwei Zeilen, fügte da etwas hinzu, bis alle Beiträge passten.

An diesem Tag gab es auf unserer Seite einen Artikel über die SED-Kreisleitung und einen etwas kürzeren über Altstoffe. Am nächsten Morgen, kurz nach Arbeitsbeginn, klingelte das Telefon. Mein Chef nahm ab, blätterte in der Zeitung und wurde kreideweiß. Für die nächsten Tage war er beurlaubt. Bei den Korrekturen waren zwei Zeilen des Bleisatzes vertauscht worden. Eine Zeile aus dem Artikel über die Altstoffe war in den Artikel über die SED-Kreisleitung gelangt. Da lauteten nun zwei Zeilen:

nehmen wir die leeren Flaschen von
Partei- und Gewerkschaftsfunktionären

Über die »Ermittlungen« in diesem Fall erfuhr ich keine Einzelheiten. Nach ein paar Tagen war der Chef wieder da. Ich dachte mir schon, dass er nicht absichtlich die Wahrheit veröffentlichen wollte.

Danach geriet ich in die Zwickmühle. Auf einer Wiese am Rande der Kreisstadt interviewte ich den Melker einer LPG. Nachdem er mir erzählt hatte, wieso die Kühe ihm immer etwas mehr Milch gaben als anderen, fotografierte ich ihn und ging frohgemut zum Auto, einem roten Škoda, in dem unser Kraftfahrer Paul auf mich wartete.

Der hat sich inzwischen mit einem Sowjetsoldaten aus einer nahen Kaserne angefreundet, dachte ich, denn ein solcher stand vor dem Auto und hatte Paul fest im Visier. Doch Irrtum, mein Fahrer rührte sich nicht und wies mit dem Kopf auf den Soldaten mit der Kalaschnikow.

Nach zehn Minuten kam der Chef der Kreisdienststelle des Ministeriums für Staatssicherheit. Da der mich von Veranstaltungen in der SED-Kreisleitung kannte, war er erst einmal erleichtert und fragte, ob ich denn verrückt sei, die Munitionsbunker der »Freunde« zu fotografieren.

Jetzt erst wusste ich, was sich unter den Hügeln am Ende der großen Wiese befand. Er nahm demonstrativ den Film aus meiner Kamera und meinte: »Hau jetzt ab, wenn ich noch was wissen will, weiß ich ja, wo ich dich finde.«

Etwas leiser fügte er hinzu: »Du weißt doch, wie empfindlich die Freunde sind.«

Ich erwiderte: »Woher soll ich wissen, wo die ihre Munition verstecken?«

Da sagte er grinsend: »Das würden die schon rauskriegen.«

MAISZEIT

Nach zwei Jahren Kandidatenzeit stimmte die Parteiorganisation in der Redaktion darüber ab, ob ich mich ausreichend bewährt hatte, um ein vollwertiges Mitglied der SED zu werden. Diesmal hatte ich Glück, wenn mein Chef auch unter Vorbehalt zustimmte. Er muss sich nicht ganz sicher gewesen sein, dass meine Fotos von den russischen Munitionsbunkern tatsächlich nichts mit Spionage zu tun hatten. Würde ich eines Tages entlarvt, hätte er sich mit seinem Vorbehalt herausreden können. Er war der Typ, der zum Gürtel auch noch Hosenträger trug.

Ich wurde aufgenommen. Jetzt konnte Kurt, mein cholerischer, zuckerkranker Kreissekretär, vollberechtigt »Genosse« zu mir sagen. Er sagte es eigentlich zu jedem, der nicht ausdrücklich ein Gegner des Arbeiter-und-Bauern-Staates war. Er sagte es sogar zu den Kreissekretären der anderen Parteien, den »Parteifreunden«, die ihn bedingungslos als Chef akzeptierten.

»Komm morgen früh mit, Genosse«, befahl er mir eines Tages, als ich ihn auf einer Veranstaltung traf. »Um fünf Uhr vor der Kreisleitung!«

Als es so weit war, ging es in die Dörfer. Zunächst auf die Felder, wo er höchstpersönlich ein Thermometer in den Boden rammte. Dann fuhren wir zur Wohnung des LPG-Vorsitzenden – ein Mitglied der Bauernpartei. Er klingelte ihn aus dem Bett, hielt ihm das Thermometer unter die Nase: »Sag mal, Genosse, warum sind deine Bauern nicht auf den Feldern?« Er erklärte dem Landwirt, dass der Boden die richtige Temperatur habe, um Mais zu bestellen.

Dann ins nächste Dorf, um zu kontrollieren, ob die »Königin aller Futterpflanzen« schon im Saatbett liegt. Doch in den Betten lagen nur die Bauern, die von der Partei der Arbeiterklasse geweckt wurden – um ein ideologisch korrektes Bild zu verwenden. Das war Anfang der sechziger Jahre, als in Moskau Nikita Chruschtschow bis zu seinem Sturz seinen Maisspleen auslebte. Er soll vor einem Spiel sogar seinen Moskauer Fußballverein angerufen und gedroht haben, wenn sie verlören, würde er Mais im Stadion anbauen lassen.

Bis zu fünfzehn Prozent der Ackerfläche waren in unserem Kreis mit Mais zu bestellen. Aus dem Radio klang damals ein DDR-Schlager: »Der Mais, der Mais, wie jeder weiß, der ist die Wurst am Stängel …«. Stängel damals noch mit *e*.

Ein Witz, den wir uns während der Mais-Zeit erzählten: Als Chruschtschow in den USA weilte und Kennedy dem Mais-Fan riesige Anbauflächen dieser Getreideart zeigte, wollte Chruschtschow eins daraufsetzen und sagte, die Maisfelder bei ihm zu Hause in der Sowjetunion seien so groß, dass man stundenlang mit dem Auto daran vorbeifahren könne.

»Ja, ja«, antwortete Kennedy, »solche Autos hatten wir früher auch.«

ERNTESCHLACHTEN

Von der Frühjahrsbestellung bis zur Ernte schlugen wir »Schlachten«. Die SED-Kreisleitung war das Oberkommando, die Dörfer wurden zu Hauptkampflinien. In langen Artikeln forderten wir die Bauern auf, rechtzeitig die Kartoffeln in die Erde zu bringen, weil davon nicht unwesentlich das Wohl des Volkes abhänge. Wir verdrängten die Tatsache, dass die Bauern das besser wussten als wir.

Zehn Jahre nach dem Beginn der Kollektivierung der Landwirtschaft befanden sich viele LPG in einer prekären Lage. Das wird in meinen Artikeln über die gegenseitige Hilfe, liest man sie heute, mehr als deutlich. Eine LPG half einer anderen mit Saatkartoffeln, weil vorgegeben war, auf vierzehn Prozent der Nutzfläche Kartoffeln anzubauen. Nun hatten zwar beide LPG nicht die nötige Menge Saatgut, doch da gab es einen Trick, den ich zur Verallgemeinerung beschrieb. Die Kartoffeln wurden in Stiegen vorgekeimt. Waren die Keime lang genug, wurden die Kartoffeln mit dem Messer zerschnitten. Wichtig war, dass sich an allen Teilen Kartoffelkeime befanden, die von den Bäuerinnen per Hand in die Erde gelegt wurden.

Bei meinen Dorfbesuchen lernte ich auch Menschen kennen, die mich beeindruckten. So der Vorsitzende der im Juni 1952 gegründeten ersten LPG der DDR in Merxleben, Ernst Großmann, ein großer, hagerer, einfacher und bescheidener Mann mit wettergegerbtem Gesicht, glatt nach hinten gekämmten dunklen Haaren und einem einnehmenden Lächeln. Sein Betrieb war eines der wenigen Vorzeigeunternehmen für Gäste aus aller Welt.

Großmann lebte voll und ganz für seine Genossenschaft. Als er »Held der Arbeit« wurde, kaufte er für seine persönliche Prämie elektrische Waschmaschinen und richtete für die Bäuerinnen einen Waschstützpunkt ein. Die LPG gehörte möglicherweise zu den wenigen, die effektiv wirtschafteten, der nur noch ein freier Markt fehlte. Ich hatte das Gefühl, dass die Bauern ihrem Vorsitzenden vertrauten und der Entwicklung unter solchen Bedingungen viel abgewannen. Sie hatten feste Arbeitszeiten, Urlaub, Rentenansprüche und waren weiterhin Bauern. Zum zehnjährigen Bestehen der LPG gab es einen historisch gestalteten Festumzug, wie ich ihn so engagiert kaum anderswo erlebt habe.

Leider nahm das Land wenig Notiz davon, denn es hatte sich herausgestellt, dass Großmann seine Zugehörigkeit zur SS verschwiegen hatte. 1959 ließ man ihn »ganz oben« trotz aller Erfolge wie eine heiße Kartoffel fallen und schmiss ihn aus dem SED-Zentralkomitee. Meiner Achtung vor ihm hat das keinen Abbruch getan.

OCHSENKOPF

Nachdem 1961 die Land-, Luft- und Seewege in westliche Richtung für normale Bürger passé waren, sann die SED-Führung, wie sie das Land auch gegen die »ideologische Diversion aus dem Äther« abdichten könne. Fortan zogen die Medien gegen jene zu Feld, deren Fernsehantennen sichtbar auf Westempfang eingestellt waren. In Artikeln wurde dazu aufgefordert, die Antennen in Richtung DDR-Fernsehen zu drehen. Der »Ochsenkopf« im Fichtelgebirge, von dem die Sendeantennen weit in den Osten strahlten, wurde zum Synonym für Feindberührung.

Im September 1961 startete die FDJ die später in ihren dicken Chroniken nicht mehr erwähnte Aktion »Blitz gegen NATO-Sender«, bei der rund 25.000 Jugendliche den Bürgern in der DDR auf die Pelle rückten, um sie zu bewegen, ihre Antennen »fortschrittlich« auszurichten.

Eine besondere Rolle spielten die 1959 gegründeten »Ordnungsgruppen« der FDJ, der Jugendliche ab 16 Jahren angehörten, die für Ordnungs- und Sicherheitsaufgaben ausgebildet und zur Kaderreserve von Polizei und Stasi wurden. Ihre Mitglieder sollten in den Häusern beim Abbau der Westantennen helfen. Viele Bürger installierten danach die Antennen unter dem Dach neu. Plötzlich gab es überraschende »Brandschutzkontrollen« der Feuerwehr auf den Dachböden. Daran nahmen Mitglieder der Ordnungsgruppen, diesmal als junge »Brandschutzhelfer«, teil.

In unserer Redaktion wurde zwar über diese Aktion geschrieben, aber nicht denunziert, wir nannten keine Namen, zeigten keine Fotos. Vielleicht waren wir, ohne darüber zu reden, einfach ein bisschen ehrlicher, denn wir wussten, was wir sahen.

Anderswo waren die Redaktionen kämpferischer, da gab es Zeichnungen mit Texten wie: »*Damit Sie und alle anderen anständigen Fernsehteilnehmer unserer Republik nicht mit den ideologischen Grenzgängern verwechselt werden, zeigen wir hier, wie die Hakenkreuz-Antennen aussehen.*«

Die Belehrung ging so weit, dass zu einer Zeichnung erklärt wurde: »*Auf dem Dach sind sie fortschrittlich, und unter dem Dach haben sie ihr zweites Gesicht montiert. An der Leitung sind sie zu erkennen. Sie nimmt nicht den üblichen Weg vom Dach zum Fenster, sondern zwängt sich verschämt aus einer Luke.*«

Als Redakteur war ich auch ständiger Gast im Kreisgericht. Ich schrieb über Schieber und Spekulanten, die bestimmte Konsumgüter unter der Hand verschoben, als wenn es ohne diese Nachbarschaftshilfe mehr davon gegeben hätte. Man sollte annehmen, je größer der Absatz, desto besser für die Industrie. Aber in der DDR klappte das nicht, da war alles geplant. Da war selbst der Bedarf an Klopapier pro Kopf festgelegt. Na gut, das Beispiel mit dem Kopf hinkt ...

Erinnerlich ist mir auch ein Prozess gegen einen jungen Mann, der ein Wahlplakat um zwölf Zentimeter eingerissen hatte und angeschwärzt wurde. Für jeden Zentimeter bekam er eine Bewährungsstrafe von einem Monat. Sein Anwalt war der Vorsitzende der

Nationalen Front im Bezirk Erfurt, eine geachtete Persönlichkeit, die keiner Partei angehörte. Als der Anwalt mich nach der Urteilsverkündung an einem Freitag in seinem VW Käfer mit nach Erfurt nahm, schimpfte er wie ein Rohrspatz über das Urteil, nannte den Richter einen Holzkopf, der damit offenbar den Sozialismus retten wolle. Entweder hatte er keine Angst, so etwas zu sagen oder er vertraute mir. Ich nehme einmal Ersteres an. Jahre später erfuhr ich, dass er tödlich verunglückt sei.

NACHWUCHSKADER

Die Sache mit der »Scheiß-Mauer« war vergeben und vergessen. Ein Mitarbeiter der SED-Stadtleitung Erfurt und guter Bekannter hatte mir beim vierten oder fünften Bier einmal gestanden: »Wenn man die alle einsperren würde, die ›Scheiß-Mauer‹ gedacht haben, dann brauchte man die Mauer nicht mehr. Aber man sagt das doch nicht.«

Über Nacht wurde ich Chefredakteur einer Kreiszeitung und der SED-Kreisleitung in Apolda als »junger, hoffnungsvoller Kader« vorgestellt. Offiziell wurde die Zeitung von der Nationalen Front herausgegeben, also von allen Parteien gemeinsam. In Wirklichkeit wurde die Redaktion von der SED besetzt, angeleitet und überwacht. Mit der so genannten Heimatzeitung sollten Bürger erreicht werden, die sich einem SED-Blatt verweigerten und auch an den »Blockzeitungen« der anderen Parteien, die vom Presseamt der Regierung gleichgeschaltet wurden, nicht interessiert waren.

Zusammen mit zwei Mitarbeitern und einer Sekretärin konzentrierte ich mich so gut es ging auf die Interessen der Leser. Wir fertigten Berichte und Reportagen aus der Landwirtschaft, aus der Industrie und von den damals noch zahlreichen privaten und halbstaatlichen Betrieben vor allem der Strickereibranche. Wir gaben Modetipps, starteten eine kleine Fahrschule, verkündeten, was in Kinos und Theatern abgeht und schrieben Gerichtsberichte.

Wenn es uns möglich war, stellten wir Promis vor. Ganz stolz war ich auf ein Exklusivinterview mit DEFA-Star Eva-Maria Hagen, deren kleine Nina gerade sechs Jahre alt war und »zu einer waschechten Berlinerin heranwächst«. In dem Gespräch für unsere Zeitung berichtete die schöne Eva-Maria von ihrem neuen Hobby, dem Angeln. Dabei habe sie es besonders auf Hechte abgesehen. Die Schauspielerin gehörte damals auch zu denen, die den Mauerbau 1961 nicht in Bausch und Bogen verurteilten. Sie war bei weitem nicht die einzige, die darin eine Chance sahen, dass in der DDR von nun an mit größerer Power die edlen Ziele verwirklicht werden könnten, von denen stets vollmundig die Rede war. Auch wir Journalisten waren überzeugt, bestimmte Mängel und Schwierigkeiten unserer Entwicklung von nun an in aller Öffentlichkeit ausführlich diskutieren zu können. Es waren Illusionen.

Als Vorlage für die Gestaltung der »Neuen Apoldaer Zeitung« diente mir die BILD-Zeitung, von der mir ein Exemplar in die Finger geraten war. Ich ließ einen quadratischen Zeitungskopf entwerfen, benutzte große Überschriften, baute Kästen, unterlegte Texte mit Farbe und benutzte graphische Spielereien wie Pfeile, Striche und Balken. Wenn ich einen Beitrag mal mit »Enthüllung« überschrieb, dann enthüllte ich, wie ein Unternehmen die Qualität seiner Strickwaren verbesserte. Viel mehr war nicht zu enthüllen, sonst hätte man mich enthüllt.

TRABI

1962 trat der erste »Trabant« in mein Leben. Der Verlag »Das Volk«, der die Kreiszeitung materiell betreute, stellte ihn zur Verfügung. Ich versprach, das Auto ebenso lieb zu haben wie meine Leser und zwischen Dienst- und Privatfahrten gut zu unterscheiden. Das war nicht einfach, weil sich die Tachometerwelle so schwer ab- und anschrauben ließ.

Gerade hatte ich bei einem ehemaligen Porsche-Rennfahrer, der nach einer Verletzung im Westen nach Erfurt ausgewandert war und eine Fahrschule betrieb, auf einem VW Käfer die Fahrerlaubnis erworben. Nach elf Fahrstunden von jeweils dreißig Minuten war ich reif für die Fahrprüfung. Bis dahin hatte ich meinen Fahrlehrer zu allen möglichen Handwerkern kutschiert, denn er baute gerade ein ansehnliches Haus. Er konnte es sich offensichtlich leisten, obwohl die Grundgebühr für meinen Unterricht nur 17,60 DM und eine Fahrt 6,70 DM kostete. Da ich mir die Ausgaben mit dem Verlag teilte, zahlte ich für den ganzen Spaß etwa vierzig Mark. Das soll der heutigen Fahrschulpreise wegen mal erwähnt sein.

Der Umstieg vom West-Käfer auf den Ost-Trabi bot mir den ersten direkten Vergleich zwischen Kapitalismus und Sozialismus. Von der Knüppelschaltung zur robusten Handschaltung rechts oben neben dem Lenkrad, das war gewöhnungsbedürftig wie anderes auch. Dennoch war für mich privat der Trabant damals ein unerreichbarer Luxusgegenstand. Das Auto wurde übrigens schon seit dem 40. Jahrestag der Großen Sozialistischen Oktoberrevolution, also dem 7. November 1957, probeweise und ab dem 5. SED-Parteitag im Juli 1958 serienmäßig hergestellt. Natürlich musste es immer ein historisches Datum sein. Ich stelle mir vor, wie es klingt: Der Automobilkonzern Daimler hat aus Anlass des 65. Jahrestages der erfolgreichen Landung der Alliierten in der Normandie am 6. Juni das neue Sportcabriolet seiner X-Klasse auf den Markt gebracht.

Trabi-Fahrer waren untereinander hilfsbereit und blickten mit gelassenem Stolz auf die Westreisenden an den Autobahn-Raststätten, die leicht mit Benzinpumpen und Tank-Füllstandsanzeigen hätten protzen können, wenn sie gewusst hätten, dass wir so etwas nicht kannten. Im Trabant fiel das Benzin von oben nach unten, vom Tank direkt in den Vergaser. Und wer wissen wollte, wie viel Benzin noch im Tank war, schraubte den Deckel ab und sah nach.

PRIVATAUTO

Der Zufall will es, dass mir zwischen meinen vielen Notizheftchen ein kleines, in rotes Leder gebundenes Notizbuch der Größe

A 5 in die Hände fällt. Es war in der erlesenen Ausführung mit Goldschnitt, musste also von einer ganz besonderen Veranstaltung stammen, ich glaube von einem SED-Parteitag. Ahnungslos schlage ich es auf und lese auf der ersten Innenseite, von mir kunstvoll geschrieben: »Notizen zum Trabant 601 S«.

Jetzt fiel mir wieder ein, wie ich mich mit Sorgfalt auf mein erstes eigenes, gerade mal zehn Jahre altes Auto vorbereitet hatte. Ich erwarb es preiswert von einem höheren Armeeoffizier im günstigen Moment seiner Nüchternheit. Für viereinhalbtausend Mark, wenn ich mich richtig erinnere. Er wollte nicht daran verdienen. Danach ließ ich von einem sachkundigen Onkel bei Brandenburg die Schweller unter den Türen auswechseln, weil die in Form von Rost stückweise abfielen. Meine Schwiegermutter hatte durch Zufall neue Schweller in Thüringen bekommen und diese per Eisenbahn nach Berlin bugsiert. Ein anderer Verwandter in der Gegend von Erfurt stellte die elektrische Anlage von sechs auf zwölf Volt um und verpasste dem kleinen grauweißen Gefährt gleich noch eine braune Stoßstange, die es unverkennbar machte.

Die Eintragungen im roten Büchlein sind, im Gegensatz zu meiner Reporterklaue, gut lesbar, mit Sorgfalt wie für die Ewigkeit gefertigt. Sie beginnen mit dem Buchstaben A wie Anlasser: »Störungen sind in der Regel auf lose Kabelanschlüsse am Magnetschalter zurückzuführen. Meist hat sich das dünne Kabel an Klemme 50 gelöst. Deshalb regelmäßig die drei Befestigungsschrauben nachziehen.«

Unter B wie Batterie heißt es: »Flüssigkeitsstand im Sommer alle 2 Wochen, im Winter alle 4 Wochen kontrollieren.« Weiter unten dann: »Bei größeren Minustemperaturen Batterie über Nacht in geheizten Räumen lassen.«

Ich erinnere mich, wie ich an eiskalten Winterabenden bei zwei, drei Grad unter Null mit der schweren Batterie fünf Etagen nach oben in meine Plattenbauwohnung stieg und mein mobiles Kraftpaket einem warmen Plätzchen anvertraute, auf dass es am nächsten Morgen gut im Saft stehe. Über gute Beziehungen war ich an ein Ladegerät gekommen, das ich ab und zu über Nacht anklemmte. Mit einer Spindel prüfte ich den Säuregehalt in der Batterie und konnte frohgemut auf Reisen gehen. Einmal nur hatte ich am Rande der Autobahn mit Familie fünf Stunden auf die »gelben Engel« gewartet, die in der DDR ganz sicher einen anderen Spitznamen hatten, nicht nur weil sie Transitreisende bevorzugten. Nach solcherlei Erfahrung pflegte man sein Auto noch besser.

Weiter lese ich beispielsweise: »Bordausrüstung im Winter ergänzen durch: kleine Schaufel, 2 alte Decken oder Säcke zum Greifen der Antriebsräder, Eiskratzer, Defroster-Spray, 2 warme Wolldecken für Verkehrsstaus«.

Im Einzelnen sind dann noch Dichtigkeitsprüfungen der Duplex- und Simplexbremsen beschrieben, was immer damit gemeint war. Dazu war es nötig, dass ich das Bremspedal mit einer Kraft von 80 kp, dem Doppelten einer Vollbremsung, zwei Minuten lang unter Druck hielt, ohne dass es nachgeben durfte. Wenn es langsam nachgäbe, sei das System undicht. Ich habe nie erfahren, ob unser System dicht war, weil ich nicht wusste, wo ich die vorgeschriebenen 80 kp hernehmen sollte.

Außerdem sollte ich alle fünftausend Kilometer die Scharniergelenke der Gelenkwellen versorgen, indem ich ihnen zwanzig Stöße mit der Fettpresse verabreiche. Aber nicht mehr, denn zu viel Fett richte Schaden an. Bei der Gelegenheit solle die »Schaltstange an ihrer Führung auf dem Getriebe sowie an ihrer Durchtrittstelle durch die Stirnwand auch etwas Fett« erhalten. Ich glaube, das hatte ich vergessen.

Mit Hilfe des Heftchens war ich auf alle Fragen vorbereitet. Wollte jemand wissen: »Und was ist mit der Krümmerdichtung?«, hätte ich empfehlen können: »An Zylinder und Krümmer sind die Ölkohlerückstände mit einem Schaber zu entfernen und die Halteschrauben mit 1,2 kpm anzuziehen.«

Ich war zum Autoexperten geworden. Am Rande einer viel befahrenen Fernverkehrsstraße verpasste ich einem zischenden Zylinderkopf eine neue Alu-Dichtung. Einem wildfremden Trabifahrer, der aufgrund des Fahrzeuges derselben Schicksalsgemeinschaft angehörte, fettete ich die Kontakte hinter dem rechten Vorderrad ein, damit er weiterfahren konnte. Einmal opferte meine Frau sogar eine Strumpfhose, um den zerrissenen Keilriemen zu ersetzen. An Strumpfhosen war, welch ein Glück, kein Mangel.

Inzwischen sind das alles keine Probleme mehr. Seit vielen Jahren schon habe ich mich nicht mehr für Details meiner Autos interessiert, schon lange keine Batterie mehr ausgebaut, kein undichtes System entdeckt oder Schaltstangen geschmiert. Einen Krümmer habe ich vielleicht auch nicht mehr, wenn doch, entschuldige ich mich bei ihm. Und in meinem Kofferraum ist auch keine kleine Schaufel, kein Sack und auch keine Aludichtung für den Zylinderkopf.

Ein Autoexperte bin ich auch nicht mehr.

STREITGESPRÄCHE

Doch zurück zu 1963, als meine Kreiszeitungskarriere endete und die »Heimatzeitungen« in mehr als 200 Kreisen wegen des immensen Papierbedarfs bald wieder vom Markt verschwanden. Ich wurde Redakteur der Zeitung für die Erfurter Verkehrsbetriebe und lernte viele meiner Leser persönlich kennen.

Das hatte den Vorteil, dass ich auf Wünsche und Beschwerden direkt eingehen konnte. In den Aufenthaltsräumen der Straßenbahnendhaltestellen ließ ich beispielsweise vom Hygieneinstitut die Kaffee-Qualität prüfen, die von manchem Fahrpersonal gerügt wurde. Die Frauen und Männer, die auf den Kaffee angewiesen waren, erlebten bald einen merklichen Qualitätsschub, weil von nun an in jeder Tasse mindestens 6,5 Gramm Bohnenkaffee waren. So kleine Dinge konnte man verändern helfen. Für das Bahnpersonal waren sie wichtiger als die hochgestochenen Ziele des Fünfjahrplanes, mit denen sie nicht viel anfangen konnten.

Als Redakteur entwarf ich ein ovales Qualitätsabzeichen, das aus Metall geprägt und feierlich an Fahrerinnen und Fahrer von Bahnen und Bussen verliehen wurde, die über längere Zeit durch Höflichkeit und Pünktlichkeit auffielen. Die Öffentlichkeit nahm zufrieden zur Kenntnis, wenn Mitarbeiter dieses Zeichen trugen, über das die örtliche Presse schrieb. Ich war der Meinung Lenins, dass ein Journalist ein »kollektiver Agitator, Propagandist und Organisator« sein solle.

Natürlich gab es auch Rüffel, wenn die Partei, wer immer sich gerade hinter diesem Synonym für Macht verbarg, es für angebracht hielt. Als Nikita Sergejewitsch Chruschtschow, der größte Führer des Sowjetvolkes aller Zeiten bis dahin, siebzig wurde, verzichtete ich aus Platzgründen darauf, ein vorgegebenes langes Loblied mitzusingen bzw. zu drucken. Ich war der Meinung, wenn alle Tages- und Wochenzeitungen im Überschwang revolutionärer Gefühle üppige Elogen drucken, reiche das aus. Doch die SED-Stadtleitung übersah meinen »Fehler« nicht und nahm mich heftig zur Brust. Zum Glück war das Ganze rasch vergessen, weil Chruschtschow kurze Zeit später gestürzt wurde und sein Name pflichtgemäß zu vergessen war.

Wenige Jahre später, im September 1971, meldete die sowjetische Nachrichtenagentur Tass lakonisch, dass ein Sowjetbürger namens N. S. Chruschtschow gestorben sei. Nanu, wer war denn das? Die einst die Lobgesänge nicht dick genug drucken konnten, brachten die Nachricht verschämt unter »Was sonst noch passierte«.

Ein Highlight meiner Arbeit waren die Talkshows. Weil es den »Talk« noch nicht gab, nannte ich sie »Streitgespräche«. Sie waren der direkte Austausch von Argumenten und Meinungen von Leuten, die ich ansonsten bei Recherchen getrennt befragte. Ich führte sie in einer Gesprächsrunde bei Kaffee oder einem Glas Wein zusammen, so dass sie sich in die Augen schauen und offen mit- und gegeneinander diskutieren konnten. Die Protokolle druckte ich auf ganzen Zeitungsseiten ab.

Einen bleibenden Erfolg erzielte das Streitgespräch »Grün für den Nahverkehr«, bei dem ich Straßenbahn- und Busfahrer mit Stadträten und leitenden Verkehrspolizisten konfrontierte. Es kann nicht sein, dass eine Straßenbahn mit mehr als hundert Menschen auf dem Weg zur Arbeit an jeder Ecke vom Individualverkehr am Weiterfahren gehindert wird. Täglich betreffe das Zehntausende,

Millionen Fahrgäste im ganzen Land. Das »Streitgespräch« wurde zur Eingabe an das Innenministerium. Es war Auslöser für zahlreiche praktische Änderungen im Straßenverkehr, der dem städtischen Nahverkehr mehr Vorfahrtsrechte einräumte.

Weil meine Diskussionsrunden über den Betrieb hinaus bekannt wurden, bat mich die Berliner Funktionärs-Zeitschrift »Neuer Weg«, meine Erfahrungen als »Erfinder der Streitgespräche« aufzuschreiben. Anfang 1965 erschien ein größerer Beitrag. Da hatte ich bereits meinen Nachfolger eingearbeitet, einen pfiffigen, aufgeschlossenen Busfahrer, der sich sehr für die Zeitung interessierte.

UNVERGESSENE BEGEGNUNGEN

Am Beginn des Jahres 1965 wechselte ich zum Allgemeinen Deutschen Nachrichtendienst. Das war kein Geheimdienst, sondern eine von mehreren Zeitungen und dem Rundfunk ins Leben gerufene ostdeutsche Nachrichtenagentur, die 1953 ihre Unschuld als selbstständige GmbH verlor und Sprachrohr der DDR-Regierung unter Vormundschaft der SED wurde.

Mein Tätigkeitsbereich war die Thüringer Wirtschaft zwischen Eisenach und Weimar, Arnstadt und Nordhausen. Recht bald schon pflegte ich gute Kontakte zu den leitenden Leuten der meisten Großbetriebe. Ich wusste ein offenes Wort unter vier Augen zu schätzen und Vertrauen zu achten.

Der Direktor eines Erfurter Großbetriebes für Pressen und Scheren bat mich einmal zu sich in sein Büro im Erfurter Norden, um mir bei einem guten Weinbrand sein Herz auszuschütten. Parteisekretär und andere sägten mächtig am Stuhl des ehemaligen Staatssekretärs und machten hinter seinem Rücken »bis oben« Stimmung gegen ihn.

»Was sind das für Menschen?«, fragte Wilhelm mich, der ich gerade mal fünfundzwanzig Jahre alt war. »Die haben von Tuten und Blasen keine blasse Ahnung, wissen kaum, wie Pressen und Scheren funktionieren. Die Partei benutzen sie nur, um nach oben zu kommen. Wenn die wüssten, wie eng und widerlich es dort zugeht!«

Wilhelm riet mir, die Menschen genau anzuschauen, mit denen ich arbeite. »Wenn dir einer offen und ehrlich seine Meinung sagt, halte zu ihm. Am schlimmsten sind die falschen Fuffziger, die dich anlächeln, dir Brei um das Maul schmieren und hinter deinem Rücken die Pfeile spitzen. Üble Typen, äh«, fügte er hinzu, als wollte er ausspucken. Mit den Jahren verstand ich ihn immer besser.

In Mühlhausen sprach ich mit einem Generaldirektor der Bekleidungsindustrie, als im Westen gerade Hosenanzüge für Damen der letzte Schrei waren. »Warum stellt ihr die Produktion nicht rasch auf Hosenanzüge um?«, fragte ich ihn. Da lachte er sarkastisch und meinte: »Soll ich melden, dass ich künftig nur noch halb so viel produziere? Die jetzigen getrennten Mengen an Hosen und Jacken würden sich bei Hosenanzügen halbieren. Das begreift doch keiner da oben. Die wollen Stückzahlen!«

Mit dem Generaldirektor des DDR-Kalibergbaus besuchte ich eine Grube im Südharz. In achthundert Metern Tiefe vertraute er mir an: »Wenn ich etwas zu sagen hätte, würde ich den unrentablen Kupferbergbau schließen, das Geld in die Modernisierung der Kaliproduktion stecken, auf dem Weltmarkt damit richtig Devisen erwirtschaften und für einen Teil davon Kupfer einkaufen.«

Dieser Mann war Chef eines Ost-Konzerns, außerdem Mitglied des Zentralkomitees der SED. Wer hatte eigentlich etwas zu sagen? Das war mir bald klar.

Solche Begegnungen und Gespräche zeigten mir, dass eine Menge Leute in höherer Verantwortung sehr vernünftig dachten. Was von der DDR übrig blieb, und wenn es auch erschreckend wenig ist, war nicht das Verdienst der SED-Führung.

Wie Hohn und Spott klingt es angesichts solcher Erfahrungen, wenn in seinem Buch »Deutschland, was nun?« der Historiker Arnulf Baring über die DDR schreibt: »*Das Regime hat fast ein halbes Jahrhundert die Menschen verzwergt, ihre Erziehung, ihre Ausbildung verhunzt. Jeder sollte nur noch ein hirnloses Rädchen im Getriebe sein, ein willenloser Gehilfe ... Wir können den politisch und charakterlich Belasteten ihre Sünden vergeben, alles verzeihen und vergessen. Es wird nichts nützen; denn viele Menschen sind wegen ihrer fehlenden Fachkenntnisse nicht weiter verwendbar.*«

Ein Outsider maßt sich an, einen Stab über die Fachwelt der DDR zu brechen. Wir hatten brillante Architekten – jedoch einfallslose Schlafstädte. Es gab hoch qualifizierte Ingenieure – aber eine dürftige Unterhaltungselektronik, Autokonstrukteure und Designer par excellence – aber nur zwei veraltete Personenkraftwagen. Das alles war möglich, weil Mittelmaß entschied und Unfähigkeit regierte.

Die DDR verfügte über eine Fachwelt, mit der sich die alte Bundesrepublik bis 1961 – Studien renommierter westdeutscher Wissenschaftler belegen das – durch Anwerbungen und Übersiedlungen derart gesundgestoßen hat, dass es dem Wert von dreißig Milliarden D-Mark eher noch übersteigt, das Zigfache der Marshallplan-Hilfe.

Während eigenartigerweise in den fünfziger Jahren im Westen die Bildungsausgaben stagnierten, florierte die Wirtschaft. Der Intelligenzzuwachs kam aus der DDR, die pro tausend Einwohner doppelt so viele Ingenieure ausbildete wie die Bundesrepublik, doch dem Bestand nach in der Statistik hinter ihr rangierte.

Ein früher Ost-West-Transfer, der in keiner Bilanz auftaucht und erheblich zum Wohle unserer Brüder und Schwestern im Westen beigetragen hat. Dass viele Ostdeutsche den Weg in den Westen suchten, ist allerdings der alten Bundesrepublik nicht anzulasten.

Vergessen wird mitunter auch, dass Ende der vierziger Jahre im Osten aus Hunderten von funktionierenden Betrieben mehr als dreißig »Sowjetische Aktiengesellschaften« (SAG) mit mehr als dreihunderttausend Beschäftigten gebildet wurden. Sie schufen rund zwanzig Prozent der industriellen Bruttoproduktion, über die allein die sowjetischen Besatzer verfügten. Erst 1953, als es im Westen bereits zügig aufwärts ging und die ersten Zahlungsbilanzüberschüsse der BRD den Weg an die Spitze der Handelsnationen ebneten, wurde im Osten der letzte SAG-Betrieb an die DDR übergeben.

Das Bergbauunternehmen »Wismut«, dessen Uran-Vorkommen in Sachsen bis 1990 der Atommacht UdSSR zugute kam, blieb sogar bis zum Ende der DDR in sowjetischem Mitbesitz.

Eines Tages sollte ich dem Bundespräsidenten Heinrich Lübke die Maske des biederen Kleinbürgers von der hässlichen Fratze des Kriegstreibers reißen. So wollte man es jedenfalls. Lübke soll dabei gewesen sein – und sicher war er es auch – als im thüringischen Jonastal bei Ohrdruf nach dem Fiasko von Stalingrad riesige Gewölbe als Produktionsstätten für V2-Raketen ins Gebirge geschlagen wurden und auch ein neues Führerhauptquartier entstehen sollte. Ich wollte mir die geheimnisumwitterten Katakomben einmal anschauen.

Bevor ich aufbrach, besuchten mich in der Redaktion zwei junge Männer des Ministeriums für Staatssicherheit. Sie wollten, dass ich mich im Jonastal nach Spuren eines Vermessungsingenieurs Heinrich Lübke umsehe, der damals bei der Baufirma Schlempp gedient hätte, die an den großen Projekten der Nazis arbeitete. Seit etlichen Jahren war Lübke Bundespräsident der Bundesrepublik Deutschland und niemand hatte etwas gefunden, was gegen ihn sprach, außer er selbst.

»Soll ich ein Foto von Lübke nehmen und die alten Leute im Jonastal fragen, ob sie den Mann kennen?«

Die Geheimdienstler hielten meine Frage für einen Scherz. So war sie auch gemeint. Ich solle bei meinen Recherchen darauf achten, ob sich jemand an die damalige Zeit und an einen gewissen Lübke erinnere oder an andere, die auch dabei gewesen waren und inzwischen vielleicht hohe Posten im Westen innehaben.

»Damals!«, sagte einer der beiden. »Heute kennen ihn doch alle aus dem Fernsehen!« Was für ein gewagter Einwurf für einen MfS-Mitarbeiter, der nicht einmal versehentlich auf einen Westkanal schalten, nicht mal einen solchen haben durfte. Woher wussten die überhaupt, dass ich im Jonastal recherchierte? Ich habe nie wieder von ihnen gehört.

Im Jonastal erfuhr ich von älteren Einwohnern, dass jeden Tag, wenn die Kipploren aus den Feldgrotten herausrollten, auf dem letzten Wagen immer die Toten lagen. In Bäumen seien immer noch Einschüsse auszumachen, an denen Häftlinge erschossen wurden. An Lübke konnte sich keiner erinnern. »Was soll der gewesen sein?«

Zusammen mit einem Fotografen stieg ich, angeseilt und abgesichert von der Arnstädter Feuerwehr, in die Höhlen ein. Außer alten Schienen, Schrott, Betonresten und losem Gestein fanden wir in den Gängen und Räumen weder Dokumente noch das Bernsteinzimmer, das Jahre später Heerscharen von Journalisten ins Jonastal lockte. Ein Einstieg war später aber nicht mehr so leicht möglich, weil nach unserem Besuch die Eingänge zugesprengt wurden. Über Lübke nichts Neues.

Eine belgische Parlamentarier-Delegation besuchte einmal die Mahn- und Gedenkstätte Buchenwald. Die Gäste fänden »ganz oben« höchste Beachtung, hieß es aus Berlin, weil der Alleinvertretungsanspruch der Bundesrepublik in der Welt keine DDR-Anerkennung duldete. Deswegen sei der Besuch ganz, ganz wichtig und ich solle gut und ausführlich berichten.

Durch eine Reihe widriger Umstände verpasste ich die Belgier. Als ich in der Gedenkstätte ankam, waren die schon wieder weg. In meiner Not ließ ich mir von einem Mitarbeiter der Gedenkstätte den Weg der Gäste zeigen, sah mir ihre Eintragung ins Gästebuch an und schrieb einen ergreifenden Bericht, der in alle Welt ging und die DDR wieder ein bisschen stolzer machte. Von meinem Pech habe ich niemandem erzählt.

Vielleicht war das der Grundstein für seitenlange Berichte über Festlichkeiten, Kundgebungen, Honecker-Besuche im In- und Ausland, bei denen ich meistens schon alles geschrieben hatte, bevor das Ereignis stattfand. Da es für den kleinsten Furz der Partei- und Staatsführung Drehbücher gab, musste man sich dieser mit etwas Fantasie nur bedienen.

Nichts lief in der DDR ohne Drehbuch. Die ich gesammelt habe, lesen sich wie Regieanweisungen zur Verfilmung solcher Märchen wie »Der kleine Muck« oder »Des Kaisers neue Kleider«. Die ganze DDR war eine einzige Inszenierung, und wir Journalisten waren die Leporellos, die loyal alles aufschrieben, sich jedoch mit ihren

Brötchengebern nicht immer identifizierten. Denn eines war ganz sicher nicht gefragt: unsere Meinung. Eine stehende Redewendung lautete: »Wenn ich meine Meinung äußern darf, so sagte bereits Genosse Honecker ...«

NACHTSTUNDEN

1969 ist so ein Jahr, das im kollektiven Gedächtnis der Menschheit einen festen Platz hat. Es war das Jahr, in dem der erste Mensch einen Fuß auf den Mond setzte, in dem rund sechshundert Millionen Menschen die erste gigantische Direktübertragung im Fernsehen erlebten.

Die ganze Nacht zum 21. Juli hingen wir mit Freunden am damals noch schwarz-weiß flimmernden Fernsehbild, um die Landung des ersten bemannten Raumfahrzeuges auf dem Mond zu erleben. Die von Apollo 11 abgekoppelte Landefähre »Eagle« setzte sanft im »Meer der Stille« auf. Neil Armstrong aus Ohio betrat 3 Uhr 56 als Erster den Mond. Als er die Leiter der Fähre hinabgestiegen war und ein Bein auf die Oberfläche des Mondes setzte, sprach er den sorgsam vorbereiteten und einstudierten Satz: »Dies ist ein kleiner Schritt für einen Menschen, aber ein Riesenschritt für die Menschheit.«

Wir hörten diesen Satz fast im selben Moment, als er rund 380.000 Kilometer von uns entfernt ausgesprochen wurde. Welch ein Ereignis! Ein paar Minuten später betrat Armstrongs Kollege Edwin Aldrin die Mondoberfläche. Sicher hegte er in diesem Moment ganz andere Gefühle als bei seinen vielen Kampfeinsätzen, die er als Pilot im Koreakrieg absolviert hatte.

Wie aufmerksam ich die Übertragung auch verfolgte, es war wie mit allen historischen Ereignissen, denen man beiwohnt, man will sich alles haargenau einprägen und hat doch bald das meiste vergessen. Der Augenblick ist für einen einzelnen Menschen viel zu groß. Die tatsächliche Bedeutung dieses Moments wird einem erst später bewusst, wann man einen Film darüber sieht.

In vielen Wohnungen brannte in jener Nacht Licht. Tags darauf wusste man nicht genau, ob man sich anderen gegenüber freuen sollte ob einer solchen Pioniertat. Durfte man erkennen lassen, dass man todmüde war, weil man so gut wie nicht geschlafen hatte? Oder sollte man kühn behaupten, man lasse sich durch eine Inszenierung von Walt Disney aus den Hollywood-Studios nicht ins Bockshorn jagen.

Selbst im »Land der unbegrenzten Möglichkeiten« wiesen Scharlatane bald nach, dass die ganze Mondlandung in der Wüste von Nevada getürkt wurde. Und sie fanden viele, die das glaubten. Aber das ist in den USA offensichtlich nicht schwer. Selbst als bis 1972 noch acht weitere Amerikaner auf dem Mond landeten, verstummten die Manipulationstheorien nicht.

In unseren Wissenschaftsredaktionen wurde nun wieder etwas mehr über die grandiosen Erfolge der sowjetischen Weltraumfahrt geschrieben. Projekte der gemeinsamen Kosmosforschung der sozialistischen Länder wurden in den höchsten Tönen gepriesen. Dass ein Mensch auf dem Mond landet, das sei nicht so wichtig und überhaupt kein großes Problem, meinten ausgesuchte Experten. Das könne man jederzeit auch. Wichtiger sei es, da oben ferngesteuerte Arbeitsgeräte zu stationieren.

Später kaufte ich bei einem meiner Moskau-Besuche für meinen Sohn ein Lunachod-Mondfahrzeug, das mit einem langen Kabel gesteuert wurde und auf Knopfdruck das Sonnensegel aufklappte. Kabel bis zum Mond gab es aber nicht, da ließen sich die sowjetischen Spezialisten etwas anderes einfallen und zogen mit immer neuen beeindruckenden Leistungen nach.

ARGUMENTE

Unter dem Stichwort »arbeitsfreier Sonnabend« entdecke ich in meinen alten Notizen einige Argumente, mit denen die Kirchen in der DDR Partei und Staat zu Diensten eilten. 1967 wurde in der DDR der Sonnabend zum arbeitsfreien Tag. Bis dahin war in der

Regel bis Mittag gearbeitet worden, wenn es sich nicht gerade um Betriebe mit durchgehendem Schichtbetrieb handelte. Seit einem Jahr war mit jedem zweiten Sonnabend als arbeitsfreiem Tag offensichtlich erfolgreich experimentiert worden.

Nun kam also das Gesetz. Um etwas von der eingesparten Arbeitszeit zu kompensieren, wurden ein paar arbeitsfreie Feiertage in Werktage umgewandelt, so der Ostermontag, Himmelfahrt, der Reformationstag, der Buß- und Bettag und – damit es nicht nur die Kirchen trifft – der 8. Mai als »Tag der Befreiung«, wenn er auf einen Wochentag fiel.

Wir Journalisten sammelten pflichtgemäß Meinungen, die die »großzügigen Maßnahmen von Partei und Regierung« lobpreisten. Gemeint war bei »Partei« eigenartigerweise immer nur die SED, obwohl es fünf Parteien gab. Man bedankte sich für das, was man selbst erarbeitet hatte. Solche Maßnahmen wurden auch nicht lange diskutiert, sondern verkündet. In diesem Fall stießen wir bei der Befragung von Bürgern natürlich auf Zustimmung. Andere Meinungen hatten ohnehin wenig Chancen.

In meinen Notizen finde ich Begründungen aus Kirchenkreisen, die der Partei Schützenhilfe für den Wegfall uralter Feiertage leisteten. Ein Pfarrer aus Schwerin äußerte sich, mit dem Wegfall der Feiertage werde »auf reformatorische Anschauungen zurückgegriffen«. Er verwies auf Martin Luther, der sich entschieden gegen die Unzahl von Feiertagen gewandt und deren Beseitigung verlangt habe: »Doch nach ihm verfiel auch die evangelische Kirche allmählich ins Festefeiern und belastete damit die Wochentage.«

Luther war damals schon 421 Jahre tot.

Ein Mitglied des CDU-Hauptvorstandes begründete den Wegfall der kirchlichen Feiertage damit, der Himmelfahrtstag sei in den vergangenen Jahren einer »zunehmenden Verweltlichung« ausgesetzt gewesen, die Neuregelung könne dazu führen, sich auf seinen geistlichen Inhalt zu besinnen.

Das hatte das SED-Politbüro ganz sicher nicht gewollt.

Eines Tages besuchte mich der stellvertretende Generaldirektor der Agentur in der Erfurter Außenstelle. Vielleicht hatte ihm mein Bericht über die Belgier gefallen. Nach einem längeren Gespräch über Marx und die Welt fragte er unvermittelt, ob ich nicht Lust hätte, nach Berlin zu kommen. Wohnung und Umzug seien kein Problem, darum würde man sich kümmern.

Ich warf ein, nach meinem Journalistikstudium an der Jenaer Universität Philosophie studieren zu wollen, und nach Jena ist es von Erfurt nur ein Katzensprung. Der Mann aus Berlin meinte, in Berlin könne ich auch studieren. Man würde sich darum kümmern. Man kümmerte sich um ziemlich alles.

Die Jenaer Universität übte auf mich eine besondere Anziehung aus, weil hier Friedrich Schiller gelehrt hatte, dem meine große Verehrung seit frühester Jugend gilt. Ganze Passagen seiner Dramen hatte ich mir eingeprägt. Fasziniert war ich von seiner akademischen Antrittsrede als Geschichtsprofessor im Jahr 1789. »Neue Entdeckungen im Kreise seiner Thätigkeit, die den Brodgelehrten niederschlagen, entzücken den philosophischen Geist ...«, sagte er. »Durch immer neue und immer schönere Gedanken-Formen schreitet der philosophische Geist zu höherer Vortreflichkeit fort, wenn der Brodgelehrte, in ewigem Geistesstillstand, das unfruchtbare Einerley seiner Schulbegriffe hütet.« Aktuell wie eh und je.

Die Verlockung war größer als die Verehrung, ich folgte dem Ruf. Der Einmarsch in die Tschechoslowakei am 21. August 1968 markierte den Beginn meiner Tätigkeit in Berlin. Doch das war Zufall. Von der brüderlichen Invasion erfuhr ich morgens im Bett aus dem Radio, denn ich hatte Urlaub. Ich entsinne mich einer Postkarte, auf der unsere Nachbarin, die mit ihrem Mann und dem achtjährigen Schulfreund unseres Sohnes in Sachsen Urlaub machte, Ende August schrieb, in den Wäldern um sie herum läge überall Militär, sie kämen deswegen vielleicht nicht rechtzeitig nach Hause. Wir möchten so nett sein, ihren Sohn in der Schule zu entschuldigen.

Nicht nur meine Sympathie galt seit Monaten dem Reformer Alexander Dubček. Ich wusste es von etlichen Kolleginnen und Kollegen. Manch einer sagte es leise nach Feierabend beim Bier, anderen sah man es an. Noch glaubte man an die Reformfähigkeit des Systems und an einen »Sozialismus mit menschlichem Antlitz«.

Besonders die Pressefreiheit in der ČSSR war der SED-Führung ein Dorn im Auge. In Parteiversammlungen wurden wir vor »revisionistischem und konterrevolutionärem Gedankengut« gewarnt, das von Prag her in die DDR schwappe. Ähnlich wie zwei Jahrzehnte später die sowjetische Zeitschrift »Sputnik«, wurde die in deutscher Sprache erschienene »Prager Volkszeitung« von der Postzeitungsliste der DDR gestrichen.

Die Botschaft der ČSSR in Berlin unterstützte die Reformfreude und gab im tschechoslowakischen Kulturzentrum in der Berliner Friedrichstraße »Nachhilfeunterricht« in Sachen Demokratie. Ich wurde zu einer solchen Veranstaltung mit dem Hinweis geschickt, danach nicht gleich in die Redaktion zu eilen, sondern in Ruhe ein Bier trinken zu gehen. Sollte sich die Botschaft beschweren, dass die Agentur über die Veranstaltung nicht berichtet habe, würde man die Schuld einem »unzuverlässigen Reporter« in die Schuhe schieben können.

Wir wussten nicht, ob die Nationale Volksarmee in die Tschechoslowakei einmarschiert war oder nicht. 16.000 deutsche Soldaten einer Panzer- und einer MotSchützendivision hockten zwei Monate lang abmarschbereit in Feldlagern und lauerten auf den Befehl zum Marsch ins Freundesland. »Wenn wir nicht zu Hilfe eilen, wird die NATO einmarschieren«, so lautete die Märchenlegende für die Soldaten. Doch deutsche Truppen haben die Grenze nicht passiert. Vielleicht, weil der letzte deutsche Einmarsch noch keine dreißig Jahre zurück lag.

Ulbricht und Honecker war die Missachtung ihres militärischen Tatendranges durch das sowjetische Oberkommando dermaßen peinlich, dass sie ihr Volk nie über den wahren Sachverhalt aufklärten.

Zehn Jahre nach der Besetzung dämpfte ein tschechischer Grenz-
polizist meine Freundschaftsgefühle und erinnerte mich an die
Niederschlagung des Prager Frühlings. Mit einem Reporterteam,
das von einem Freundschaftstreffen der Jugend beider Länder in
Hradec Králové, dem alten Königgräz, berichtet hatte, passierte
ich die Grenze in Richtung Heimat. Penibel hatten wir den tsche-
chischen Grenzern unser Gepäck vorzuweisen. Etwas verärgert ob
dieser Gründlichkeit erzählte ich einem Oberkontrolleur, dass wir
vom Festival der Freundschaft kämen, von dem alle Zeitungen berichtet hätten.

Der Grenzer schaute mich an, verzog keine Miene und antwortete unbeeindruckt: »Hier nix Freundschaft, hier Grenze!«

SPITZENTERMINE

Im Spätsommer 1968 hatte ich erstmals das alte Bankgebäude in
der Berliner Mittelstraße betreten, in dem sich die Zentrale unserer
Nachrichtenagentur befand. Über der riesigen Pforte steht heute
wie für die Ewigkeit in Stein gemeißelt »Frankfurter Allgemeine«.

Alte Nachrichtenhasen schwärmten von guten alten Zeiten.
Einst habe der »Chef vom Dienst« während der Spätschicht in der
Kneipe gegenüber gesessen und genüsslich sein Bier getrunken.
Wenn in einem Fenster des ADN ein weißes Tuch hing, musste er
rasch in die Redaktion, weil ein Vorgesetzter oder etwas Höheres
telefonisch nach ihm verlangte. Er sei gerade auf dem Klo, hatte
der Redakteur gesagt und die weiße Fahne gehisst.

Zu meiner Zeit leisteten wir uns allein den Luxus, mittags im
Keller des Metropol-Theaters in der Friedrichstraße zu speisen, wo
1967 eine der ersten Goldbroilerbars der DDR eröffnet worden
war. Für 3,50 Mark gab es einen schmackhaften halben »Gummi-
adler«, für 4,50 Mark mit Pommes. Allerdings musste ich nach drei
Wochen auch einmal etwas anderes essen, um das Brathähnchen
später wieder zu schätzen. Die Hähnchen wurden im Kombinat
Industrielle Mast in 56 Tagen bis zur »Schlachtreife« gepäppelt.

Ich wurde dem Wirtschaftsressort zugeteilt. Doch ganz so streng war das nicht. Wann immer ein Termin zu besetzen war, wurde der geschickt, der gerade herumsaß und keine Schweißperlen auf der Stirn hatte. Außerdem konnte man sich mit Themen eigener Wahl beschäftigen. Ich erinnere mich, in einem größeren Kommentar die Pfundabwertung in England eingeschätzt zu haben, alle vier Wochen ein wirtschaftliches »Monatsresümee« und andere Dinge geschrieben zu haben, Sachen also, die man forsch angeht, wenn man noch nicht ganz so viel davon versteht.

Ich wurde Gehilfe des Chefreporters. Vor größeren Ereignissen, zum Beispiel Staatsbesuchen, saßen wir Tage vorher an der Schreibmaschine und empfanden nach Drehbüchern und anderen Unterlagen das ganze Spektakel voraus.

Chefreporter Alfred hämmerte Satz für Satz in die Schreibmaschine. Mit Schwung riss er das Blatt aus der Walze, überflog es genüsslich, reichte es mir mit der Bemerkung: »Na, lies mal, kann das morgen so gewesen sein?«

Gemeinsam liefen wir zur Hochform auf, feilten an jeder Formulierung, die aber im Grunde schon zum Standardvokabular gehörte. Die Kunst bestand darin, Begeisterung zu schildern, ohne ins Satirische abzugleiten. In einer vorbereiteten Ankunftsmeldung eines hohen Staatsgastes auf dem Flughafen entdeckten wir noch rechtzeitig einen Lapsus: »Gemeinsam nahmen Walter Ulbricht und sein Gast der Ehrenformation der Nationalen Volksarmee den Vorbeimarsch ab.« Ich wette, den Unsinn hätte kein Mensch bemerkt.

HAARMODEN

In unseren Parteiversammlungen gab es scharfe Auseinandersetzungen über das Erscheinungsbild von Reportern. Ein journalistisch geradezu vorbildlicher Kollege, dessen blonde Haare bis zu den Schultern reichten, stand am Pranger. Es genüge nicht, sein Haar zu pflegen, es müsse auch auf ein »normales« Maß gestutzt sein, meinte der Parteisekretär, denn der Genosse wolle doch sicher nicht mit einem »Gammler« verwechselt werden. Und Künstler sei er ja wohl auch nicht. Außerdem, was sollen die Genossen der Parteiführung sagen, in deren Nähe er sich hin und wieder aufhalte?

Lange Haare, kurzer Verstand. So wurden Jugendliche gebrandmarkt, die nicht mit einer Kurzhaarfrisur alten Stils herumlaufen wollten. Ich erwähne das, weil es Thema einer Parteiversammlung war, in der gut und gerne hätte besprochen werden können, wie man dazu beiträgt, die Zeitungen lesenswert und interessant zu machen. Doch über so banale Dinge entschieden andere, die ohnehin nicht mehr viele Haare auf ihren Köpfen hatten.

Tatsächlich hat man sich auch um mein Studium gekümmert, das ich fünf Jahre lang an der Hochschule des ZK der SED »Karl Marx« als ziemlich harte Tortur zwischen Arbeit und Familie absolvierte. Meine Diplomarbeit als Gesellschaftswissenschaftler war eine Studie über »Auffassungen und Praktiken der Humanisierung der Arbeitswelt im kapitalistischen Industriebetrieb«. Die Recherchen dazu gewährten mir tiefere Einblicke in ein funktionierendes Wirtschaftssystem.

Zwar gab es auch dort Krisen, doch aus denen ging die Wirtschaft mehr oder weniger gestärkt und neu organisiert hervor. In der DDR hingegen war die Krise ein Dauerzustand der Wirtschaft, die ihre wachsende Stärke zunehmend nur in Zeitungen und auf Parteitagen gewann. Auch ihr Platz als zehntstärkste Industrienation der Welt war uns immer ein wenig schleierhaft. Aber es gab Leute im Westen, die das bis zuletzt glaubten, obwohl sie es besser hätten wissen müssen.

Wettbewerb ist das Geheimnis einer gut funktionierenden Wirtschaft. Natürlich nicht jene Wettbewerbe, zu denen alle nasenlang die DDR-Presse in stupider Eintönigkeit aufforderte, weil wieder jemand zu Ehren von Republikgeburtstag, Parteitag, Jubiläum, Lenin, Thälmann, Pieck, Ulbricht usw. *(Zutreffendes unterstreichen)* aufgerufen hatte. Solche Wettbewerbe waren politische Selbstbefriedigung, zumal der Plan keine Abweichungen zuließ und selbst gut gemeinte Initiativen im Sande verliefen. Mitunter war der Wettbewerb nötig, um die einfachen Ziele halbwegs zu erreichen. Erreicht wurden alle Ziele immer, spätestens mit Hilfe nachträglicher »Planänderungen«.

In westdeutschen Elektrokonzernen, bei großen Versicherungen, bei Daimler-Benz, Ford und beim schwedischen Autohersteller Volvo war ich fündig geworden. Ich entdeckte einen »Humanisierungsboom«, der sich in vielem wohltuend von der heutigen Enthumanisierung und Entsolidarisierung unterschied. Damals gab es kaum Arbeitslose. Da hielt man Arbeiter und Angestellte mit großzügigen Sozialleistungen bei Laune, damit sie sich nicht einfallen ließen zu kündigen.

Diese Zeit ist vorbei. Das Gespenst des Kommunismus ist vertrieben, die Konzerne schalten und walten scham- und grenzenlos, und sie müssen bei einer »industriellen Reservearmee« von vier Millionen Arbeitslosen ihre satten Gewinne nicht für sozialen Firlefanz verschwenden. Soll der Staat sehen, wie er damit klarkommt. Längst gilt die Losung: Kapitalisten aller Länder vereinigt euch! Ihr habt nichts zu verlieren als euer nationales Renomee! Schamhaft oder aus weiser Voraussicht vermeidet man Losungen: »Der Kapitalismus siegt!«.

Er wird so lange siegen, solange Ausbeutung kein Straftatbestand ist, der mit Diebstahl, Nötigung und Erpressung einhergeht, so lange also, wie Kapitalverbrechen von Politik und Justiz hinter Begriffen wie »Globalisierung« und »Standortsicherung« versteckt, allenfalls als Kavaliersdelikte geahndet werden.

SPERRGÜRTEL

Nach einer Zeit des Einarbeitens traute man mir zu, allein von größeren Veranstaltungen zu berichten. Die »Äquatortaufe« erlebte ich im Februar 1970. Das Ministerium für Staatssicherheit feierte sein zwanzigjähriges Bestehen. Für »Schild und Schwert der Partei« gab es einen Staatsakt. Dafür war der inzwischen abgerissene alte Friedrichstadtpalast ausgewählt worden, der mal Theater, mal Zirkus, mal Varieté war, also immer von der Komik lebte. Hauptakteur sollte Walter Ulbricht sein, der den »Tschekisten« danken wollte.

Presse war nicht zugelassen, allein die Agentur hatte einen Journalisten zu stellen, der auch gleich die Filme des Stasi-Fotografen zum Sperrgürtel tragen und dort einem Kurier unserer Fotoabteilung übergeben solle. Andere Fotografen hätten versehentlich vielleicht einen »Kundschafter« von der unsichtbaren Front abgelichtet oder den damals noch völlig unbekannten Markus Wolf, den Chef der Auslandsaufklärung. Weil dem Chefreporter die Botendienste nicht zuzumuten waren und der Bericht über das Ereignis bereits fix und fertig vorlag, traf mich die Ehre, die Filme zum Sperrgürtel zu tragen. Für die Pressestelle des Stasi-Ministeriums war ich ein notwendiges Übel. Ein Offizier der Presseabteilung drückte mir die Meldung über das Ereignis mit der Belehrung in die Hand, die habe Minister Mielke persönlich abgesegnet. Ich solle kein Wort ändern, nicht mal ein Komma.

Irgendwo, ganz oben im Friedrichstadtpalast, wählte ich einen Platz, der mir erlaubte, das Treiben im Präsidium bequem zu verfolgen. Spätestens als Ulbricht und Mielke die Bühne betraten, merkte ich, dass mein Platz denkbar ungünstig war. Neben mir sprang im Abstand von wenigen Minuten ein Saal-Schreier von seinem Klappsitz und brüllte Parole um Parole in den Saal, in die alle frenetisch einfielen. Mitunter klang das wie die Antwort auf die Frage: »Wollt ihr den totalen Sozialismus?«

Um nicht aufzufallen, erhob ich mich mit und bewegte die Lippen. Bei nächster Gelegenheit, als SED und Ulbricht wieder orkanartig gefeiert wurden, machte ich mich mit ernster Miene aus dem Staub, als hätte ich irgendwo einen Agenten zu überführen, der den Weltfrieden bedroht. Ganz hinten an der Wand fand ich einen weniger auffälligen Platz. Ich sah zwar kaum noch etwas, musste aber nicht mehr aufspringen. Schließlich war der Bericht schon fertig. Von Zeit zu Zeit stiefelte ich mit Filmen zum Sperrgürtel.

Die Reden Mielkes und Ulbrichts unterschieden sich kaum von altbekannten. Allerdings gingen beide stärker als üblich auf den

Kampf an der unsichtbaren Front ein. Da wurden die »Kundschafter« gewürdigt und zu neuen Heldentaten aufgefordert. Der Name von Günter Guillaume, der gerade als SPD-Parteisekretär von Frankfurt/Main in den Stab des späteren Bundeskanzlers Willy Brandt wechselte, wo er 1973 aufflog, fiel nicht. Dass er für politische Zwecke missbraucht wurde, gestand er sich und der Welt erst ein Vierteljahrhundert später ein.

Feierlich gelobten alle Teilnehmer im Sinne von Felix Edmundowitsch Dserschinski, dem Gründer der russischen Tscheka und Geheimdienstchef Lenins, weiterhin das Leben für das sozialistische Vaterland einzusetzen. Selten genug war es das eigene.

Nach zwei Stunden und einem machtvollen Abgesang begab ich mich zu Fuß in die Redaktion und legte den mir übergebenen Bericht auf den Tisch des Nachrichtenchefs, ohne die Warnung zu vergessen, auch nur ein Komma zu ändern. Leichtsinnig teilte ich mit, dass ich mir nun in einem Altberliner Lokal um die Ecke den revolutionären Staub von der Zunge spülen würde.

Gerade hatte ich den ersten Schluck Bier genossen und überlegt, welcher der Kneipenbesucher wegen der großen Nähe zum Friedrichstadtpalast wohl der Wachsamste unter den Gästen sei, da spürte ich eine Hand auf meiner Schulter. Ich zuckte zusammen, erkannte aber gleich, dass sie einem Kollegen gehörte, der mich auf höchsten Befehl zurück in die Redaktion beorderte.

Leibhaftig war der Chef des Presseamtes der Regierung, Kurt Blecha, in der Redaktion erschienen, um mir folgendes mitzuteilen: »Genosse Ulbricht war von der Festveranstaltung so begeistert, dass er eine ganzseitige Reportage in den morgigen Zeitungen wünscht.«

»Gut«, sagte ich, »und wer schreibt die?«

»Du«, sagte der Presseamtschef.

»Aber was soll ich schreiben? Ich habe keine Notizen«, gab ich zu bedenken. »Es war ja alles fertig.«

»Du hast alle Freiheiten, schreib, was dir einfällt, Stimmung, Atmosphäre und so weiter. Wir konnten dem Alten, äh, Genossen Ulbricht doch nicht sagen, dass alles schon fertig ist.«

Mindestens zweihundert Zeilen sollten es werden. Mit Bildern würden die Zeitungen daraus eine Seite basteln. Ich bekam ein Chefredakteurzimmer, eine Sekretärin, Kaffee, Bier – was ich wollte. Hauptsache ich schrieb. Ich schilderte das Aufspringen der Jubelrufer, deren Sprüche mir noch in den Ohren nachklangen, beschrieb, wie die Führung die Bühne betrat, spekulierte, dass Ulbricht die Sympathiebekundungen als Vertrauensbeweis zur Partei auffasste, ging auf die Reden ein, auf den Saalschmuck und auf das feierliche Gelöbnis.

Auf- und abgehend diktierte ich eine zehnseitige Reportage über ein Ereignis, das kaum jemanden interessierte. Im Nebenzimmer saß der Pressechef der Regierung und gab Seite für Seite an die Öffentlichkeit.

Fortan schrieb ich auch dann mit, wenn es hieß, die Meldung sei schon fertig oder ich solle mich dazu nicht äußern. Wie beim Bahro-Prozess.

WEITBLICK

Ich kann nicht verhehlen, mitunter auch überrascht und beeindruckt gewesen zu sein vom Auftreten führender Leute. Zum Beispiel von Ulbricht. Nach außen hin wurde er Ende der sechziger Jahre noch gefeiert, intern aber sägte der Honecker-Clan schon kräftig an seinem Stuhl. Honecker, 1912 geboren, war noch nicht am Ziel seiner Wünsche. Ulbricht stand ihm im Weg und mit diesem eine ganze Ära.

Kronprinz Honecker stand zur Ablösung bereit, war aber zu feige, allein zu handeln. Der Saarländer verbündete sich hinter dem Rücken des Sachsen mit dem Russen Breshnew, dem Ulbrichts Klugscheißerei mit dem »Ökonomischen System des Sozialismus« auf die Nerven zu gehen schien. Dagegen war Honecker nahezu unbelastet von ökonomischem Denken.

Wie fast jedes Jahr weilte Ulbricht auch 1970 zur »Ostseewoche« in Rostock. Als Pendant zur Kieler Woche war sie das

DDR-Schaufenster für Nordeuropa. Vom Treffen der Gewerkschaftsfunktionäre und Kommunalpolitiker dieser Region bis hin zur Ausstellung der DDR-Wirtschaft reichten die Ereignisse dieser Polit-Show, die Honecker nach dem DDR-Anerkennungsboom 1975 als überflüssige Uraltdomäne Ulbrichts, der sie nur einmal nicht besuchte, aus dem Veranstaltungskalender strich.

Wieder mal traf es mich wie aus heiterem Himmel. Ein Anruf »von höchster Stelle«: Schnell ein Reporter zur Uni Rostock. Ulbricht habe führende Leute der Wirtschaft in das Auditorium maximum zitiert, um mit ihnen über die »Politische Ökonomie des Sozialismus und ihre Anwendung in der DDR« zu sprechen. Zusammen mit Günter Mittag und einem Heer von Wissenschaftlern hatte er eine entsprechende Theorie als Allheilmittel für das sozialistische Weltsystem erfunden. Das Buch zur Utopie war gerade im Dietz Verlag erschienen. Ich stellte mich auf eine kurze Rede Ulbrichts ein, die sicher den Hauptinhalt meiner Nachricht ausmachen würde. Was ich nicht ahnte: Ulbricht sprach zwei Stunden ohne Manuskript über ein Wirtschaftssystem, das bis dahin nur wenige im Land begriffen hatten. Ich gehörte nicht dazu.

Wenn ich heute meine Mitschrift lese, finde ich allerdings, dass manches so übel nicht klingt, gemessen an dem, was sich nach 1971 in der DDR abspielte. Nicht nur, dass Ulbricht es fertig brachte, völlig frei über komplizierte Sachverhalte zu reden, was seinem Nachfolger schon über kürzere Strecken bei leichteren Themen nicht gelang, er hatte auch etwas zu sagen.

In meinem Heft finde ich Ulbricht-Zitate, die der Welt vorenthalten wurden, wie: »*Quelle der Entwicklung neuer weltmarktfähiger Produkte ist die wissenschaftliche Arbeitsorganisation. Wir haben aus dem Nichts einen Schiffbau entwickelt. Das ist eine große Leistung. Doch jetzt gilt es, aus der Prognose der Weltspitze des Schiffbaus von 1990 oder 1980 zurückzurechnen und daraus konkrete Aufgaben für die Gegenwart abzuleiten. Dabei erleben wir noch sehr oft, dass Material, Menschen, Qualifizierung und Zusammenarbeit über Betriebsgrenzen hinaus nicht harmonieren, nicht zusammenpassen ...*«

An anderer Stelle: »*Wir müssen Systeme, Erzeugnisse und Verfahren entwickeln, die noch nicht gedacht sind. Das ist eine Aufgabe der Großforschung in den Kombinaten. Unser Bildungssystem muss diesen Zielen immer besser entsprechen. Dazu brauchen wir dringend eine Hochschulreform. Beispielsweise muss die Mathematik ein höheres Niveau erreichen. Das werden wir noch in diesem Jahr in Angriff nehmen ...*«

Unveröffentlicht blieb auch: »*Wir müssen unseren Wissenschaftlerkollektiven klare Ziele und Parameter vorgeben und auch die Zeit, bis wann sie was zu erreichen haben. Das gilt für alle Forschungszentren in Kombinaten und VVB. Das bedarf hoher materieller Stimuli. Wir dürfen nicht am falschen Ende sparen ... Wir werden diese Aufgaben schließlich nur mit einer hoch gebildeten Arbeiterklasse lösen ... Alte Methoden des Administrierens von oben sind abzubauen, neue, wissenschaftliche Methoden der Planung auszuarbeiten.*«

Ulbricht wusste, wo der Hase im Pfeffer lag, hatte einen beeindruckenden Weitblick. Vielleicht hat er auch noch manches in diesem Sinne verändern wollen.

Er sagte: »*Ein Parteisekretär, der nur eine politische Ausbildung an der Kreis- oder Bezirksparteischule hat, schafft seine Arbeit heute nicht mehr. Er muss ein bis zwei Jahre neu ausgebildet werden. Das muss man auch mit aller Deutlichkeit sagen. Angesichts der neuen großen Anforderungen kommen wir nur weiter, wenn das System der Ausbildung gesichert ist. Und die modernen und neuen Methoden der Ausbildung erfolgen heute mit Hilfe von Computern. Die Praxis verändert sich immer schneller. Die Ausbildung von Professoren, Lektoren und Dozenten muss sich diesem Tempo anpassen, muss beschleunigt werden. Zum Beispiel ist die Zahl der Mathematiker, die gebraucht werden, heute schon doppelt so hoch wie die der vorhandenen.*«

Für die Meldung über diesen Auftritt hatte ich wider Erwarten nur wenige Zeilen. Das war schon nicht mehr Ulbrichts Entscheidung. Viele dieser Denkansätze wurden von Honecker ignoriert, ob es die Nutzung materieller Stimuli für einen raschen Fortschritt in Wissenschaft und Forschung war, die Einschränkung des Zentralismus oder das Festhalten an privaten Unternehmen.

Im letzten kompletten Herrschaftsjahr Ulbrichts, also 1970, wurde in der DDR noch fast ein Viertel des Nationaleinkommens akkumuliert, also für die Erneuerung und Erweiterung der materiellen Basis aufgewendet. Immerhin waren die sechziger Jahre die erfolgreichsten in der kurzen Geschichte der DDR. Im Westen wurde bereits ein zweites deutsches Wirtschaftswunder befürchtet. Unter Honecker schrumpfte die Akkumulation auf ein Achtel und weniger zusammen. Wir lebten über unsere Verhältnisse, richteten die Basis zugrunde.

Von der Ostseewoche begab sich Ulbricht zur Erholung auf die Insel Vilm südlich von Rügen. Ein Naturschutzgebiet in jeder Beziehung. Ich lernte die paradiesische Insel später einmal kennen, als Honecker dort am Wochenende einen hohen Militär der Sowjettruppen in der DDR zur Abschiedsvisite empfing. Reetgedeckte schmucke Einfamilienhäuser in idyllischer Natur, ein luxuriöser Klub mit jedem gastronomischen Service, Fahrräder vor den Häuschen ... Und Singvögel, die man vom Festland gar nicht mehr persönlich kannte, u.a. weil die Ackerpflanzen mit Pestiziden aus Flugzeugen geschützt wurden.

Während sich Ulbricht auf Vilm erholte, flog Honecker klammheimlich nach Moskau, um mit Breshnew die Wachablösung an der Spree einzuleiten. Im Januar 1971 wandten sich dann auch 13 Mitglieder und Kandidaten des Politbüros brieflich an Breshnew, um sich über die eigenmächtige Politik Ulbrichts zu beklagen und dessen Ablösung genehmigen zu lassen.

Das Politbüro bestand damals aus zwanzig Mitgliedern und Kandidaten. Niemand konnte Honecker und seinen zwölf Eingeschworenen Fraktionsbildung vorwerfen, die sie alle Ämter gekostet hätte. Fraktionsbildung blieb straflos, wenn die Mehrheit dazugehörte. Notfalls hätte man die Minderheit wegen Nichtbeteiligung an der Fraktionsbildung einer solchen bezichtigen können. Honecker schaffte es also relativ gefahrlos, seinen Ziehvater vom Thron zu kippen.

Im April 1970 hatte ich Walter Ulbricht bei einer öffentlichen Selbstkritik erlebt, die in keiner Zeitung stand. Kurz vor dem einhundertsten Geburtstag Lenins wurde auf dem heutigen Platz der Vereinten Nationen in Berlin Richtfest für 1.250 Wohnungen gefeiert und das Lenindenkmal eingeweiht.

Das Ensemble der 17- bis 25-geschossigen Plattenbauten, die eine im Sturm flatternde Fahne darstellen sollen, war im Rohbau fertig, der 19 Meter hohe Lenin, den der Bildhauer Nikolai Tomski aus sibirischem Porphyr gemeißelt hatte, stand davor wie ein Ausrufezeichen.

Mit einem Bauaufzug fuhr Ulbricht hinauf zum 25. Stockwerk des Hochhauses. Von dort blickte er in Richtung Prenzlauer Berg. Gegenüber in der Barnimstraße stand noch das alte Frauengefängnis. Wie zur Feier des Tages »demonstrierten« die Insassinnen kreisförmig über den Hof. Das Funktionärskorps übersah diese Peinlichkeit, wir Journalisten amüsierten uns klammheimlich.

»Kronprinz« Erich Honecker, der neben Ulbricht stand, mag in diesen Minuten in seine Vergangenheit geblickt haben. Im Frühjahr 1945 war er als Häftling aus dem Zuchthaus Brandenburg abkommandiert, um das Dach des Frauengefängnisses zu reparieren. Dabei hatte er eine Aufseherin kennengelernt und sich zu Hause bei ihr versteckt, was er mit seinen Genossen nicht abgesprochen hatte. Nach kurzer Zeit kehrte er zurück, denn offenbar hatte er sich die Konsequenzen für sein eigenmächtiges Handeln ausgerechnet. Ein Aufseher im Frauengefängnis deckte Honeckers kurzzeitige Flucht. Später, als dieser sich mit einem kleinen Wunsch bei Honecker in Erinnerung brachte, verliert sich seine Spur in einem sowjetischen Lager.

Zum Abschluss des Tages hatte Ulbricht die Bauarbeiter zu einem Richtschmaus in den Saalbau Friedrichshain eingeladen, wo er aus dem Bauch heraus eine Rede hielt. Zwar bekam der Klassenfeind sein obligatorisches Fett weg, doch befasste Ulbricht sich auch mit eigenen Fehlern. Er erinnerte an den Beginn der Bauarbeiten in der Stalinallee, als noch nicht im russischen »Zucker-bäckerstil« gebaut wurde.

»Ein paar Häuser von damals stehen ja noch«, sagte er und meinte die zwei langen fünfgeschossigen Bauten mit den Außen-gängen an der Vorderfront kurz vor dem Frankfurter Tor stadtaus-wärts auf der rechten Seite.

Lachend fügte er hinzu: »Als wir merkten, dass das nicht so großartig wird, wie wir uns das vorgestellt hatten, haben wir ganz schnell Bäume davor gepflanzt, damit man das nicht so sieht.«

Und so stehen diese Irrtümer bis heute, versteckt hinter groß gewachsenen Bäumen, als Zeugnisse der Fehlbarkeit einer Partei, die angeblich immer Recht hatte, und überdauern die Partei und ihre Baumeister.

SCHMOLLWINKEL

Auf die erste größere Korrektur in der Politik der DDR warteten auch wir Journalisten gespannt. Wir waren überzeugt, der ach-te SED-Parteitag würde die Weichen in die Zukunft neu stellen. Honecker saß im Chefsessel, den Ulbricht länger, als jeder Demo-kratie gut tut, warmgehalten hatte. Honeckers Krönungsfeier fand in der Werner-Seelenbinder-Halle statt, wo sich heute die Berliner Radrennbahn »Velodrom« befindet.

Wenige Minuten vor neun Uhr saß ich auf der Pressetribüne. Neben mir stand ein Telefon, über das ich die Sonderredaktion in einer Holzbaracke neben der Sporthalle zu informieren hatte. Die erste Nachricht hatte ich vorbereitet. Darin stand, dass der Vorsitzende der SED, Walter Ulbricht, den Parteitag eröffnet hat. Die Meldung war gestanzt, der Lochstreifen zum Senden an die Redaktionen von Presse, Funk und Fernsehen eingelegt. Ein An-ruf von mir, ein Knopfdruck und die Fernschreibmaschine würde losrattern.

Ich saß wie auf Kohlen, durchsuchte mit meinem Theaterglas das Präsidium und konnte Walter Ulbricht nicht entdecken. Punkt neun Uhr leuchtete die rote Lampe am Telefon auf. Ungehalten brüllte mir der Vizechef der Agentur ins Ohr: »Bist du eingeschlafen? TASS meldet, dass Ulbricht den Parteitag eröffnet hat. Was ist los?«

Schon wollte er die vorbereitete Nachricht senden und damit immer noch den zweiten Platz im Wettstreit der Agenturen um Schnelligkeit belegen. Denn wenn die sowjetische Bruderagentur diese Tatsache meldete, waren Zweifel unangebracht. Ich konnte ihn daran hindern, TASS mehr zu glauben als mir.

»Ulbricht ist nicht da«, rief ich, so laut es meine Umgebung zuließ. »Hermann Axen spricht, Moment, er teilt mit, aha, Ulbricht kann krankheitshalber an der Eröffnungssitzung nicht teilnehmen. Er verliest Ulbrichts Eröffnungsrede.« Minuten später erfuhr die Welt, dass TASS sich gehörig geirrt hatte, weil doch sein konnte, was nicht sein durfte.

Das gab es auch noch nicht: Das Staatsoberhaupt eines sozialistischen Landes weigert sich, am Kongress der herrschenden Partei teilzunehmen. Ulbricht saß am Döllnsee und nahm übel. Kaum zwei Wochen vorher hatte man die Öffentlichkeit allerdings auf sein Fernbleiben vom Parteitag vorbereitet. Im Morgenmantel im Sessel sitzend und mit Filzlatschen an den Füßen, als könne er nicht mehr krauchen, gratulierte ihm das Politbüro zum Geburtstag. Wie zum Hohn nannte Honecker in einer kurzen Ansprache Ulbrichts Ablösung einen »kulturvollen Übergang von einem Älteren auf einen Jüngeren«. Das Foto ging wie ein Pflichtabdruck durch alle Zeitungen. Dem nach Wilhelm Piecks Tod 1960 von Ulbricht geschaffenen Amt des Staatsratsvorsitzenden konnte dieser gerade noch so viel abgewinnen, dass er höflich gegrüßt wurde.

Zehn Jahre zuvor hatte die Direktorin der Parteihochschule, die gefürchtete Hanna Wolf, vor dem Plenum des Zentralkomitees noch verkündet: »Wir alle sind mit dem Genossen Walter Ulbricht gewachsen. Er führt unsere Partei, und wir haben ihn gewählt. Vertrauen, das ist überhaupt noch nicht das richtige Wort, um unser Verhältnis zu ihm auszudrücken. Walter Ulbricht ist wirklich das Synonym der Partei.« Auch unter Honecker blieb sie Direktorin der Parteihochschule und favorisierte ein neues Synonym. Der Personenkult war schließlich nach Stalins Tod abgeschafft worden. Was blieb, war reine Ergebenheit.

ORDENSFLUT

Unter Honecker würde alles besser werden. Ich erwartete mit Spannung die große Rede, die Zeichen setzen würde. Dann kam die Wahrheit ans Licht: Aus einer auf Schwerpunkte orientierten Wirtschaft sollte ein Grünkramladen für alles und nichts werden. Außerplanmäßige Wunder könne man nicht mehr verkraften, lautete ein Seitenhieb gegen die Investitionen, die unter Ulbricht in einige Zweige wie Schiffbau, Maschinenbau und Chemie geflossen waren, um mit der Weltspitze mitzuhalten. Zum Teil war das gelungen.

Nun sollte die Ära zu Ende sein, die unter der Losung begonnen hatte: »So wie wir heute arbeiten, werden wir morgen leben.« Der Zittauer Weberin Frida Hockauf war dieser Spruch 1953 in den Mund geschrieben worden. Nein, nicht erst morgen, heute schon werden wir die Früchte unserer Arbeit genießen, lautete Honeckers Devise.

Die Sozialpolitik sollte sich parallel zur Wirtschaft entwickeln, das heißt, der Lebensstandard im selben Tempo wachsen wie die Produktivität. Ein Glück, dass uns das erspart geblieben ist. Denn nie wurde in der DDR der Bedarf an Waren des täglichen Bedarfs gedeckt, die Grundnahrungsmittel mussten mehr und mehr subventioniert werden und die Mieten deckten nur einen Bruchteil der Aufwendungen für den Wohnungsbau. Preise und Tarife durften, trotz anderslautender Empfehlungen von Experten, nicht angetastet werden. Honeckers Grundregel lautete: Die Menschen bei Laune halten, so gut das geht, dem Westen gegenüber ein Aushängeschild sein.

Es rostete mächtig unter dem Lack des »real existierenden Sozialismus«. Dick und dicker wurde Farbe aufgetüncht, Nebelkerzen in Gestalt von Erfolgsbilanzen führten die Öffentlichkeit in die

Irre. Die Zahl der staatlichen Orden und Auszeichnungen stieg auf über hundertdreißig. Zum Beispiel gab es den »Verdienten Metallarbeiter der DDR«, den »Verdienten Metallurgen der DDR«, die »Medaille für hervorragende Leistungen in der Metallurgie der DDR« und die »Medaille für hervorragende Leistungen in der metallverarbeitenden Industrie der DDR« – vier Auszeichnungen, die allein 1975 für nur einen Berufszweig geschaffen wurden.

Fast jeder Berufsstand bekam außerdem einen eigenen Ehrentag im Kalender zugewiesen, an dem natürlich immer schön gefeiert und ausgezeichnet wurde. Ausgesuchte Werktätige durften für dreihundert Mark zwei Wochen Urlaub in Luxushotels verbringen, die für West-Besucher gebaut worden waren, aber von solchen kaum gebucht wurden. Bananen inbegriffen.

1984 kaufte die DDR aus der Bundesrepublik ein Kreuzfahrtschiff, das mit verdienstvollen Arbeiterinnen und Arbeitern in die Karibik und andere sichere Gefilde schipperte. Mancher Chef schickte seine Sekretärin und machte sie kurz mal zur Weberin oder Kranführerin, damit sie auch als Arbeiterin durchging. Aus der »Astor« – baugleich mit dem »Traumschiff« aus der ZDF-Serie – wurde die »Arkona«. Das hatte den guten Grund, dass man Geschirr und Bestecke, Handtücher und Bettwäsche mit dem »A« von »Astor« übernehmen konnte. Damit vergab sich die DDR zwar die Möglichkeit, das Schiff »Marx«, »Lenin« oder »Thälmann« zu nennen. Denn ein richtiger Revolutionär mit A fällt mir auch nicht ein, von Anton Ackermann einmal abgesehen, der mit seinem »besonderen deutschen Weg zum Sozialismus« schon Jahrzehnte vor Honeckers »Sozialismus in den Farben der DDR« in Ungnade gefallen war.

ABRISSPLÄNE

Euphorisch verkündete Honecker ein Wohnungsbauprogramm, das 1973 weiter präzisiert wurde und darin gipfelte, die Wohnungsfrage in der DDR bis 1990 »als soziales Problem« zu lösen.

Drei Millionen neue Wohnungen sollten entstehen. Tatsächlich setzte ein Bauboom ein, wie ihn das Land noch nicht erlebt hat. An den Stadträndern schossen einfallslose Plattenbauten aus dem Boden, deren Wohnungen nach und nach immer kleiner wurden, weniger Komfort wie Fliesen und Steckdosen hatten und im Volksmund Arbeiterschließfächer genannt wurden.

In der Redaktion wurde mir der Baubereich übertragen. Ich erlebte, wie ernsthafte Wissenschaftler unablässig bemüht waren – und das stolz verkündeten! –, mit immer weniger Material Wohnungen zu bauen. Zu Ehren von Parteitagen und Republikgeburtstagen wollten oder sollten sie dafür sorgen, dass die Wohnungen billiger produziert würden. Nicht etwa besser.

1980 wird eine Drei-Raum-Wohnung von 60 Quadratmetern Wohnfläche mit 2,1 Tonnen Stahl, 14,6 Tonnen Zement, 85 Quadratmeter Dämmstoff, 16 Quadratmeter Glas und 118 Meter Alu- und Kupferkabel gebaut. Ein Wettbewerbsziel hieß damals: 1,4 Tonnen Stahl und 11 Tonnen Zement je Wohnung!

Am Ende der DDR lebte jeder vierte Bürger in einer Plattenbauwohnung, während es in den alten Bundesländern gerade mal jeder sechzigste war. Es gibt dreihundert Wohnsiedlungen mit jeweils mindestens tausend Wohnungen aus vorgefertigten Platten.

Dennoch darf man nicht vergessen, dass eine Neubauwohnung für viele, die in unsanierten, vom Krieg gezeichneten Häusern mit Toilette auf halber Treppe lebten, ein Fortschritt ist. Denn Innentoilette, Bad oder Dusche und Fernheizung gehören ab den siebziger Jahren zum Standard. Der Eigenheimbau war keine Alternative, weil es dafür kaum Material gibt. Wer sich ein Häuschen im Grünen baute, musste schon über außerordentliche Beziehungen verfügen oder mindestens in der Baubranche arbeiten.

Der Bauboom hatte eine schockierende Kehrseite. Während sich beispielsweise Erfurt mit monotonen Neubauten bis weit über seine alten Ränder im Norden und Süden ausdehnte, stand der historische Stadtkern auf der Abrissliste. Jahr für Jahr war eine bestimmte Anzahl Häuser aus vergangenen Bauepochen für den Abriss vorgesehen.

Gottlob wurde dieser Plan nicht erfüllt. Zu viele örtliche Baukapazitäten waren nach Berlin beordert worden, um Schlafstädte wie Marzahn und Hellersdorf in den märkischen Sand zu setzen. Später waren es auch Bürgerproteste, die den Abriss verhinderten.

Im Oktober 1989 lautete eine Losung der Montagsdemos in Erfurt: »Rettet die Altstadt!«. Wer heute durch das traumhaft schöne, denkmalgeschützte Zentrum von Erfurt spaziert, dem muss angesichts der Abrisspläne nachträglich noch übel werden.

Als der Dresdner Entertainer Gunther Emmerlich in seiner Fernsehsendung »Showkolade« 1985 aus Halle zum 300. Geburtstag Georg Friedrich Händels davon sprach, dass die Häuser, in denen der Komponist geboren wurde, wohnte und arbeitete, vorzüglich saniert seien, und hinzufügte, der Händel hätte damals viel öfter umziehen sollen, amüsierten sich Millionen. Anders war es nicht möglich, öffentlich vom Verfall der Städte zu sprechen.

LICHTBLICKE

Nebenher beschäftigte ich mich auch theoretisch mit der Nachricht. In vielen Stunden meiner Freizeit entwickelte ich, angesteckt von kybernetischen Studien über Kommunikations- und Steuerungssystemen, Modelle, die unserer Agentur auf den Leib geschneidert sein sollten. Ich markierte den effektivsten Weg der Nachrichten von der Quelle bis zum Endverbraucher, schaltete Störfaktoren aus und legte parallel dazu die nötigen Informationsstränge dar. Wer muss was worüber wissen, wen wozu informieren ...

Die Chefetage war angetan von meinen Modellen, die ich vielfarbig auf Millimeterpapier skizziert hatte. In einer großen Versammlung durfte ich meine Studien und Ansichten darlegen und fand viel Unterstützung. Allein der Wechsel von Ulbricht zu Honecker, die spätere Vernachlässigung solcher interdisziplinärer Wissenschaften wie Kybernetik, Soziologie und Demoskopie ließ das Interesse an meinen Arbeiten erlahmen. »Wir machen Nachrichten und keine Systeme«, sagte ein Vorgesetzter zu mir, der Kybernetik offenbar für ein Dorf ganz tief in Böhmen hielt. Übrigens ahnte ich, dass mein System allein deswegen nicht funktionieren würde, weil ich die vielen »Unbekannten« aus dem »großen Haus« hinsichtlich Vorgaben, Tabus und notwendigen Abstimmungen brisanter Inhalte nicht in meine Gleichung einbeziehen konnte, diese aber immer stärker ins Gewicht fielen, besonders nach dem Wechsel an der Parteispitze.

Während ich mich Sprosse um Sprosse hocharbeitete, kamen einige meiner Chefs von ganz oben die Stufenleiter der Erfolge herunter. So auch Kurt Turba, der einstige Chef der DDR-Jugendpolitik und Abteilungsleiter im Zentralkomitee der SED. Er war zwischen die Mühlsteine der Macht geraten. Die einen vertraten die Linie Ulbrichts, der einen wohlüberlegten Umgang mit Jugend, Kultur und Medien anstrebte. Andere standen auf Honeckers poststalinistischem Kurs, besonders seine widerspruchsentwöhnten Vasallen aus der FDJ-Zeit, die er mehr und mehr um sich geschart hatte.

Das Deutschlandtreffen 1964, das wir als letztes großes gesamtnationales Ereignis mit viel journalistischer Begleitmusik erlebten, war ein Scheitelpunkt dieser Auseinandersetzungen. Damals wurde der Radiosender »DT 64« gegründet, dessen junge Reporter ohne Manuskript und ohne Vorzensur frei von der Leber weg Jugendsendungen moderierten. Erstmals wurden die Beatles in der DDR gespielt. Eigene Beat-Gruppen entstanden, von denen die »Butlers« von Klaus Jentzsch und die »Sputniks« von Henry Kotowski in die Musikgeschichte eingingen.

Der Jugend mehr Vertrauen und Verantwortung – das war die Losung aus dem Hause Ulbricht. Das berühmte »Jugendkommuniqué« des Politbüros vom September 1963 sollte das Verhältnis vertrauensvoller gestalten, zumal es um junge Menschen ging, die nach 1945 geboren waren und die Schrecken der Nazidiktatur und des Krieges nicht kennengelernt haben. Die Jugend sollte nicht länger gegängelt, mit erhobenem Zeigefinger belehrt und administrativ geführt werden. »Niemandem fällt ein, der Jugend vorzuschreiben, sie solle ihre Gefühle und Stimmungen beim Tanz nur im Walzer- oder Tangorhythmus ausdrücken. Welchen Takt die Jugend

wählt, ist ihr überlassen: Hauptsache, sie bleibt taktvoll«, heißt es
in dem bemerkenswerten, aber sehr kurzlebigen Dokument. Ich
glaube, Turba, der für eine solche Politik bestraft wurde, hatte nur
den ungünstigeren Weg in die richtige Richtung eingeschlagen. Er
hat auch meine Ideen stets gefördert.

Im Herbst 1965 zog Honecker, der mit Moskauer Unterstützung inzwischen zweiter Mann nach Ulbricht in der SED geworden
war, in seiner Rede auf der elften ZK-Tagung einen dicken Strich
unter diese »liberalen Erscheinungen« und riss diesen hoffnungs-
vollen Pflanzen einer aufkeimenden Demokratisierung die Köpfe
ab. Zahlreiche Beat-Gruppen erhielten Auftrittsverbote. Die in der
DDR erschienene Beatles-LP von Amiga konnte mir aber niemand
mehr wegnehmen.

VORGEFÜHRT

Seine letzte öffentliche Rede hielt Walter Ulbricht auf einem Empfang zum 28. Jahrestag des Sieges der Sowjetunion über Hitler-
deutschland im Mai 1973 in der Botschaft Unter den Linden.

Gekommen waren die, die immer kamen: der Generalsekretär
samt Politbüro, der Ministerpräsident, dessen Stellvertreter und die
Minister, von denen es insgesamt 45 gab, die wiederum mehr als
200 Stellvertreter hatten. Um Irrtümern vorzubeugen, ich meine
die Regierung der kleinen DDR, nicht die der großen Sowjetunion.
Auch die Chefs der Blockparteien fehlten nicht, Parteiveteranen
mit bunt glitzernden Ordensleisten an der Brust, Künstler, Wissenschaftler und Kirchenmänner.

Mancher alte Kämpfer kam ohne Hilfe kaum die breite Treppe
zur ersten Etage hinauf, wo ihn der Botschafter mit persönlichem
Handschlag die letzten Stufen nach oben zog. Oder man hatte in
zweiter oder dritter Ehe eine erheblich jüngere Frau geheiratet,
meistens die Sekretärin, die stützen half.

Im Vorraum der beiden Festsäle, vor dem Glasmosaik-Fenster
mit dem Spasski-Turm des Kremls, saß eine Militärkapelle, die

ich wegen der Lautstärke, die jeden Putsch leicht überspielt hätte, Staatsstreichorchester nannte. Aufgetischt waren Krim-Sekt, russischer Wodka, armenischer Kognak, ostdeutsches Bier und westdeutsche Häppchen in Fülle. Siege ließen sich in der Sowjetbotschaft immer sehr passabel feiern.

Ulbricht kam Honeckers Gnade zu, die Glückwünsche zu überbringen. In diesem Kreis konnte er wenig Schaden anrichten, egal was er sagte. Nachdem die Hymnen verklungen waren, hatte der Gast das Wort, die Ruhmestat von einst in das aktuelle Weltgeschehen einzubinden.

Ulbricht, gesundheitlich sehr angeschlagen, war kaum zu verstehen. Er sprach frei, verhaspelte sich, fand zu keinem Satzende mehr durch. Es war nicht mehr der Ulbricht, den ich wenige Jahre zuvor erlebt hatte. Wie ein Stützkorsett war die Macht von ihm abgefallen, hatte ihn zu einem bedauernswerten alten Mann werden lassen. In solcher Verfassung präsentierte Honecker seinen politischen Ziehvater: Seht nur, was aus dem großen Ulbricht geworden ist! Wer glaubt da noch, ich hätte ihn zu Unrecht gestürzt? Mir taten beide leid.

Nach Ulbricht beschwor der Botschafter den ewigen Bruderbund und ließ zum Schluss Breshnew und Honecker, nicht etwa Ulbricht, hochleben. Als sich alle auf Gläser und Häppchen stürzten, kämpfte ich mich zum Präsidium an der Stirnseite des Saales durch, wo sich die Führung stets vor einer riesigen Spiegelwand versammelte und dadurch noch mächtiger wirkte. Dort fand ich Werner Lamberz, den Agitationschef der SED.

Lamberz lächelte, als er mich kommen sah, fasste mich bei den Schultern und kam in seinem rheinischen Dialekt meiner Frage zuvor: »War doch eine schöne Rede vom Genossen Ulbricht, nicht wahr. Schreib sie runter und gib sie raus«, sagte er, doch ich bat mir aus, sie ihm vorher vorzulesen, da ich sie so gut wie völlig neu schreiben musste.

Das Mitsaufen aus Anlass des Sieges unterblieb. Bei einer vorliegenden Rede wäre das kein Problem gewesen. Die hätte ich freigegeben, den Dank des Botschafters durchs Telefon diktiert, das Protokoll, also die Aufzählung aller ranghohen Personen von A bis Z, hatte ich beim Eintreffen der Gäste bereits aufgelistet. Ich nannte das die Alphabetisierung der Partei- und Staatsführung. In zehn Minuten wäre alles erledigt gewesen, das Buffet hätte mir den Rest des Tages versüßt. So aber musste ich arbeiten.

In der Redaktion durchkramte ich meinen Wortschatz nach Vokabeln, die mit Befreiung und derzeitiger Politik vereinbar waren, nahm die wenigen Stichworte, die ich von Ulbricht im Block hatte, als Leitfaden und schrieb eine Rede. Nach anderthalb Stunden rief ich Werner Lamberz an und las ihm die letzte Rede Ulbrichts vor. Natürlich konnte ich nicht wissen, dass es die letzte Rede Ulbrichts war.

»Ich sagte doch, es war eine gute Rede«, meinte Lamberz und fügte hinzu: »Danke, mein Junge.«

Das komplizierte Innenleben

Die alte Nachrichtenagentur platzte aus allen Nähten. 1970 fand der Umzug aus der Mittelstraße in ein neues, maßgeschneidertes Gebäude in der Moll-/Ecke Liebknechtstraße statt. Zehn Etagen waren der Verwaltung vorbehalten, ein Flachbau mit zwei Großräumen den Wort- und Bild-Journalisten. Von den rund 1.400 Mitarbeitern waren etwa ein Drittel Journalisten.

Da gab es Abteilungen für die Anleitung der Bezirksredaktionen, für die Betreuung der Auslandsredaktionen, für Pässe und Reisen, Kaderbüros für die Auslandskader und solche für die Inlandskader, Abteilungen für die Technik und speziell für die Elektronik, Druckerei, Fuhrpark, Steno-Aufnahme und viele andere Abteilungen, die sich unter marktwirtschaftlichen Bedingungen kein Unternehmen hätte leisten können.

Es gab Redaktionen, die nur aus dem Inland und solche, die nur aus dem Ausland berichteten, Redaktionen für Nachrichten nur für das Inland und nur für das Ausland. Es gab rote, grüne, blaue und schwarze Informations-Bulletins über das Ausland, die nur an den Generalsekretär, ausgewählte Politbüromitglieder, nur an Außen- oder Innenminister und andere gingen. Es gab unproduktive Arbeit in Fülle, die nichts einbrachte als Lob oder Kritik, wenn nicht schnell und präzise informiert wurde. Aus den internen Informationen hätten Zeitungen gemacht werden können, nach denen sich die Leute gerissen hätten.

Alle diese Bereiche kamen in das neue Haus. Ebenso die Fotoabteilung Zentralbild, die sich ebenfalls in viele Bereiche gliederte. Für uns Wortjournalisten gab es einen Großraum nach amerikanischem Vorbild, auf den wir psychisch vorbereitet wurden. Ich habe einen ähnlichen Großraum in dem Spielfilm »Die Unbestechlichen« gesehen, der die Watergate-Enthüllungen durch die »Washington Post« schildert, die zum Rücktritt von Präsident Nixon geführt hatten. Für derlei Aktionen bestand bei uns keine Gefahr. Investigativer Journalismus wurde an der Leipziger journalistischen Fakultät der Karl-Marx-Universität nicht gelehrt. Das hatte seinen guten Grund. Mit einem unabhängigen Enthüllungsjournalismus freier Medien hätte die DDR die ersten zehn Jahre nicht überlebt.

Die Kolleginnen würden künftig auf Parfüm verzichten können, meinte unser Großraumcoach, man spüre ohnehin nichts davon, weil der Duft nach oben abgesaugt und die Luft ständig erneuert werde. Auch Zigarettenrauch störe nicht. Die Luft werde in der Stunde fünfmal umgeschlagen, wurde uns erklärt, bis wir erlebten, dass es immer dieselbe war. Die Theorie unseres Großraumes hatte viel mit der des Sozialismus gemein.

Die Temperaturen ließen sich bis auf zehntel Grad regulieren, hieß es. Wenn wir uns später beschwerten, weil es im Hochsommer zu kalt und im Winter zu warm war, wurde an der Klimaanlage manipuliert. Bildete der Kaffee eine Eisschicht, womit ich maßlos übertreibe, öffnete man die Fenster, um einige der dreißig Plusgrade in den Großraum zu lassen. Doch da protestierte auch schon die Hausverwaltung, weil offene Fenster angeblich die reibungslose Arbeit der Klimaanlage beeinträchtigen. Das Rauchverbot war bald eine Notwendigkeit friedlichen Zusammenlebens auf großem Raum.

Mitten im Großraum war das Fernschreibzentrum. Mit ihm waren alle Nachrichtenchefs durch ein Förderband verbunden, wie ich es mir für die Zeit der Einführung mechanischer Webstühle durchaus vorstellen konnte. Manche Nachricht verschwand zwischen den schmalen Transportbändern und gelangte nie an die Öffentlichkeit. Ich bezweifle jedoch, dass das Förderband die Ursache dafür war, dass die DDR-Bürger so schlecht informiert wurden.

Die Kantine war sinnigerweise weit vom Produktionsbereich entfernt, dafür aber für die Verwaltung leichter zugänglich. Die Tasse Kaffee war mit fünfzig Pfennigen maßlos überbezahlt. In der Kantine zu speisen, war weniger sensiblen Gemütern vorbehalten. Denn nicht jeder schätzte Kakerlaken, die sich mühevoll neun Etagen nach oben gearbeitet hatten. Ab und zu bekamen sie eins mit der chemischen Keule über die Rübe, was sie allmählich resistent machte.

Besonders beliebt waren die heimlichen Kaderspiele. Wer geht wann ins Ausland und würde wen zwecks gemeinsamer Nachrichtengestaltung heiraten? Denn ledig durfte man in der Regel nicht sein, um als ADN-Korrespondent im Ausland zu wirken. Auch ich war einmal für einen Auslandseinsatz vorgesehen. Den Kadergewaltigen teilte ich allerdings mit, dass meine Frau und ich ohne unsere Kinder nicht ins Ausland gehen würden, die bei den Großeltern hätten bleiben müssen. Sicher handelte ich nicht im Sinne der Partei, aber der Preis war mir zu hoch. Andere haben anders entschieden, doch das hatten sie mit ihren Kindern abzumachen.

Dennoch war ich stolz, zu diesem und jenem großen Ereignis geschickt zu werden. Ich war überzeugt, dass der Sozialismus tatsächlich einmal siegen würde und dass die Partei schon alles richte, auch wenn man als kleines Rädchen im komplizierten Politikgetriebe dieses und jenes nicht versteht. Man müsse eben Geduld haben. Lange sah ich in den führenden Persönlichkeiten die untadeligen Vertreter der Arbeiterklasse, die in harten Kämpfen, im Kerker und unter drohender Todesstrafe, ausgerüstet mit der wissenschaftlichen Weltanschauung der Arbeiterklasse, betraut mit einem Mandat des Volkes mühsam den Weg an die Spitze von Partei und Staat erklommen hatten. Dass die Methoden ihres Aufstiegs nicht gerade demokratisch waren und sie sich oben verbissen festsetzten und mit alten, verstaubten Theorien dem aufgeschlossenen Nachwuchs den Weg in die Realität versperrten, war so nicht vorgesehen.

Damals unterrichtete ich Volontäre, versuchte sie von der Schönheit unseres Berufes in der menschlichsten aller Gesellschaftsordnungen zu überzeugen. Ich ließ keinen Zweifel daran, dass wir an der Seite der Sowjetunion irgendwann auf den rechten Weg finden würden. Spätestens unter Gorbatschow.

Früher oder später hatten viele von uns begriffen, dass Rudi Dutschke nicht unrecht hatte, als er über die DDR sagte: »Dort drüben ist alles real, nur nicht der Sozialismus.«

Ungezählte Male erlebte ich, wie Honecker Politiker, Freunde und Verfolgte aus aller Welt mit offenen Armen empfing. Also nicht Castro-Gegner aus Kuba, auch nicht chinesische Dissidenten oder frühe Verfechter einer russischen Perestroika, für die es immer noch Straflager gab. Es waren Kommunisten und Sozialisten aus dem unterdrückten Chile Pinochets, farbige Bürgerrechtler aus den USA und Palästinenser aus dem Nahen Osten. Und DKP-Mitglieder aus der Bundesrepublik, die unter Berufsverboten litten.

Bei Gästen aus Bruderparteien in der kapitalistischen Welt waren die Protokollaufwendungen nicht so üppig wie bei den offiziellen Repräsentanten dieser Staaten. Man musste die Genossen nicht überzeugen, allenfalls finanzieren und ab und zu der Öffentlichkeit präsentieren, damit sie die DDR als die Heimstatt aller Verfolgten priesen. Irgendwie hatten sie ja auch recht.

Mit Honeckers persönlichen Jagdgefährten in der abgeriegelten Schorfheide, darunter Krupp-Chef Berthold Beiz und Bayern-Chef Franz Josef Strauß, war proletarischer Internationalismus mit Sozialistenmarsch und erhobener Faust nicht zu praktizieren. Da zeigte man sich auch etwas gediegener erkenntlich, beispielsweise mit einem Doktorhut, den die Greifswalder Ernst-Moritz-Arndt-Universität beispielsweise dem Krupp-Chef aufsetzte.

Fernsehfilme wie »Krupp und Krause«, in dem Thälmann-Darsteller Günther Simon in den Sechzigern den proletarischen Gegenpart zur Krupp-Dynastie gab, wurden inzwischen als »olle Kamellen« der Ulbricht-Ära abgetan. Inzwischen war die DDR ärmer geworden, sie musste sich nicht nur mit Krupp gut stellen, sondern so manchen Köder vom Angelhaken der Marktwirtschaft reißen, ohne daran hängen zu bleiben.

So verwundert es auch nicht, wenn bei westlichen Repräsentanten, die zu Hause das Sagen hatten, ein protokollarischer Aufwand getrieben wurde, der im Parteilehrjahr kaum zu vermitteln war. Ebenso gaben sich die Ministerpräsidenten der westdeutschen Länder bei Honecker einander die Türklinke in die Hand. Auch die FDP stand nicht abseits und schickte ihre Parteispitze zu Sondierungsarbeiten in die DDR-Hauptstadt. Wer eine Wahl gewinnen wollte, musste wenigstens einen Besuch beim Papst und eine Honecker-Audienz vorweisen können.

»Wandel durch Annäherung« hatten viele Westpolitiker offenbar so verstanden, dass allein sie sich wandeln und bei der DDR-Führung zu Kreuze kriechen. Es waren Lehrstunden des Opportunismus, wie man sie in einschlägige Lehrbücher aufnehmen sollte.

In vielen Oktavheftchen bewahre ich die Eindrücke dieser Gäste auf, die nach Gesprächen mit Honecker in der Bonner Vertretung in der Hannoverschen Straße Pressekonferenzen gaben oder Erklärungen absonderten und sich mit anerkennenden Sprüchen übertrafen. Ich konnte nicht schnell genug mitschreiben, weil vor so viel Lob mein Schreibgerät zu triefen begann.

Fast alle maßgeblichen Politiker von Strauß über Dregger, Schäuble, Bernhard und Hans-Jochen Vogel, Diepgen und Kiep, Lambsdorff bis Rau, Dohnanyi, Lafontaine und Schröder holten sich im Osten ihre Wahlkampfspenden in Form von Zugeständnissen in den innerdeutschen Beziehungen, mindestens aber »vertrauensvollen Gesprächen« ab.

Im Dezember 1985 beispielsweise wurde der stellvertretende Landesvorsitzende der SPD von Niedersachsen Gerhard Schröder mit einem auserlesenen Programm hofiert. Schröder und Gattin Hiltrud lernten das Harzstädtchen Quedlinburg kennen, erlebten ein Orgelkonzert im Berliner Schauspielhaus, besichtigten die Porzellanmanufaktur in Meißen, in der es immer ein paar kleine Kostbarkeiten gab, speisten mit Hans Modrow und besuchten gemeinsam die Semperoper. Und natürlich gab es auch ein Gespräch mit Honecker. Sicher war nicht unbemerkt geblieben, dass Schröder am Kanzlertor gerüttelt hatte: »Ich will hier rein!«

Das Programm für den saarländischen Ministerpräsidenten Oskar Lafontaine im März 1987 war nicht ganz so anspruchsvoll. Dafür wurde ihm ein besonderer Wunsch erfüllt, er durfte seinen Freund Peter Maffay mitbringen, dessen Konzert ich am 11. März in der Berliner Werner-Seelenbinder-Halle erlebte. Ich musste es jedoch recht bald verlassen, weil es über das Maß dessen ging, was meine Ohren schmerzfrei vertragen. Alle anderen waren begeistert. Vielleicht schlagen die sich heute mit den Spätfolgen herum. Die Halle jedenfalls steht schon nicht mehr.

WESTREPORTER

Nicht ganz so herzlich waren die Treffen Honeckers mit den Grünen. Im Gegensatz zu den Abgesandten der anderen Parteien sprachen die Grünen-Politiker auch mit Bürgerrechtlern in der DDR. Wenn sie Honecker trafen, waren sie außerdem gut vorbereitet. Ich erlebte das, als Honecker im Oktober 1983 im Amtssitz des Staatsrates eine Abordnung der Grünen empfing. Nach der freundlichen Begrüßung stellte er sich vor seinem Arbeitszimmer mit Petra Kelly, Gerd Bastian, Otto Schily, Antje Vollmer und den weiteren Gästen den Fotografen.

Bevor das Blitzlichtgewitter einsetzte, entrollten die Grünen ein Transparent. Es zeigte die Statue des sowjetischen Bildhauers Jewgeni Wutschetitsch, die dieser 1957 für die Vereinten Nationen geschaffen hat: »Schwerter zu Pflugscharen«. Honecker lachte süßsauer und war bemüht, sich den Ärger nicht anmerken zu lassen.

Junge Menschen in der DDR, vor allem aus Kirchenkreisen, trugen seit Monaten dieses Symbol aus Protest gegen die Militarisierung des Alltags, u.a. gegen den 1978 eingeführten Wehrkundeunterricht in den Schulen, auf Taschen und Anoraks. Es war ein beliebtes Jagdobjekt von Stasi und FDJ-Ordnungsgruppen, die oft genug diese Friedensaufkleber brutal abrissen. Nach dem Besuch der Grünen konnten die Träger ihren Häschern ein Foto zeigen, auf dem Honecker hinter dieser christlichen Forderung steht.

Mit Westjournalisten, die nicht durch allzu kritische Berichterstattung über die DDR auffielen, konnte Honecker sehr jovial umgehen. Er nannte sie freundlich beim Namen und plauderte mit ihnen frohgemut über dieses und jenes, wie ich das oft genug erlebte.

Das Verhältnis zu den West-Korrespondenten war Jahre zuvor, als beispielsweise im Dezember 1976 ARD-Korrespondent Lothar Loewe ausgewiesen wurde, weil er die DDR-Grenzer bezichtigt hatte, auf Menschen wie auf Hasen zu schießen, noch sehr gespannt. Doch im Fall Loewe waren die Hasen nur der Tropfen, der das Fass zum Überlaufen brachte. Ich hatte Loewe schon 1974 vor dem Staatsratsgebäude erlebt, als der sowjetische Partei- und Staatchef Breshnew erwartet wurde. Ich stand im Foyer und fragte den Pressechef des Hauses, warum Loewe als einziger Journalist draußen vor der Tür stehe und nicht im Foyer, wie alle anderen.

»Der kommt hier nicht rein!«, sagte der Pressebevollmächtigte barsch und offenbarte den ganzen Groll, den die Parteispitze gegen den unbequemen Korrespondenten hegte.

Als Breshnew vorgefahren war und das Gebäude betreten wollte, dessen gläserne Flügeltüren weit geöffnet waren, passte ihn Lothar Loewe am Eingang mit Fragen in russischer Sprache ab. Breshnew blieb stehen, wandte sich Loewe zu und antwortete freundlich. Die Gesichter Honeckers und vieler anderer im Foyer wurden lang und länger.

Der Pressechef war um keine Antwort verlegen und flüsterte mir zu: »Siehst du, deshalb kommt der hier nicht rein!« Ich feixte nur innerlich.

SCHEINFREIHEIT

Gästen gegenüber gab sich die DDR weltoffen. Beispielsweise während der Weltfestspiele der Jugend und Studenten 1973 in Berlin, die ein »rotes Woodstock« werden sollten. Um das internationale Techtelmechtel nicht zu beeinträchtigen, erhielten besonders »auffällige« Jugendliche aus den Bezirken der DDR ein streng kontrolliertes Berlin-Verbot. »Unbotmäßige« Jugendliche der Hauptstadt wurden vorübergehend in Jugendwerkhöfe und Heime gesperrt.

Auch an anderen Problemen war monatelang gebastelt worden, um sie möglichst elegant zu lösen. Beispielsweise galt es zu verhindern, dass zur Eröffnungsshow die jungen Palästinenser und die Delegation aus Israel gemeinsam in das Stadion einmarschierten. Kaum ein Jahr war es her, dass Arafats Fatah-Terrorgruppe »Schwarzer September« in München elf Mitglieder der israelischen Olympiamannschaft tötete. Die PLO hatte weltweit auf sich aufmerksam machen wollen, zumal ihre Sportler nicht an den Spielen teilnehmen durften und vom Internationalen Olympischen Komitee nicht einmal einer Antwort auf eine entsprechende Anfrage für würdig befunden wurden.

Ein Spitzenfunktionär der FDJ erzählte mir später in feucht-fröhlicher Runde, wie man das verhindert habe. Die israelische Festivaldelegation legte auf ihrem Flug zu dem Spektakel in Berlin eine Zwischenlandung in Rom ein. Funktionäre des italienischen kommunistischen Jugendverbandes hießen die Gäste willkommen. Sie feierten diese derart leidenschaftlich, dass die Begegnung über Gebühr ausgedehnt wurde. Erst als der Einmarsch der Jugenddelegationen aus aller Welt im Berliner Stadion bereits im Gange war, unter ihnen die Palästinenser mit ihren karierten »Arafat-Tüchern«, kamen die israelischen Jugendlichen aus der »freundschaftlichen Umarmung« ihrer Gastgeber in Rom frei und wurden mit den besten Wünschen nach Berlin verabschiedet. Jassir Arafat auf der Tribüne im »Stadion der Weltjugend« konnte zufrieden sein. Auf seinen Freund Honecker war Verlass.

In jenen Tagen herrschte Redefreiheit in Berlin, wie ich sie zu SED-Zeiten weder vorher noch nachher erlebte. Der westdeutsche Juso-Chef Wolfgang Roth beispielsweise sprach auf dem Bebelplatz neben der Staatsoper. Der Platz war schon eine Stunde vor Beginn gut gefüllt. Denn rund 60.000 Sicherheitskräfte von Polizei, Armee und Stasi waren, als FDJ-Mitglieder gekleidet, immer zur Stelle, wenn es brisant zu werden schien. Sie nahmen ihre Aufgabe so ernst, dass sie auch bei berechtigter Kritik des Redners, zum Beispiel an der mangelnden Reisefreiheit für DDR-Bürger, nicht applaudierten. Ein Bekannter, der hoher Offizier der Bereitschaftspolizei war, vertraute mir einmal an, dass er alle seine paar tausend »Jungs«, die sich unter die Jugend der Welt gemischt hatten, trotz ihrer Zivilkleidung sofort erkannt habe. Man hatte ihnen die Halbschuhe zur Verfügung gestellt – ein Modell für alle.

Während der Spiele starb am 1. August 1973 gegen Mittag Walter Ulbricht. Für einen Bericht wollte ich wissen, wie dessen Tod von der Jugend aufgenommen wird. Doch im Zentrum der Spiele rund um den Fernsehturm wusste am frühen Nachmittag noch niemand davon. Ich sprach ein paar Jugendliche an. »Wisst ihr, dass Walter Ulbricht gestorben ist?«

Sie beäugten mich, als hätte ich ihnen ein unsittliches Angebot gemacht. Da mein Hemd nicht blau war, suchten sie schnell ihren Zehnergruppenleiter auf, der sich wiederum an den Hunderter-Chef wandte. Jeder Jugendliche wusste genau, wen er worüber zu informieren hatte. Als mich ein stämmiger Jugendfunktionär zur Rede stellen wollte, zeigte ich zum Staatsratsgebäude, auf dem die Fahne inzwischen auf Halbmast gesetzt worden war. Da wurde er stutzig und trollte sich, um von »oben« zu erfahren, ob Ulbricht auch für die Jugend tot sei.

Ulbricht wurde auf Eis gelegt, bis die Zeit für seine Beerdigung gekommen war. Denn seine letzten Worte sollen so ähnlich gewesen sein wie: The Show must go on! Er sagte es natürlich auf sozialistisch: Die Weltfestspiele mögen an ihm nicht scheitern, schon wegen Frieden, Freundschaft und so. Na ja, was man eben in den Block diktiert, wenn es ans Ende geht.

Das Walter-Ulbricht-Stadion, in dem schon 1951 Weltfestspiele gefeiert wurden, hieß inzwischen »Stadion der Weltjugend«, die Leunawerke »Walter Ulbricht« verloren ebenfalls ihren Kosenamen, ebenso die Akademie für Staat und Recht in Potsdam-Babelsberg und so manche LPG. Ulbrichts Konterfei zierte noch die Briefmarken, bis die Serien aufgebraucht waren. Eine Walter-Ulbricht-Straße hat es in der DDR nie gegeben, obwohl beschlossen war, teure Tote nach ihrem Ableben mit Namensverleihungen zu ehren. Wilhelm Pieck hat es auf mehr als hundert Straßen, Plätze und Alleen gebracht. Ulbricht war anscheinend nicht teuer genug.

Honecker selbst hat sich als Staatsoberhaupt nie auf eine Briefmarke gewagt. Vielleicht fürchtete er, das rückwärtige Anfeuchten mit der Zunge könne als Ratschlag an das Volk aufgefasst werden: »Ihr könnt mich mal …«

Zwei Ausnahmen gab es allerdings: Einmal ist er kaum zu erkennen bei einem Händedruck mit Leonid Breshnew, und dann brachte ihn der »Große Führer« des nordkoreanischen Volkes, Kim Il Sung, mit sich zusammen auf einem recht bunten Postbildchen in Umlauf.

SOUVENIRS

Kaum ein Notizbuch, in dem ich nicht über eine Solidaritätsaktion, mindestens eine Solidaritätserklärung geschrieben habe. Jedes Jahr im September zum Beispiel berichteten wir über die Solidaritätsaktion der Berliner Journalisten, die auf dem Alexanderplatz einen Basar gestalteten. An vielen Ständen von Redaktionen und Verlagen wurden Bücher, Kostbarkeiten jeder Art, Mitbringsel aus aller Welt oder Selbstgefertigtes angeboten. Viele Tausend Berliner und Gäste der Stadt warteten jedes Jahr gespannt auf diesen Basar.

Ich erwarb dort einen robusten Gartengrill, den ein volkseigener Betrieb gespendet hatte. Ein anderes Mal war es eine Langspielplatte vom »The Golden Gate Quartet« und Bücher, die nicht immer und überall zu haben waren, ohnehin.

Das wertvollste Mitbringsel von diesem Basar hatte ich an einem Stand vietnamesischer Journalisten erworben, die in der DDR akkreditiert waren. Es handelt sich um einen Ring, den ich sorgsam aufbewahre, jedoch noch nie getragen habe. Der Ring ist auch nicht so schön, dass man sich damit schmücke könnte. Er ist aus einer grauen Leichtmetalllegierung, nach außen hin abgerundet und an einer Stelle mit einer kleinen Plattform abgeflacht. Darauf ist, nicht unbedingt sehr kunstvoll, die Zahl »4.100« eingraviert.

Der Ring stammt aus dem Jahr 1973. Gerade hatte das vietnamesische Volk die Amerikaner aus dem Land gejagt. Es war die Zeit, als die Rufe »Ho, Ho, Ho Chi Minh!« eine Gänsehaut erzeugten, ein Solidargefühl weckten, wie es später kaum wieder aufkam. Der Führer des Guerillakampfes gegen die französischen und amerikanischen Okkupanten war der Jugend näher, als es Marx, Engels, Lenin und Ulbricht je waren.

Das Metall für den Ring, so erklärte mir eine Vietnamesin, stamme vom 4.100. Flugzeug der Amerikaner, das über Vietnam abgeschossen wurde. Schwerter zu Ringen, möchte man sagen. Für die Hinterbliebenen der zwei Millionen getöteten Vietnamesen und für die 900.000 Waisen, die vornehmlich eine Hinterlassenschaft der Kriegsphase der USA von 1965 bis 1973 sind, ist das kaum ein Trost. In dieser Zeit warfen die Feinde aus der kultivierten westlichen Welt fast sieben Millionen Tonnen Bomben über Vietnam ab, dreimal so viel wie im Zweiten Weltkrieg.

Nach einer vietnamesischen Statistik wurden in dieser Zeit 4.181 feindliche Flugzeuge vom Himmel geholt. Die Statistik, die in den USA der Öffentlichkeit dargeboten wurde, wies weit weniger aus. Aber warum soll ich denen glauben, die sogar dort Waffen finden, wo nachweislich keine sind.

Zu den Souvenirs, die ich sammelte, gehört auch eine kleine Weizengarbe, die wie ein Blumenstrauß gebunden ist. Ein Leninpionier aus Wolgograd, dem früheren Stalingrad, schenkte sie mir 1979 als Erinnerung an die Stadt und ihre Geschichte. Der Weizen ist der erste, der nach der Schlacht um Stalingrad im Zweiten Weltkrieg auf dem am meisten umkämpften Hügel wieder gewachsen ist. Zu Hause wollte ich die Garbe meinem Vater zeigen, der einst als Soldat bis Stalingrad gekommen war. Doch er wollte nichts davon hören und verließ den Raum. Wir sprachen nie wieder darüber. Stalingrad war ein Trauma für viele, die es überlebten.

An der Wand in meinem Arbeitszimmer hängt eine Machete aus Kuba. Man sieht ihr an, dass damit lange Zuckerrohr geschlagen wurde. Ein kubanischer Germanist, der in Kuba für mich dolmetschte, hat sie mir geschenkt. Zu Hause putzte ich das 56 Zentimeter lange Messer mit dem kurzen schwarzen Griff, polierte mit Öl die Klinge, die an der breitesten Stelle fünf Zentimeter misst. Dabei entdeckte ich die eingravierten Konturen eines aufrecht stehenden Hahnes und darunter in Druckbuchstaben die Inschrift

»Made in China«. Für mich bleibt es ein echtes kubanisches Souvenir.

Es sind oft nur Kleinigkeiten, an denen man hängt, so wie an dem kleinen gelblich-weißen Kalkstein aus dem Tempel das Baal im syrischen Palmyra, von dem aus Zenobia vor zwei Jahrtausenden über den römischen Orient herrschte. Oder an dem grauen Basalt aus dem koreanischen Diamantgebirge. Auf den Stein, der mir beim Abriss der Berliner Mauer vor die Füße fiel, hätte ich liebend gern verzichtet, wenn es ihn überhaupt nicht gäbe.

WUNSCHDENKEN

Wenn wir Journalisten glaubten, mit dem achten SED-Parteitag sei ein neues Zeitalter angebrochen, sahen wir uns getäuscht. Aller Vorschuss auf die Honecker-Ära war rasch verflogen. Bei der Versorgung der Bevölkerung änderte sich kaum etwas. Die Wissenschaftler machten die Praxis in Gestalt der Monats- und Jahresbilanzen aus der Fälscherwerkstatt von SED-Wirtschaftssekretär Günter Mittag zum Prüfstein ihrer Theorie. Theorie und Praxis stimmten damit aufs Vortrefflichste überein. Honecker war zufrieden. Alles ging seinen Gang, bergauf ging nur die Schuldenbilanz.

Die DDR war auf vielerlei Weise an den Weltmarkt gebunden. Während der Erdölkrise, als die Bundesrepublik mit einem zeitweiligen Sonntagsfahrverbot für Kraftfahrzeuge den Benzinverbrauch einschränkte, kürzten auch die Sowjets die Erdöllieferungen für ihre Freunde und erhöhten die Rohstoffpreise.

Die DDR besann sich alternativer Methoden der Energiegewinnung. Sowjetisches Erdöl sollte nicht länger verbrannt werden. Wir Journalisten popularisierten pflichtgemäß Beispiele, bei denen Erdöl durch andere Stoffe ersetzt wurde. Über manches schrieben wir auch nicht, zum Beispiel darüber, dass Lastkraftwagen wieder mit Holzvergasern ausgerüstet wurden, wie man sie aus den Nachkriegsjahren kannte.

Das Politbüro ließ 1976 vom neunten SED-Parteitag beschließen, dass die Strom- und Wärmeversorgung der DDR wieder komplett auf Braunkohle umgestellt wird. Auf Parteichinesisch hieß das: »Entwicklung der energetischen Basis bei maximaler Nutzung der eigenen Primärenergieressourcen sowie der Sekundärenergiereserven«. Das erwies sich als verhängnisvoll.

Es rächte sich schon im Jahrhundertwinter 1978/1979. In den Braunkohletagebauen lief nichts mehr. Das Strom- und Wärmenetz brach zusammen. Teile der DDR waren durch Schnee von der Außenwelt abgeschnitten. Die Staatsreserven wurden verbraucht, Betriebe stillgelegt, Schulen und Kindergärten geschlossen.

Tausende Soldaten zogen mit Hacke und Schaufel in die Kohle, um Großgeräte, Schienen und Weichen vom Eis zu befreien. Sogar Düsentriebwerke von MIG-Jägern wurden eingesetzt. In letzter Verzweiflung wurden in westdeutschen Baumärkten ein paar Hundert Bohrhämmer eingekauft, mit denen Soldaten in den Kraftwerken angefrorene Kohle aus den Waggons tackerten. Die meisten Kraftwerke waren hoffnungslos veraltet, Brikettfabriken arbeiteten zum Teil noch mit Technik von vor 1920.

Als Koordinator in Berlin dirigierte ich die Reporter vor Ort in die Katastrophengebiete von Rügen bis in die Lausitz, damit sie den heroischen Kampf der »sozialistischen Gemeinschaft« in Wort und Bild dokumentierten. Wieder einmal bestätigte es sich: Die vier größten Feinde der sozialistischen Planwirtschaft hießen Frühling, Sommer, Herbst und Winter.

Bis dahin hatte auch ich in Nachrichten und Zeitschriftenbeiträgen die Kohle als den »effektivsten Energieträger«, als »Brücke in das Atomzeitalter« bejubelt. Allein im Jahr 1980 musste in der DDR so viel Abraum bewegt werden, als wäre ein Suezkanal von Berlin bis Genf auszuheben. Für jede Tonne Kohle aus den dreißig Tagebauen der DDR, die größer waren als die Mittelmeerinsel Malta, waren im Durchschnitt sechs Kubikmeter Wasser abzupumpen. Noch mehr Orte mussten verschwinden. Im Senftenberger Gebiet entstanden künstliche Seen, die später Naherholungsgebiete wurden – Mallorca-Ersatz für das Volk.

Nach dem Einmarsch der Sowjetarmee nach Afghanistan wurde der Ölfluss in Moskau noch weiter gedrosselt, jetzt musste die DDR für harte Währung Erdöl im Westen kaufen. Die Pleite rückte näher.

KAFFEEFAHRTEN

Außer dem Erdöl wurde auch der Kaffee knapp. Die Missernte 1976 in Brasilien trieb den Weltmarktpreis in die Höhe. In Betrieben und Verwaltungen war Tee angesagt. Tee sei viel gesünder, lautete die propagandistische Begleitmusik, die wir widerwillig auf dem Kamm mitbliesen. Außerdem, so der passende Witz, könne die UdSSR keinen Kaffee, sondern nur »T« liefern (»T-55«, »T-72« waren Panzer).

Auch in unserer Agentur war es verpönt, zum Frühstück Kaffee zu trinken. Und das bei Journalisten, deren zweitliebstes Getränk Kaffee ist. Honecker verkündete, der Bohnenkaffee für die DDR-Bürger koste jährlich dreihundert Millionen Dollar. Dabei hatte er den von der Westverwandtschaft nicht mitgerechnet, der ein Fünftel des Bedarfs in der DDR deckte und dem Staat mindestens 75 Millionen Dollar sparte.

Die »Kaffeefrage« wurde 1977 immer dringlicher. Bald hatte es sich herumgesprochen: Im Westen gibt es die »Krönung«, was in der DDR angeboten wurde, das war der »Gipfel«, beispielsweise »Kaffeemix«, der neben Spuren von Kaffee vor allem Gerste, Zichorie und sogar einen kleinen Teil Erbsen enthielt. Da Erbsen viel Eiweiß besitzen, verklebten die Filter und Düsen an den elektrischen Kaffeeautomaten in Restaurants, so dass hier und da schon mal so ein Apparat explodierte.

Da Kaffee ein Gradmesser für Wohlstand ist, schlugen die Wellen der Empörung hoch, das Politbüro musste handeln. Politbüromitglied Werner Lamberz nutzte seine guten Beziehungen nach Afrika und versorgte die DDR auf Jahre hinaus mit braunen Bohnen. Zum Beispiel von Mengistu Haile Mariam, dem sozialistischen Thronfolger des Kaisers von Äthiopien. Die DDR bezahlte mit »blauen Bohnen«, den passenden Waffen und mit dem ersten Karl-Marx-Denkmal in Afrika.

Für eine langfristige Lösung flog Planungschef Gerhard Schürer 1980 nach Vietnam, um die Klassenbrüder am Mekong zu überzeugen, riesige Kaffeeplantagen für die gemeinsame Zukunft anzulegen. Als nach etlichen Jahren die ersten größeren Ernten ins Haus standen, war aus der DDR ein Stück Bundesrepublik und Vietnam einer der größten Kaffeeproduzenten Indochinas geworden.

Was auch immer geschah, die monatlichen Bilanzen des SED-Wirtschaftslenkers Günter Mittag versprühten unbändigen Optimismus und verkündeten Erfolge über Erfolge. Nach der friedlichen Revolution von 1989 hatte der Chef der Zentralverwaltung für Statistik nichts eiliger zu tun, als sich von diesen Erfolgen zu distanzieren. Wann sonst hätte er es tun sollen?

Noch vor den ersten Mittelstreckenraketen SS-20 tauchte die erste elektrische Kaffeemaschine für den privaten Haushalt auf dem DDR-Markt auf. Bernie, ein Verwandter meiner Frau und Leiter eines kleinen Berliner Unternehmens, hatte vom Wirtschaftsrat den Auftrag bekommen, eine solche Maschine zu entwickeln, nachdem im Westen fast jede Familie schon so ein Ding besaß. Als ich Bernie in seinem Büro in Johannisthal besuchte, standen da sechs Kaffeemaschinen von unterschiedlichen West-Firmen.

Man muss doch das Fahrrad nicht zweimal erfinden, meinte er. Zu Details aus allen Maschinen kam ein eigenständiges Gehäuse und fertig war die erste Kaffeemaschine der DDR. Sie wurde in Berlin-Kaulsdorf produziert und war bald schon ein konkurrenzloser Renner. Zum 30. DDR-Jubiläum 1979 bekamen Bernie und das Fertigungsteam für »Entwicklung und Produktion des Haushaltskaffee- und Tee-Automaten K108« den Orden »Banner der Arbeit«.

Als unter Gorbatschow die Rüstung weltweit reduziert wurde, keimte Hoffnung, das werde sich günstig auf die Versorgung der Bevölkerung auswirken. Andere hatten das auch vorher schon vermutet. In meinen Notizen über ein Ost-West-Treffen von Schriftstellern am 14. Dezember 1981 im Ostberliner Hotel »Stadt Berlin« finde ich einen Satz des Dramatikers Heiner Müller: »Rüstung in der kapitalistischen Welt schafft Arbeitsplätze, Rüstung im Sozialismus senkt das Lebensniveau.«

Bald wurden in der DDR die Raketen abgezogen, die horrenden Ausgaben für diese politische Fehlinvestition entfielen. Geheime Standorte wurden mit propagandistischer Begleitmusik zu öffentlichen Ferienzentren umgestaltet. Stundenlang überflog ich mit einem Fotografen im Hubschrauber Warenshof an der Müritz, um den künftigen Urlaubern die herrliche Landschaft an Deutschlands größtem Binnensee als wahres Ferienparadies vorzustellen, als hätte man dieses Stück Terra incognita eben entdeckt.

Doch auch weniger Rüstung schien das Lebensniveau nicht zu erhöhen, offensichtlich gehört da noch mehr dazu. Zum Beispiel eine funktionierende Wirtschaft mit einem Management, das etwas davon versteht.

Günter de Bruyn hatte bei jenem Schriftstellertreffen in Berlin den in meinem Block dick unterstrichenen Satz gesagt: »Der dauerhafte Schutz eines Staates ist die Zufriedenheit seiner Bewohner.«

NOTLÖSUNGEN

Zunehmend wirkte es sich aus, dass Honecker am Anfang seiner Herrschaftszeit mehr als elftausend private und halbstaatliche Betriebe liquidieren ließ, um die »Reste kapitalistischer Besitzverhältnisse« zu beseitigen. Vielleicht ahnte er nicht einmal, dass in diesen Unternehmen rund vierzig Prozent der Konsumgüter hergestellt wurden. Viele Firmen existierten über Jahrzehnte in zweiter, dritter oder vierter Generation, hatten ihr eigenes Knowhow entwickelt und bei der Kundschaft im In- und Ausland einen klangvollen Namen.

Plötzlich waren die Betriebe verschwunden. Ihre Erzeugnisse wurden zur »Bückware«, lagerten also unter den Ladentischen und wurden an gute Freunde, Bekannte oder für nette kleine Gegenleistungen abgegeben. Die Kritiken an der Versorgung mit Dingen des täglichen Bedarfs wurden heftiger. Selbst Honecker konnte nicht länger Augen und Ohren verschließen. Sein Wirtschaftssekretär Günter Mittag war gefordert, das Problem zu lösen. Der entschied am grünen Tisch, dass die Lücken von den Großunternehmen zu stopfen seien, die sich den Mittelstand weisungsgemäß unter den Nagel gerissen hatten.

Mittag beauftragte Industriekombinate, die Produktionsmittel und keine Konsumgüter herstellten, künftig mindestens fünf Prozent ihrer Produktion als Konsumgüter abzurechnen, egal welche. Wieder schwärmten wir Journalisten aus, um Beispiele zu sammeln und zu präsentieren.

Mit hohem Aufwand bauten Großunternehmen Fertigungslinien auf, die nichts mit der eigentlichen Produktion zu tun hatten. Das Stahlwerk Eisenhüttenstadt stellte Kunststoffsessel und Grillgeräte her. Das Rostocker Dieselmotorenwerk lieferte Dosenöffner, aus dem Mansfelder Kupferbergbau kamen Handbohrmaschinen und Bürostühle.

Tagebaubetriebe der Braunkohle fabrizierten nebenher Plüschtiere. Natürlich gab es Betriebe, die Plüschtiere besser und kostengünstiger herstellten, beispielsweise in Naumburg oder in Sonneberg, doch für solche »unwichtigen« Zweige gab es so gut wie keine Investitionen. Ihre Gewinne hatten die Betriebe nämlich grundsätzlich an den Staat abzuführen und Investitionen als Kredite zu beantragen. So ergab sich am Ende der DDR das trügerische Bild, dass viele Betriebe verschuldet waren, obwohl sie immer Gewinne gemacht hatten.

Als ich den Direktor eines Betriebes für elektronische Zulieferteile nach seinen Konsumgütern fragte – ich dachte an Transistorradios, Plattenspieler oder Ähnliches –, führte er mich in eine Tischlerei. Zwei Männer schnitten unentwegt Tomatenstangen aus Holz für den Einzelhandel. So erfüllte das Schlitzohr den Auftrag der Partei. Ich schrieb nicht darüber.

Ein Kraftwerk vermarktete die anfallende Asche als Konsumgut. Sie wurde mit Beton vermischt und zu Gehwegplatten geformt. In der Herstellung waren die Platten dreimal teurer als im Einzelhandel. Wenn das nicht zum Wohle des Volkes war!

Wie hatte Honecker auf dem achten SED-Parteitag gesagt: »Das ökonomische System des Sozialismus entwickelt sich gut, nur allzu viele außerplanmäßige Wunder kann es nicht verkraften.« Die Konsumgüterfertigung in artfremden Betrieben war eines dieser abnormen Wunder.

Wer glaubt, die genannten Beispiele seien nicht mehr zu toppen, der irrt: Das Kraftwerk Zschornewitz produzierte Limonade und Cola, und ein Energieunternehmen in Weimar lieferte Gartenzwerge. Kaum vorzustellen, ThyssenKrupp hätte das Land mit Kartoffelchips zu versorgen und Siemens fertigte Dosensuppen.

SCHULDENTÜRME

Vorträge vor handverlesenem Publikum verhießen immer irgendwelche Neuigkeiten. Im Frühjahr 1973 wurde ich zu einem Vortrag von Horst Sindermann geschickt. Der bereitete sich als stellvertretender Regierungschef auf das Amt des Ministerpräsidenten vor, weil Amtsinhaber Stoph nach dem absehbaren Tod Ulbrichts als Staatsoberhaupt vorgesehen war.

Meine Mitschrift klingt wie der Aufbruch in ein neues Zeitalter. Sindermann sagte einen gewaltigen Boom der Konsumgüterindustrie voraus und kündigte einen rasanten Schub des Exports weltmarktfähiger Erzeugnisse in das kapitalistische Ausland an. Das Warenangebot werde nicht mehr wie vor dem achten SED-Parteitag – also zu Ulbrichts Zeiten! – über ansteigende Preise, sondern nur noch über die Menge zunehmen und der Warenfonds würde erstmals schneller wachsen als das Einkommen.

Sindermann übte aber auch Kritik. So sei ein Geschirrspülautomat entwickelt worden, den man aber nicht auf den Markt bringen könne, weil ein Preis von mindestens 1.300 Mark den Bürgern nicht zuzumuten sei. Billiger könne er aber nicht angeboten werden, weil die Herstellungskosten schon bei 1.100 Mark lägen.

Im Gegensatz zu Ulbricht sprach sich Sindermann gegen einen weiteren Einkommenszuwachs bei der akademischen und wissenschaftlich-technischen Intelligenz aus, »um die Kluft zur Arbeiterklasse nicht zu vergrößern«. Im Gegenteil, die solle geschlossen werden. Der Einkommenszuwachs müsse auf die Arbeiterklasse und besonders auf die niedrigen Lohnstufen konzentriert werden, »weil hier die Grundlagen unserer Macht« lägen.

An solchen Auffassungen hat sich bis zum Ende der DDR nichts geändert. Obwohl die Schulden der DDR wuchsen und wuchsen, sang die alte Garde in der zweiten Etage des »großen Hauses« gegen alle verzweifelten Hilferufe sachkundiger Ökonomen starrsinnig: »Die Partei, die Partei, die hat immer Recht!«.

Wir Journalisten veröffentlichten – wenn auch mitunter kopfschüttelnd – Ziele von Werktätigen, wie jene im Brief der »Bestarbeiter« aus dem Bezirk Magdeburg im Oktober 1988 an Erich Honecker. Sie verpflichteten sich, 172 Küchen, für 330.000 Mark Schlafraummöbel, 4.061 Herrenhosen und 2.145 Damenröcke über den Plan herzustellen. Das sei alles möglich, weil »mein Arbeitsplatz mein Kampfplatz für den Frieden« ist.

1988 bot mir ein Kellner, dessen Kampfplatz für den Frieden eine Kneipe nahe dem Berliner Verlag war, unter der Hand einen West-Videorecorder für 10.000 Ost-Mark an. Das wären 83 Mieten für meine Vier-Raum-Wohnung. Ich gab dem Kellner mit dem Ausdruck des Bedauerns einen Korb. Der meinte, das mache nichts, er habe genügend Abnehmer. Ein paar Jahre später hätte ich mir, umgerechnet auf die erste gesamtdeutsche Miete meiner Wohnung, für 83 Monatsmieten 250 Videorecorder kaufen können. Die hätten einige Jahre früher für 1.700 Jahre meine DDR-Miete gedeckt.

SATIREN

Im Wettbewerb nach dem neunten SED-Parteitag 1976 hieß die Losung: »Aus jeder Mark, jeder Stunde Arbeitszeit, jedem Gramm Material einen größeren Nutzeffekt!«. Je größer die Not, umso länger die Losungen. Solche Parolen waren für uns wie Kompassnadeln, die uns die Richtung unseres journalistischen Wirkens wiesen. Zu jeder Losung gab es den passenden Initiator, der mindestens »Held der Arbeit« wurde. 1975 war es die Strickerin Doris Kersten aus dem Textilkombinat Cottbus, die verkündet hatte, ihren »persönlichen Jahresplan« bereits in fünfzig Wochen erfüllen zu wollen.

Tausende Textilarbeiterinnen schlossen sich der Doris-Kersten-Methode an. Junge Frauen aus der Baumwollspinnerei Leinefelde reagierten: »Auch an unseren Maschinen sind noch Reserven bei verbesserter Arbeitsorganisation vorhanden. Durch pünktliche und gründliche Schichtübergabe werden wir dafür sorgen, dass eine gute Qualitätsarbeit garantiert wird.« Niemand kritisierte den Betriebsleiter, weil der bis dahin offensichtlich nicht für Ordnung und Disziplin gesorgt hatte.

Damals druckte die »Berliner Zeitung« in lockeren Abständen meine Satiren, die mich bei der täglichen praktischen Arbeit geradezu ansprangen. Als ich einmal schilderte, wie die große Verwaltung eines Produktionsbetriebes zufällig dahinterkam, dass der von ihr verwaltete Betrieb schon seit Jahren von anderen verwaltet wird, ging das zu weit. Das kriegen wir nicht durch, hieß es.

Vorher hatte ich mich schon über ein Phänomen ausgelassen, auf das ich keine Antwort fand. In meiner Geschichte reicht ein Handwerker einem anderen eine echte ungarische Salami, eine Mangelware in der DDR, als Entlohnung für eine kleine Reparatur. Dieser reicht sie einem Dritten, der ihm den Fernseher gangbar gemacht hat. Ein Vierter bekommt sie für die Reparatur des Wasserboilers ... Die Salami geht von Hand zu Hand, jeder reißt sich dafür fast ein Bein aus, doch keiner isst davon. Ich empfahl Wirtschaftsexperten, über diese »Zirkulation der Salami« einmal ein ökonomisches Gesetz zu begründen. Was könnte der tatsächliche Verzehr einer solchen Salami erst alles bewirken.

Andere Satiren waren nicht als solche gekennzeichnet. Beispielsweise haben in Agitationsbroschüren Kreisleitungen der SED »bewährte Methoden« des politisch-ideologischen Wirkens am

Arbeitsplatz zusammengetragen und an die Parteiorganisationen verteilt. Eine Parteigruppe aus dem VEB Wasserversorgung und Abwasserbehandlung in Berlin-Schöneiche berichtete darin 1987: »Unsere Kläranlage, die zur Zeit 175.000 m³ Abwasser pro Tag in hoher Qualität reinigen kann, ist im Bereich der Abwasserbehandlung das erste Beispiel dafür, dass Schlüsseltechnologien nicht vereinzelt wirken müssen ... In den Mittelpunkt unserer Parteiarbeit stellen wir die offensive politisch-ideologische Klärung der strategischen Bedeutung der Schlüsseltechnologie Mikroelektronik.«

Bis dahin hatte ich angenommen, dass dort ganz andere Sachen geklärt würden.

KLÖSSE

Es war nicht viel, was man als Journalist bewegen, anstoßen oder aufrollen konnte. Und das Wenige rief schon die Aufpasser auf den Plan: Hast du das auch abgestimmt? »Abgestimmt« – das war die Vokabel, ohne die das ganze System nicht funktionierte. Was nicht »abgestimmt« war, das war verdächtig. So wie meine Klöße.

Bis Anfang der achtziger Jahre waren selbstgefertigte Thüringer Klöße eine Spezialität unserer Familie. Mindestens einmal im Monat praktizierten wir das aufwändige Verfahren, rohe Kartoffeln zu reiben und sie in einer vom Großvater meiner Frau in den vierziger Jahren handgefertigten Presse auszuquetschen. Die flockig gezupfte Masse wurde mit kochendem Kartoffelbrei vermengt, daraus wurden handgroße Klöße geformt, in die goldgelb gerösteten Weißbrotwürfel kamen. In einen großen Topf mit kochendem Wasser blieben sie, bis sie oben schwammen. Zur Roulade oder zum Gänsebraten ließen sie sich wie Watte auseinanderreißen.

Bei einem Thüringenbesuch Anfang der achtziger Jahre drückte uns eine Bekannte meiner Mutter ein paar tiefgekühlte Päckchen in die Hand und meinte, damit ließen sich echte Thüringer Klöße bereiten. Obwohl der Tipp nicht von der Agitationskommission der SED kam, waren wir skeptisch. Am folgenden Sonntag, als wir keinen Besuch erwarteten, wagten wir den Test und verzichteten aus das aufwändige Reiben der Kartoffeln und missachteten erstmals die handgefertigte Presse. Wir machten uns über eine der eiskalten Tüten her, zerflockten den Inhalt, mischten ihn mit dampfendem Kartoffelbrei, formten Klöße, legten Bröckchen hinein und – es wurde eine Offenbarung. Jetzt würden wir nie wieder andere Klöße machen. Doch wo gibt es diese Kloßmasse?

Ich begann zu recherchieren, um zur Quelle dieser Köstlichkeit zu gelangen. Es war ein unscheinbarer Betrieb für Kartoffelveredelung im kleinen Dorf Andisleben bei Erfurt, in dem die Bekannte meiner Mutter arbeitete. Bei nächster Gelegenheit fuhr ich hin und interviewte den Chef – ein einfallsreicher promovierter Agrarexperte. Von ihm erfuhr ich, dass das von mir so gerühmte Produkt in dem kleinen Betrieb in nur so geringer Menge hergestellt werden könne, dass es für die Gästehäuser von Partei und Regierung sowie einige Interhotels reiche.

Ich schrieb einen längeren Beitrag über die besten Thüringer Klöße der Welt und bemerkte wie nebenbei, dass Gästehäuser und Interhotels überaus zufrieden damit seien. Nach wenigen Tagen erschien ausgerechnet dieser Beitrag im »Neuen Deutschland« und in fast allen anderen Tageszeitungen der DDR. Ich hatte Geister gerufen, die andere versuchen mussten loszuwerden. Eine Flut von Zuschriften erreichte Zeitungen, Handel und Hersteller, dass mich der Pressechef des Handelsministerium fragte, was ich denn da losgetreten hätten, ohne mich vorher »abzustimmen«.

Viele Bürger waren empört, dass sie aus dem Kreis derer ausgeschlossen waren, die ein solches Produkt bekamen. Bald erfuhr ich vom Chef des kleinen Betriebes, dass er angehalten wurde, die Produktion erheblich zu steigern und er sich bereits nach Kooperationspartnern umsah. Von »oben« sei der Auftrag gekommen, die Produktion dieser speziellen Kloßmasse rasch zu vervielfachen, um auch den »normalen Handel« beliefern zu können. Man hatte es den Bürgern, die sich beschwerten, versprechen müssen.

Spätestens, als wir kurze Zeit später die Kloßmasse in unserer Kaufhalle entdeckten, verschwand die handgefertigte Presse im

Keller. Nun ist das nicht gerade ein Beispiel dafür, wie Sozialismus von zu reformieren ist, doch immer, wenn es bei uns Klöße gab, wussten wir, dass die sozialistische Presse ein »kollektiver Organisator« sein konnte. Ich weiß nicht, ob das im Sinne Lenins war, auf jeden Fall im Sinne der Liebhaber echter Thüringer Klöße.

Nach dem Ende der DDR bangten wir um die Zukunft unsere Kloßmasse, erfuhren aber bald durch gut sortierte Händler, dass sich die Thüringer Kloßmanufaktur in Heichelheim bei Weimar mit der von uns bis heute gepriesenen Kloßmasse einen neuen, gesamtdeutschen Markt erschlossen hat. Qualität setzt sich eben durch. Durch alles.

FLOPS

Einen der größten Flops leistete sich die DDR mit dem Versandhandel, der gerade mal ein halbes DDR-Leben lang existierte. In den fünfziger Jahren lernte ich die Kataloge kennen, die in unserer Familie wie Offenbarungen behandelt wurden. Damit wurde sorgsam umgegangen, wie mit einer West-Illustrierten, schließlich wollten viele etwas davon haben. Man konnte stundenlang darin blättern, sich über relativ niedrige Preise freuen, um dann schnell die Bestellformulare abzuschicken. Die Enttäuschung kam postwendend. Die schönsten Dinge waren vergriffen.

Während wenige Jahre nach Kriegsende sich im Westen der Versandhandel, der bereits in den zwanziger Jahren erfunden worden war, wachsender Beliebtheit erfreute, glaubte die SED-Führung, diese Verkaufsform ebenfalls für ihre Zwecke nutzen zu können. Möglicherweise ließen sich auf diese Weise Engpässe in der Versorgung vertuschen, stundenlange Einkaufsfahrten der Landbevölkerung in die Städte vermeiden und die Schlangen vor den Läden verkürzen. Die volkseigene Handelsorganisation (HO) startete 1954 eine zweijährige Testphase in den Bezirken Erfurt und Suhl, die uns als Familie begeisterte.

Da in der DDR jede Einweihung »zu Ehren von ...« erfolgte, begann der offizielle Versandhandel am 1. Mai 1956. Bis 1959 gab es 800.000 Kunden mit 1,5 Mio. Bestellungen. 1961 kam dann auch noch der »konsument-Versandhandel« dazu, der vorwiegend für die Landbevölkerung bestimmt war und beispielsweise die praktische Kittelschürze für die LPG-Bäuerin führte. Doch trotz Versandhandels nahm das Warenangebot nicht zu. Im Gegenteil, wer vordem zu faul war zum Einkaufen, nutzte die günstige Möglichkeit der Bestellung per Post.

So wurde die Diskrepanz zwischen Bestellungen und Auslieferungen immer größer. Fast die Hälfte der angepriesenen Artikel konnte bald nicht geliefert werden. Die Geister, die man gerufen hatte, wurde man nicht wieder los. Die positive Stimmung über den Versandhandel schlug bei den massenhaften Absagen um in Unmut und Ärger der Bürger, besonders der arbeitenden Frauen, die sich auf solche Lieferungen verlassen wollten.

Die »ehrenamtlichen« Models, die regelmäßig in die Modellkleider schlüpften, hatten je nach politischer Situation mal in der Industrie, mal in der Landwirtschaft, vor dem Staatsratsgebäude oder vor dem sowjetischen Messe-Pavillon in Leipzig für die Katalog-Fotos zu posieren. Sie sahen alle recht gut aus, doch blieben die modischen Klamotten vielfach nur Wunschträume.

Da ich die Kataloge vom Ministerium für Handel und Versorgung (mitunter auch »für Händel und Sorge« genannt) zugeschickt bekam, wollte ich mich auch einmal erkenntlich zeigen und – immer auf der Suche nach Nachrichtenstoff – 1974 in Hinblick auf den 25. Jahrestag der DDR eine Erfolgsbilanz des Versandhandels veröffentlichen. Nachdem ich schon einiges zusammengetragen hatte, gab mir der Pressechef des Ministers den Tipp: »Lass die Finger davon, da tut sich was.«

Tatsächlich, geraume Zeit später wurde der Versandhandel in der DDR eingestellt. Und weil das allein nicht komisch genug war, wurde das Ende auf den 13. August 1976 gelegt, ausgerechnet auf den Tag, an dem die Berliner Mauer 15 Jahre alt wurde. Man musste den Eindruck haben, dass viele Entscheidungen der DDR-

Führung von einem eigenartigen schwarzen Humor geprägt waren. Man nahm einem eingesperrten Kind auch noch das Spielzeug weg. Die permanente Versorgungskrise jedenfalls war schon nicht mehr zu übersehen.

NABELSCHAU

Wenn es kriselte oder unerreichbare Ziele angesteuert wurden, gab es interne Schulungen und Vorträge, über die öffentlich wenig berichtet wurde. Sie waren vertraulich, und der Teilnehmerkreis war ausgewählt. Wir waren als Agentur vertreten, denn wie hätten wir sonst wissen sollen, worüber wir berichten durften und worüber nicht.

So wie Sindermann seine Illusionen über die Wirtschaftspolitik zum Besten gab, hat der ZK-Sekretär für die Außenpolitik Hermann Axen, wegen seiner Größe auch despektierlich »laufender Meter« genannt, die Linie zur Außenpolitik abgesteckt. In meiner Mitschrift von diesem Vortrag klingt das zunächst so: »*Das internationale Kräfteverhältnis hat sich in den letzten zwei bis drei Jahren beachtlich verändert. Der Imperialismus hat Niederlagen von historischem Ausmaß erlitten.*« Gemeint war die Zeit seit Honeckers Amtsantritt, die dem Imperialismus offensichtlich schweren Schaden zugefügt hatte.

Es kamen auch einige Dinge zur Sprache, über welche die Führung verärgert war und die auch im Volk diskutiert wurden. Dazu gehörte der »diplomatische Flirt« zwischen Peking und Washington, speziell die Anerkennung von NATO und EWG durch die chinesische Führung.

In meinen Aufzeichnungen lese ich hinter der Bemerkung »*Nur für die mündliche Agitation!*«, was so viel heißt, dass darüber nichts in der Presse stehen durfte, ein paar Bemerkungen über Walter Scheel, den Außenminister der Regierung Willy Brandt und späteren Bundespräsidenten, der 1972 diplomatische Beziehungen mit China vereinbarte. »*Beim Scheel-Besuch in Peking erklärten*

*die chinesischen Führer, dass es noch eine deutsche Nation gäbe,
die Friedensverhandlungen bzw. der Friedensvertrag mit Deutschland stehe noch aus.«*

Und das, als in der DDR gerade der Text der Nationalhymne
mit »Deutschland, einig Vaterland« aus den Schulbüchern verbannt und bei öffentlichen Auftritten nicht mehr gesungen wurde.
Für das Politbüro musste es wie ein Schock gewesen sein, als China
urplötzlich seine Todfeindschaft gegen den USA-Imperialismus
beim Besuch von USA-Präsident Nixon in wohlwollende Zusammenarbeit umwandelte.

Dennoch konstatierte Hermann Axen frohgemut, die DDR
habe inzwischen den Imperialismus zweimal besiegt. Einmal am
13. August 1961 durch den Mauerbau militärisch und Anfang
der siebziger Jahre mit einer Welle diplomatischer Anerkennungen
auch völkerrechtlich.

Beeindruckend war Axens Definition Europas, das 55 Prozent
der Weltindustrieproduktion aufbringe, über 300 Millionen und
damit mehr als die Hälfte der Arbeiterklasse der Welt beheimate
sowie zwei Drittel aller Kommunisten der Erde vereine. Das war
1973. Und die DDR lag mitten in Europa, was nur heißen konnte,
die DDR war der Mittelpunkt der kommunistischen Bewegung,
der Nabel der Welt.

Dann gab Axen noch einen Ausblick auf die fernen neunziger
Jahre: »*Wenn der Frieden in Europa noch zwanzig bis fünfundzwanzig Jahre erhalten werden kann, wird sich das Kräfteverhältnis noch entscheidender zugunsten des Sozialismus verändern.*«

Ach ja, Axen analysierte auch noch die Krise des Kapitalismus,
die beispiellose Dimensionen erreicht habe, so dass seine Tage gezählt seien.

»Es ist, wie ich es beschreibe«

Ein kleines blaues Oktavheftchen aus dem Jahr 1978 enthält die Schlussbemerkungen eines verurteilten Regimekritikers, die nicht für die Öffentlichkeit bestimmt waren.

Es begann an einem Montag, mein Generaldirektor bestellte mich frühmorgens auf die Führungsebene. Ich erwartete einen klaren Auftrag, doch die Angaben waren sehr vage. »Bind dir eine Krawatte um und geh mal rüber zum Berliner Stadtgericht. Näheres erfährst du dort.«

In der Littenstraße meinte ein mir unbekannter Mann, der sich nicht und damit wohl ausreichend vorgestellt hatte, ich solle mir für den Rest der Woche nichts weiter vornehmen. Da kamen auch schon die »Gäste« der Verhandlung, allesamt mürrisch dreinblickende Finsterlinge. Sie stellten das Publikum für eine öffentliche Verhandlung, von der die Öffentlichkeit keine Ahnung hatte.

Wenige Minuten vor zehn Uhr kam der 41-jährige Angeklagte Rudolf Bahro. Das heißt, dieser kleine schmächtige Mann wurde wie ein Schwerverbrecher von einem schwarz behaarten Muskelprotz an einer Knebelkette in den Verhandlungsraum geführt, wo das grelle Tageslicht auf sein blasses Gesicht fiel. Er hatte schon fast ein Jahr auf Sonnenbäder verzichten müssen.

Bahros Verhaftung ein Jahr zuvor war ein Geburtstagsgeschenk für Honecker, denn just an dessen 65. Geburtstag, dem 25. August, hatte die Meldung in allen Zeitungen gestanden. Ich ärgerte mich, Bahros Buch »Die Alternative« nicht gelesen zu haben, denn das war nur im Westen erschienen. Hinter vorgehaltener Hand hieß es, dass es treffend die Misswirtschaft in der DDR schildere. Offensichtlich traf es ins Schwarze.

Bahro strahlte stolze Gleichgültigkeit aus. Längst schien er sich mit einem Urteil abgefunden zu haben, das außer ihm und mir möglicherweise alle im Saal schon kannten. Beim Verteidiger bin ich mir nicht sicher.

Als ich grübelte, wie ich die Berichterstattung über den Prozess anlegen würde, wandte sich der Vorsitzende Richter und Chef des Berliner Stadtgerichts, dessen Name so ähnlich klang wie Herrgott, an mich, den einzigen Journalisten im Saal. Er ließ sich Namen und Geburtsdaten von mir nennen und vergatterte mich, über das gesamte Verfahren Stillschweigen zu wahren. Nicht das Publikum, nicht der Verteidiger, nur ich hatte zu schweigen. Mir war spätestens jetzt klar, dass ich der nützliche Idiot, das journalistische Alibi für anderswo gefertigte Berichte war.

Der Verteidiger Bahros war etwas kleiner als ich und ein bisschen jünger. Seine runde Brille gab ihm etwas Pennälerhaftes. Er war um die dreißig und hieß Gregor Gysi. Ich hatte bis dahin nur mit seinem Vater Klaus zu tun gehabt, der einst Chef des Aufbau-Verlages, dann Kulturminister und zu jener Zeit gerade Botschafter in Rom war, bevor er später noch Staatssekretär für Kirchenfragen wurde und Honeckers Beziehungen zu den USA auf dem Umweg über den jüdischen Weltverband organisieren sollte. Denn eines der heiß ersehnten, aber nie erreichten Ziele Honeckers war ein Empfang im Weißen Haus.

In einer Gerichtspause der folgenden Tage beschimpfte mich Gregor Gysi wegen der in allen Ost-Zeitungen erschienenen Nachricht über den Prozess, Bahro habe unerlaubt Westgeld angenommen. Dabei musste Gysi wissen, dass ich keine Zeile geschrieben hatte. Die Nachrichten über den Prozess waren wie von Geisterhand in die Agentur gekommen. Niemand zeigte sie mir, ich las sie erst in der Zeitung.

So war das mit vielen Nachrichten, die ADN verbreitete. Sie waren nicht in den Redaktionsstuben entstanden. Kommentare, die mit A.Z. unterzeichnet waren, kamen ohnehin von Honeckers Schreibtisch. Arich Zonecker witzelten wir im kleinen, sehr kleinen Kreis. Als ein »ND«-Chefredakteur Honecker zum Geburtstag einmal ein in rotes Leder gebundenes Pamphlet mit den »journalistischen Meisterwerken« des A.Z. überreichte, mögen die Augen des Autors feucht geworden sein. Die Kommentare waren tatsächlich zum Weinen. Sie setzten die Kenntnis der Westpresse voraus, die in der DDR nicht sehr verbreitet war.

Im Grunde war mir Gysis Verteidigung ganz sympathisch. Er wies nach, dass Bahro nur öffentlich zugängliche Quellen und Gespräche mit Wirtschaftsfunktionären verarbeitet hatte. An bestimmten Stellen der Verhandlung hätte man allerdings die Zeugen widerlegen können. War Bahro in der Wohnung eines Wirtschaftsfunktionärs, wie er angab und jener leugnete, oder nicht? Vielleicht hätte es genügt, den Angeklagten einige Details beschreiben zu lassen. Aber ich bin kein Jurist und weiß auch nicht, ob und welche Absprachen getroffen waren. Ganz sicher hätte das keine Auswirkungen auf die acht Jahre Knast gehabt. Solche brisanten Urteile wurden ohnehin nicht in den Gerichtssälen gefällt.

Der kluge, stets etwas naiv wirkende Bahro stand voll und ganz zu seinem Buch. »Eine Liquidierung des real existierenden Sozialismus ist nicht in meinem Sinne«, sagte er. Und er habe auch »nicht die sozialistische Staats- und Gesellschaftsordnung angegriffen, nur bestimmte Teile des Überbaus«. Außerdem habe er damit gerechnet, dass man sich im Westen seiner bediene. Der konzeptionelle Inhalt seines Buches finde sich in den westlichen Medien nicht wieder.

In der DDR, so habe er festgestellt, reduziere sich der ideologische Kampf auf die Abwehr des Gegners. »Durch Beschränkungen in der eigenen ideologischen Arbeit bleibt es stets dem Gegner überlassen, gegenteilige Standpunkte zu veröffentlichen«, sagte er. Das Argument »Wer nicht für uns ist, ist gegen uns« halte er, Bahro, für unzulässig. Er fügte hinzu: »Ich habe die Gewissheit, dass der real existierende Sozialismus so ist, wie ich ihn beschreibe. Ich bin überzeugt, dass die Sachprobleme und Dinge so existieren, wie ich sie dargestellt habe.«

Und sie bewegt sich doch!, kam mir bei Bahros Schlusswort in den Sinn. Ich schrieb eifrig mit, fand die Ausführungen mutig, wagte aber nicht zu applaudieren. Mit keiner Silbe erkannte Bahro den Vorwurf des illegalen Nachrichtensammelns und des Geheimnisverrates an.

In der Urteilsbegründung wurde Bahro die Neigung zugeschrieben, »die gesellschaftliche Entwicklung nur auf Mängel und Fehler hin zu betrachten«. Er habe sich »vom Arbeitskollektiv losgelöst«. Argumente, wie sie jeder Parteisekretär verzweifelt einem intellektuell überlegenen Genossen um die Ohren schlug.

Übel nahm man ihm die Auflage seines Buches »Die Alternative«, die bis zur Verhandlung mit Ausgaben in der BRD, in den USA und in Großbritannien bei 80.000 Exemplaren lag. »Spiegel«-Redakteur Schwarz, der sich um die Herausgabe des Buches bemüht hätte, so sah es das Gericht, sei ein »Erfüllungsgehilfe des BND«. Verleumdungen des »Klassengegners« mussten in der DDR nicht bewiesen werden.

FREIZEIT

Ende der sechziger Jahre sah mich der Bürgermeister der Stadt Altlandsberg bei Berlin, wie ich dem holzverkleideten Sommerhaus einer Bekannten einen neuen Wetterschutzanstrich verpasste.

»Wir haben da noch einige Grundstücke, bei denen wir froh wären, wenn sich jemand darum kümmerte«, sagte er und zeigte meiner Frau und mir einige ziemlich heruntergekommene Unkrautreservate. In der Stadt gab es zahlreiche Grundstücke, deren Eigentümer in der Bundesrepublik lebten. Sie verkamen, die Häuschen wurden baufällig, die Gemeinde suchte Leute, die sich ihrer annahmen. Wir nutzten die Gelegenheit, suchten uns ein Grundstück aus und hatten fortan für unsere »Sommerresidenz« von tausend Quadratmetern Natur zweiunddreißig Mark Grundsteuer im Jahr zu zahlen.

Aus dem wuchernden Grün lugte ein kleines Holzhaus heraus, das einmal jemand von der Reichsbahn genutzt haben musste, was wir aus dem Aufdruck »DR« auf Gardinen und Geschirr schlossen. Ein paar alte Möbel waren auch noch vorhanden, von denen bis heute allein der uralte Küchenschrank aus märkischer Kiefer überlebt hat, der – gründlich abgebeizt, eingewachst und poliert – heute meine diversen Krimskrams-Sammlungen beherbergt.

Ein Doppelbett war schnell gebaut und andere Liegemöbel herbeigeschafft, so dass für eine gemütliche Nachtruhe unserer Familie gesorgt war. Ansonsten spielte sich das Leben vor der Hütte ab. Dort bestimmten ein alter, versandeter Brunnen, ein Schuppen und ein Holzhäuschen mit einem Herzen in der Tür sowie einige Obstbäume, Kiefern, Fichten und zwei herrlich blühende Jasmin-Sträucher das Bild. Daraus etwas zu machen, bedeutete Arbeit für Jahre. Dabei war die meiste Zeit für das Sammeln von Material und Handwerkszeug einzuplanen.

Als Erstes musste ein Rasenmäher her. Leichter gesagt, als getan. Über meinen Gewerkschaftsvorsitzenden, dem ich mitunter beim Redenschreiben half, bekam ich Kontakt zu einem Werkzeugladen in Weißensee. Nach etwa drei bis vier Besuchen und einem kleinen Trinkgeld konnte ich den berühmten »Trolli« einpacken und mitnehmen. Der »Trolli« – ein Konsumgut aus dem Berliner Transformatorenwerk – war ein Gerät, das es nie gab, den aber jeder hatte. Wie das funktionierte, dahinter bin ich nie gekommen. Meine Frau hatte inzwischen Verbindungen zu einem Fachgeschäft in Mitte hergestellt, in dem sie bei rechtzeitiger Anmeldung Messerträger aus Kunststoff sowie die kleinen Messerchen nachkaufen konnte, die man anschraubte.

Ein neuer Zaun war vonnöten, damit der quer durch den Garten verlaufende Trampelpfad verschwand, den berufstätige Menschen jeden Morgen und Abend als willkommene Abkürzung auf dem Weg zum und vom Bus benutzten. Die Suche nach einem Laden, in dem es Maschendraht gab, und nach einem anderen, der Eisenpfähle im Angebot hatte, zog sich Wochen hin. Den Spanndraht besorgte mein Vater in Thüringen. Dafür besuchte ich ihn mit zwanzig Flaschen »Berliner Pils« im Trabi-Kofferraum, mit denen er wiederum in seinem Distrikt Leute bei Laune halten konnte, günstigstenfalls sich selbst.

Um alle Einzelteile zu einem harmonischen Ganzen zusammenzufügen, bedurfte es noch einiger Kostbarkeiten, darunter Zement.

Zwar hatte mir ein alter Bauhase erklärt, Zement sei der Glaube des Bauherrn an die Bindekraft von Wasser und Sand, doch dem traute ich nicht. Also klapperte ich – ohne Trabi undenkbar – zwischen dem Ostrand Berlins und Fürstenwalde alle erreichbaren Läden ab. Nach vier Wochen hatte ich einige Säcke Portlandzement, und der Zaunbau konnte beginnen. Den Sand hatte ich, gottlob, zur Genüge unter dem Rasen.

Anfang der achtziger Jahre hob ich direkt hinter der Garten-Einfahrt eine Grube aus und mauerte sie mit großen »Sauerkrautsteinen« aus, die mir ein Bekannter mit seinem Dienst-Lkw von einem anderen Bekannten aus der Nähe von Nauen anfuhr, wo sie aus einem Abriss stammten. Beide Mauern bedeckte ich mit einem Doppel-T-Träger in Trabi-Spurbreite, baute eine Treppe dazwischen und hatte eine Montagegrube. Jetzt konnte ich die Blattfeder am Trabi und manches andere auswechseln und ständig nach undichten Stellen und sonstigen Mängeln suchen. Je öfter man suchte, umso mehr fand man. Bekannte besuchten uns ganz gern, um bei der Gelegenheit schnell mal auf die Grube zu fahren.

So reihte sich ein Projekt an das nächste. Bald war auch elektrisches Licht gelegt, so dass die romantischen Abende bei Kerzenschein der Vergangenheit angehörten. Ein kleiner Fernseher der sowjetischen Marke »Junost« nahm den Sommerabenden ihren natürlichen Reiz. Die Mistgabel als Halter für die Antenne konnten wir je nach Senderwahl im sandigen Boden leicht umstecken. Wasserversorgung per elektrischer Pumpe, Innentoilette mit Wasserspülung und ähnliche Baumaßnahmen waren allesamt nicht Bestandteile des Fünfjahrplanes der DDR, was die Materialbeschaffung nicht einfacher machte.

Der Garten wurde zur Nische. Die Westberliner Verwandtschaft kam oft und gerne zu uns, vor allem, wenn wir vorher ankündigten, Bratwurst aus verwandtschaftlicher Thüringer Quelle zu grillen. Geburtstage, Verlobungen und alle möglichen Jubiläen wurden in ungetrübter Stimmung fern des real existierenden Sozialismus gefeiert. Nicht dass wir uns einfallen ließen, auf die DDR zu schimpfen und unbotmäßige Reden zu führen. Nein, das nicht.

Es war wie bei Millionen anderen Bürgerinnen und Bürgern: Von Montag bis Freitag war man in Partei, Gewerkschaft, Gesellschaft für deutsch-sowjetische Freundschaft, Nationaler Front, Hausgemeinschaft usw. und am Wochenende war man im Garten oder »auf der Datsche«.

Woran ich Jahrzehnte mit Inbrunst gearbeitet habe, das war nach der deutschen Vereinigung an einem Tag verschwunden. Eine Abrissfirma sollte Mitte der neunziger Jahre alles, was wir auf- und ausgebaut hatten, abräumen. Ein Montag und ein Dienstag waren dafür vorgesehen. Als ich Montagabend vorbeischaute, um mich in aller Stille von meinem Sommersitz zu verabschieden, harkte der Abriss-Meister die letzten Kleinigkeiten vom Acker.

Das war's, dachte ich wehmütig, und mein Sohn ließ rasch ein richtiges Haus darauf bauen, für das er nicht einen einzigen Nagel beschaffen musste. Nach zwei Wochen stand es fix und fertig dort, wo ich für familiäre Gemütlichkeit über ein viertel Jahrhundert literweise Schweiß vergossen hatte.

Die meisten der Koniferen, die ich einst in einer privaten Baumschule nördlich von Berlin – das Stück für fünf Mark – erworben und im Trabi-Kofferraum in meinen Garten gebracht hatte, können sich heute mit dem zweigeschossigen Haus messen. Es waren nicht alle schlecht.

Unmittelbar nach der Eingliederung der DDR in den Wirkungsbereich des BRD-Grundgesetzes hatte mir die Stadt angeboten, das ehemalige Westgrundstück, das in den achtziger Jahren verstaatlicht worden war, zu einem Vorzugspreis zu kaufen. Da ich vom Grundbuchamt noch kein Negativattest hatte, also die Bestätigung, dass es sich nicht um enteignetes jüdisches Eigentum handelt, musste ich warten. Indes änderte die Stadt ihr Angebot, und ich musste den etwa zehnmal höheren Marktwert bezahlen. Andere, die gute Drähte zu den handelnden Personen in Stadt- und Gemeindeämtern hatten oder gar dort arbeiteten, bezahlten rasch die Vorzugspreise und konnten bald darauf einträgliche Geschäfte tätigen.

Das blieb mir erspart. Ich gehörte keiner »Seilschaft« an.

Seit 1970 hatten wir – das waren mehrere Journalisten aus unter-schiedlichen Redaktionen – in einem Café nahe dem Alexander-platz unseren Stammtisch. Jeden Montag nach der Arbeit trafen wir uns auf ein kühles, blondes Bier vom Fass und besprachen die Woche. Meistens ging es um freie Honorararbeiten, sogenannte Muggen. Dabei entstanden Ideen für Bücher, Bildbände, Hörspie-le, Satiren, Plakate, Dia-Ton-Vorträge, Filme und anderes. Auf vie-len Gebieten waren wir aktiv, um eine gute Mark nebenbei zu ver-dienen. Unter anderen gesellschaftlichen Bedingungen wäre unser Stammtisch eine höchst kreative PR-Agentur gewesen.

Unser Stammtisch sprach sich unter Freunden und Bekannten herum, so dass wir oft auch Gäste begrüßen konnten. Zum Bei-spiel Georgi, der uns ein guter Freund wurde, aber oft durch seinen Schichtdienst verhindert war. Er kam vor Jahren aus Bulgarien in die DDR, studierte Medizin und war inzwischen Chefarzt in einem Berliner Krankenhaus. Er steuerte manchen guten Witz zum Ge-sundheitswesen bei, hörte ansonsten aber geduldig und interessiert zu. 1990 offenbarte er uns, dass er seit Jahren in einer Westberliner Gruppe für Menschenrechte aktiv war und manches von uns er-fuhr, das ein bezeichnendes Licht auf die DDR warf.

Ab und zu saß ein stämmiger Bursche aus dem Thüringer Wald mit an unserem Tisch, wenn er zu ganz unregelmäßigen Zeiten ein Feierabendbierchen trinken wollte. Schorsch war der Fahrer der First Lady und Volksbildungsministerin Margot Honecker. Er lachte gern über unsere neuesten Witze, trug aber wenig zur Un-terhaltung bei. Erst als seine Chefin das Handtuch geworfen und sich nach Chile zurückgezogen hatte, um Quartier für ihren Gat-ten zu machen, der ihr aus einer Zelle in Moabit folgte, wurde er gesprächiger. Ich hatte das Gefühl, er litt wie ein Hund, den man irgendwo am Straßenrand ausgesetzt hatte. Stundenlang unterhielt ich mich mit ihm über seine Erlebnisse über anderthalb Jahrzehn-te. Dabei merkte ich, dass er seine Ministerin auch ein bisschen gern gehabt hat.

An unserem Stammtisch entlud sich oft der Frust des Alltags. Einer unserer Stammtischler war in den siebziger Jahren, als einige Zeitungen wegen chronischen Papiermangels eingestellt wurden, in ein Wirtschaftsinstitut versetzt worden, das SED-Wirtschaftsboss Günter Mittag unterstand. Als wir nach einigen Bierchen wieder einmal über die zunehmende ökonomische Misere der DDR sprachen, machte sich unser Freund mir gegenüber auf der Toilette gehörig Luft. »Dieser Mittag gehört an die Wand gestellt und erschossen«, beschloss er seine Tirade. Ich machte ihm wenig Hoffnung, dass sich seine Wünsche so einfach erfüllen ließen. Derweil betete ich, dass hinter der einzigen verschlossenen Klotür kein Anschwärzer sitzen möge. Es musste ein Gleichgesinnter gewesen sein.

Nach dem Zusammenbruch der DDR zerfiel die Runde, jeder hatte mit seinem eigenen Schicksal zu tun. Der eine begann mit Computern Geschäfte zu machen, ein anderer ging frühzeitig in den Ruhestand, ein weiterer landete bei der »Wirtschaftswoche«. Ein einziger Stammtischbruder, Cheflayouter bei einer Illustrierten, blieb der PDS treu und beschimpfte uns nach einem Bier freundlich, einige Biere später heftig als Renegaten, die die edlen Ziele des Sozialismus verrieten. Doch auf seinen Stammtischplatz, den er sich über Jahrzehnte ehrlich ersessen hatte, wollte er auch in Zukunft nicht verzichten.

Irgendwie wurden wir, die coolen Journalisten, die so leicht nichts ins Wanken bringt, zu einem Spiegelbild der vom kapitalistischen Karrieredenken und Gewinnstreben geprägten Gesellschaft. Der Zerfall unserer langjährigen Runde ist eine der Konsequenzen. Die schönen Stammtischzeiten waren endgültig vorbei.

GRENZFÄLLE

Der Tod der beiden Grenzsoldaten Jürgen Lange und Klaus-Peter Seidel in der Nacht zum 19. Dezember 1975 beschäftigte auch die Nachrichtenagentur. Der flüchtende Werner Weinhold hatte den zwanzigjährigen Tischler und den einundzwanzigjährigen Baufacharbeiter an der Grenze zu Bayern bei Eisfeld in Südthüringen erschossen. Beide Grenzsoldaten hatten keine Chance, sich zu wehren, für den Flüchtenden die einzige Möglichkeit, unversehrt in den Westen zu gelangen.

Kurze Zeit später bekam ich die Obduktionsberichte, um daraus Nachrichten-Fassungen anzufertigen. Nach dem eingehenden Studium der seitenlangen Darlegungen konnte ich an mehreren Details, beispielsweise am Verlauf der Schusskanäle, veranschaulichen, dass die beiden tatsächlich vom Täter überrascht wurden.

Weinhold wurde in einem Prozess in Essen zunächst freigesprochen, weil seitens der DDR-Behörden Beweismaterial vorenthalten wurde und damit für das Gericht das Notwehr-Argument überwog. Bei einem Revisionsverfahren 1978 in Hagen erhielt Weinhold, nachdem Beweismaterial aus der DDR zur Verfügung gestellt wurde, wegen Totschlags eine Freiheitsstrafe von fünf Jahren und sechs Monaten. Auch dieses Urteil erregte Kopfschütteln in Ost und West. Doch es herrschte kalter Krieg. Und die Justiz ist unabhängig. Wovon eigentlich?

Zu meinem Bekanntenkreis gehörte der Pressesprecher einer Berufsorganisation. Wenn wir uns trafen, sprachen wir über die Arbeit und auch über vieles, das uns missfiel oder ärgerte, offen und ehrlich miteinander. Ich erfuhr, dass er in jungen Jahren mit Leib und Seele Kriminalist war, doch nannte er kein vernünftiges Argument, weshalb er das nicht geblieben ist. Erst 1990 erfuhr ich den wahren Grund. Sein Bruder, der beim Mauerbau in Westberlin geblieben war, hatte 1962 unter der Mauer hinweg einen Tunnel nach Ostberlin gegraben, um seine Familie in den Westen zu holen. Im entscheidenden Moment der Flucht drohte der Unteroffizier Reinhold Huhn auf ihn und seine Frau zu schießen. »Er oder wir« – eine andere Alternative sah der Flüchtende nicht.

Reinhold Huhn wurde auf diese Weise zu einem weiteren Opfer der Mauer. Sein Name musste für eine großangelegte Propagandakampagne herhalten, Schulen und Brigaden hatten sich seiner würdig zu erweisen und zuverlässigen Nachwuchs als »Soldaten auf

Zeit« zur Bewachung von Mauer und Stacheldraht zu stellen. Der über siebzigjährige Vater Huhns, ein gläubiger Katholik, der sich über eine mickrige Rente von 124 Mark beschwerte, wurde mit einem monatlichen Extrabonus von 50 Mark durch die NVA ruhig gestellt.

Als ich dreißig Jahre später über den Fall schrieb, weil der Schütze – inzwischen Vorstandschef eines landesweiten Unternehmens – vor Gericht stand und der Tat für schuldig befunden wurde, erfuhr ich viele Einzelheiten zur Familie und zum Hintergrund der Tat. Ein »faschistischer Bandit«, wie die DDR-Zeitungen den Schützen bezeichneten, ist er ganz sicher nie gewesen.

Für Außenstehende ist es kaum nachzuvollziehen, in welcher Situation sich beide Seiten in solchen Fällen befanden, wie eine Familie von solch einer Tragödie belastet wird und die Angehörigen darunter leiden. Und das in Hunderten von Fällen. Pauschalurteile sind unangebracht. Jeder Fall hat seine eigene Geschichte.

Immer aber ist es das Spiel der Großen um die Macht, ist es das mit Füßen getretene Menschenrecht, das staatlich legalisierte Unrecht, das solche Schicksalsschläge heraufbeschwört. Für Opfer und Täter gleichermaßen.

PINOVA

Auf seiner täglichen Fahrt zur Arbeit konnte sich Honeckers Begleitkommando nicht verfahren. Die dreißig Kilometer von der Waldsiedlung Wandlitz bis zum »großen Haus« waren jeden Morgen und Abend komplett überwacht und abgesperrt. Honeckers metallicgrüne »Citroëns« preschten über die Straßen, die auf dieser Route ordentlich geflickt waren. Ansonsten war die DDR hinsichtlich der Schlaglöcher eine Überflussgesellschaft. In welchem der beiden Fahrzeuge das Staatsoberhaupt saß, war kaum auszumachen.

Die Fahrt war so rasant, dass Honecker nicht einmal die Schaufenster genießen konnte, deren Auslagen die Ladenbetreiber an der Protokollstrecke nicht ohne Genehmigung verändern durften. Mehr als anderswo wurden die Fassaden gestrichen, zumindest bis zur Höhe, die man aus dem Auto heraus sah. In einem relativ neuen Hochhaus Beimler-/Ecke Mollstraße, aus dem 1988 alle Mieter ausziehen mussten, weil sich das Haus senkte, hingen weiterhin Gardinen an den Fenstern. Bei Dunkelheit wurden in leeren Wohnungen Lichter angebrannt, damit Honecker nicht den Eindruck hatte, das Haus sei unbewohnt. »Rauchschwalbenhaus« hieß für Eingeweihte das leere Gebäude, weil darin inzwischen geschützte Vögel ihre Nachkommen aufzogen. Eine DDR-Naturschutzidylle.

Wenn der »Chef« über Land fuhr, waren das laut Presse, Funk und Fernsehen und dank unserer Berichte Höhepunkte im Leben der Republik. Stäbe von Funktionären bereiteten die Besuche wochenlang vor. Gegen die Umwelt-Regisseure von Partei und Staatssicherheit war Potemkin ein einfallsloser Landschaftsgestalter.

Mitunter wurde sogar vergilbtes Gras an den Zufahrtsstraßen mit Farbe grün gesprayt, wie mir ein Cousin erzählte, der an solchen kosmetischen Operationen beteiligt war. Häuserwände, von denen der Putz bröckelte, wurden mit Attrappen verkleidet. Schief gewachsene alte Bäume versuchte man mit Zugmaschinen gerade zu richten.

Bevor Honecker im Mai 1986 Thüringen besuchte, stand an einem Ortseingang, den er passieren musste, eine halb verfallene Feldscheune. Jahrelang hatte der Bürgermeister den Besitzer gebeten, diesen Schandfleck zu beseitigen. Dem war das zu teuer. Kurz vor dem Honeckerbesuch erledigten das über Nacht die Heinzelmännchen.

Neidvoll verfolgten viele Bürgermeister diese Besuche, die sie auch gern gehabt hätten. Dann wären auf einen Schlag Straßen und Bürgersteige repariert, die Straßenbeleuchtung in Ordnung gebracht und andere Mängel aus Sonderkontingenten behoben worden. Man war nicht kleinlich.

Im Klubhaus von Gierstädt auf der Fahnerschen Höhe bei Erfurt tafelte Honecker ländlich-sittlich mit Bäuerinnen und Bauern. An diesem Abend war die hier arbeitende Bedienung komplett gegen

Leute aus den Regierungsgästehäusern ausgetauscht worden. Einheimische amüsierten sich über Scharfschützen auf Dorfdächern und einen frisch asphaltierten, viel zu großen Parkplatz. Bei der Hinfahrt fuhren wir durch eine angeblich menschenleere Landschaft, weil wir nicht bemerkten, dass die Polizisten beiderseits der Straße flach hinter den Böschungen lagen.

Da es sich um ein Obstanbaugebiet handelte, pflanzte Honecker einen Apfelbaum »Pinova« aus dem Obstbauinstitut Pillnitz bei Dresden. Das Bäumchen wurde gehegt und gepflegt, schien aber nicht zu wachsen. Nach 1989 erfuhr ich, dass das Original mehrfach abgebrochen worden war. Heimlich setzte man Bäumchen dieser Sorte nach. Damals fand man den Baumfrevler nicht, später wollten es mehrere gewesen sein.

Eines Sonntags fuhr ich zur Landwirtschaftsausstellung nach Leipzig-Markkleeberg, weil Honecker überraschend dort auftauchen sollte. Nachdem unser Auto vom Typ Lada – es war der Dienstwagen des Generaldirektors und dessen Fahrer Paul – auf der Autobahn bei hundertvierzig Stundenkilometern geblitzt wurde, weil das Tempolimit in der DDR bei einhundert km/h lag, stand an einem Parkplatz ein Polizist mit erhobener Kelle, um uns abzukassieren. Paul nahm aus der Türverkleidung den A-Schein seines Chefs mit der Unterschrift des Innenministers und hielt ihn hinter die Windschutzscheibe. Der Verkehrspolizist sprang zur Seite und wir durften unbehelligt weiterfahren. Die ganze politische Oberschicht hatte A-Scheine.

Ein findiger Kraftfahrer unserer Agentur vertraute mir damals einen Trick an: Er hatte einen großen verschlossenen Briefumschlag mit vielen leeren Blättern im Türfach stecken. Darauf stand die ZK-Adresse von Politbüromitglied und Agitationschef Joachim Herrmann. Dazu »Eilt!« und »Persönlich übergeben!«. Wurde er wegen zu schnellen Fahrens angehalten, redete er sich mit seinem »Sonderauftrag« heraus. Das klappe immer, meinte er.

Zu den Höhepunkten darstellender Gunst gehörte der Besuch von Bundeskanzler Helmut Schmidt 1981 in der Barlach-Stadt Güstrow. Freude und Begeisterung, die ihm zweifelsohne entgegengebracht wurden, jedoch eine leichte Abstufung gegenüber seinem Gastgeber Honecker erkennen ließen, waren bis ins Detail einstudiert. In Dokumentationen, die bereits in Funk und Fernsehen präsentiert wurden, ist nichts übertrieben. Alles, was man sich für eine Übertreibung an Sicherheitsdienstleistungen einfallen lassen könnte, war dem MfS schon eingefallen.

Hinter Schmidt und Honecker schritt ich über den Weihnachtsmarkt und erlebte die bittere Komödie live, von der nur einer der beiden Hauptdarsteller die Regieanweisungen kannte. Honecker hatte befürchtet, Schmidt wolle in Güstrow »eine politische Show« abziehen. Dem wurde derart vorgebeugt, dass das am selben Tag in Polen verhängte Kriegsrecht ein schwacher Abglanz der Belagerung von Güstrow war.

Vor dem Besuch hatten mehr als tausend Familiengespräche stattgefunden. »Zwielichtige« Personen wurden eingeschüchtert, Schulen als »Zuführungspunkte« hergerichtet. Tage vorher waren Parteischüler aus Berlin nach Güstrow gereist, um sich Westreportern gegenüber als Bürger der Stadt auszugeben.

Auch wir Journalisten hatten uns mit dem 750 Jahre alten Städtchen vertraut gemacht. Wir erfuhren, dass das von einem italienischen Baumeister geschaffene Renaissanceschloss mit großem Aufwand restauriert wurde, Güstrow eine Pädagogische Hochschule besaß sowie 200 wunderschöne alte Haustüren, von denen 60 unter Denkmalschutz, alle aber an diesem Dezembertag unter Beobachtung standen.

Am Besuchstag in Güstrow waren ab sechs Uhr morgens die Zufahrtsstraßen dicht, ab acht Uhr war ein militärischer Außenring geschlossen. Nur ausgewählte Bürger wurden für den Besuch des Weihnachtsmarktes zugelassen, darunter auch Mitglieder aus anderen Parteien, die von der SED »geschult« worden waren. Ho-

Grundschulklasse in Walschleben, Thüringen, 1947. Ich: obere Reihe, nach unten schauend. Ein buntes Gemisch von »Umsiedlern« und Kindern alteingesessener Familien, doch die Herkunft spielte bei uns schon bald keine Rolle mehr. Oben rechts: unser »Neulehrer«.

Das obligatorische Konfirmandenfoto mit Gesangbuch, 1954. Die Jugendweihe wurde erst ein Jahr später eingeführt.

Während der Lehrzeit im Hydrierwerk Rodleben, Dessau, 1955, mit Li Sin Jong, einem meiner koreanischen Freunde.

Ausbildungsklasse für den Chemiefacharbeiterberuf im Hydrierwerk Rodleben auf Exkursion zum Völkerschlachtdenkmal in Leipzig, 1955. Neben mir, in der oberen Reihe, die beiden koreanischen Mädchen O Kjung Nam (links) und Li Un Bang.

1957 mit zwei älteren Freunden Heiner (l.) und Gerd. Mit Gerd hatte ich mir in vielen Gesprächen ausgemalt, wie reizvoll es wäre, auszuwandern. Wir wollten nach Australien. Nach umfangreichen Vorbereitungen haben wir es schließlich nicht übers Herz gebracht, unser Dorf zu verlassen.

In einem Betrieb für Feinchemikalien in Apolda bei Weimar legte ich mit 16 die Facharbeiterprüfung u.a. über Kristallzüchtung ab.

Mit Begeisterung widmeten wir uns nach dem Krieg der Hausmusik, als wollten wir uns auf kulturelle Tugenden zurückbesinnen.

Bei einem »Streitgespräch« für die Betriebszeitung »EVB-Echo« 1964, mit altehrwürdigen Abgeordneten des Erfurter Parlaments und Angestellten der Bezirksbehörde der Verkehrspolizei. Die Diskussion führte zur Verbesserung des öffentlichen Nahverkehrs im ganzen Land.

Alltag eines Journalisten: In Thüringen begleitete ich (im Hintergrund) 1966 den stellvertretenden Landwirtschaftsminister Bruno Skodowski (2.v.l.) bei Gesprächen mit Bauern und der Besichtigung von Neubauten in landwirtschaftlichen Produktionsgenossenschaften.

Parteiversammlung im ADN Berlin, 1970. Wie die Losung besagt, sollten Nachrichten so geschrieben werden, dass sich die Menschen im Land auch »danach richteten«. Das setzte voraus, dass man mit den offiziellen Handlungsanweisungen, also den Beschlüssen der SED, gut vertraut war.

Bei Messebesuchen Erich Honeckers, wie hier Ende der siebziger Jahre an einem westdeutschen Stand in Leipzig (linke Tischreihe, 4.v.l.), hatte ich (2. Reihe, ganz links) wiederholt dem SED-Generalsekretär einen Abschlussbericht vorzulegen und von ihm persönlich absegnen zu lassen.

Dieses Foto entstand während des Besuchs Honeckers 1982 in Damaskus. Blick vom Sheraton-Hotel auf die Berge in Richtung Libanon. Doch die Idylle täuscht über die immensen Sicherheitsvorkehrungen hinweg, die für den Staatsbesuch aus der DDR aufgeboten wurden.

Freundschaftliche Begegnung in Palmyra, der antiken Oasenstadt in der syrischen Wüste. Am Rande des Honecker-Besuches war es mitunter möglich, einfache Bürger kennenzulernen und mehr über das Land, die Leute und ihre Sorgen zu erfahren.

Grillen in Taschkent, 1983. Usbekische Journalisten hatten uns eingeladen, ihre Gastfreundschaft zu genießen. Unter Maulbeerbäumen wurde gemütlich gebrutzelt und erzählt. Die innere Unzufriedenheit über das neostalinistische Breshnew-System war aber trotzdem deutlich spürbar.

Erich Honecker ließ sich 1987 im Karl-Marx-Haus in Trier wie ein Urenkel des unnachgiebigen Kritikers der kapitalistischen Produktionsweise hofieren. Dabei wurde Marx im »real existierenden Sozialismus« der DDR geradezu verfälscht.

Beginn des pass- und visafreien Reisevekehrs DDR-Polen, 1972. Auf der Oderbrücke in Frankfurt bekundeten Honecker und der polnische Parteichef Gierek eine Freundschaft für die Ewigkeit. Die ging 1980 brüsk zu Ende, als die Grenze für DDR-Bürger wieder geschlossen wurde.

Leonid Breshnew, sowjetischer Staats- und Parteichef, auf DDR-Besuch, 1973. Er begrüßte Honecker mit den bedeutungsschweren Worten: »Wenn der Prophet nicht zum Berg kommt, muss der Berg zum Propheten«. Ich (links) musste mir leider eine langweiligere Grußformel einfallen lassen.

Tagung des Politisch Beratenden Ausschusses der Staaten des Warschauer Vertrages in den siebziger Jahren in Berlin. Das Zeremoniell der Unterschrift unter das Schlussdokument war ein von allen Beteiligten, auch von uns Journalisten, sorgsam beobachteter Staatsakt, den es präzise zu schildern galt.

Der finnische Staatspräsident Urho Kekkonen besuchte 1977 die DDR. Auf dem streng abgeriegelten »Sonderteil Nord« des Flughafens Schönefeld wurden mehrere Hundert Bürger zur spontanen Begrüßung in Bussen herangefahren.

ADN bei Nacht. Aus diesem Berliner Gebäude, Ecke Mollstraße / Karl-Liebknecht-Straße, sendete die Nachrichtenagentur der DDR seit Beginn der siebziger Jahre 24 Stunden am Tag ihre Hurrameldungen über den Arbeiter- und Bauernstaat in alle Welt.

Einweihung des neuen ADN-Gebäudes im Juni 1971. Die Eröffnungsrede hielt Werner Lamberz (links), der bald hoffnungsvoller »Kronprinz« Honeckers wurde, jedoch 1978 bei einem mysteriösen Hubschrauberabsturz in Libyen ums Leben kam.

Die Arbeit im »Großraum Wort« des ADN gestaltete sich wider Erwarten recht angenehm. Wände und Decken waren gut isoliert und sogar der Fußboden war doppelbödig angelegt – wie auch manche Nachricht, die wir unter dem ADN-Kürzel zu verbreiten hatten.

Spalierbildung durch ganz Ostberlin. Hier zum Beispiel hatte man Wladimir Axjonow (links) und Waleri Bykowski im offenen Wagen chauffiert, weil sie 1976 mit einer DDR-Kamera im Weltall waren. Aber es gab noch seltsamere Gründe, weswegen Tausende an die Straßen gestellt wurden.

Liebknecht-Luxemburg-Demonstration Mitte Januar 1986. Dazu kamen Tausende Berliner freiwillig und gern, ganz in der Tradition der Arbeiterbewegung. Die Losungen waren natürlich vorgegeben. Unpassende Zitate der sozialistischen Galionsfiguren wurden vorsorglich »aussortiert«.

Hier garantiert die Sittlichkeit des Sozialismus jedem das Menschenrecht auf Arbeit. Hier werden die geistigen Kräfte des Volkes durch gleiche Bildungschancen für alle gehoben. ~~Hier hat jeder das Recht zu demokratischer Mitbestimmung~~. Hier wird Politik nicht gegen die Menschen, sondern für sie und mit ihnen gemacht. Hier hat jeder eine sichere Gegenwart und eine klare Perspektive.

Unsere Kampfdemonstration ist in jedem Jahr eine Bekundung unseres Friedenswillens. Karl Liebknechts entschiedenes NEIN zur Bewilligung von Kriegskrediten ist eingegangen in unser entschiedenes JA zu Entspannung und Abrüstung, zu Dialog und internationaler Zusammenarbeit. Sein Wort "Wenn du den Frieden willst, mußt du den Sozialismus bereiten!" findet sich wieder in unserer Massenbewegung "Mein Arbeitsplatz - mein Kampfplatz für den Frieden!". Sein leidenschaftlicher Ruf "Nieder mit dem Krieg!" begründete eine machtvolle antimilitaristische Bewegung. In dieser Tradition steht auch jenes "Jetzt erst recht - alles für die Stärkung des Sozialismus und die Sicherung des Friedens!", mit dem Genosse Erich Honecker 1983 nach Beginn der Stationierung der NATO-Raketen zu erhöhten Anstrengungen im Friedenskampf aufrief.

Dieser Kampf hat sich gelohnt!

Wir gehen in diesem Jahr zu den Gräbern von Karl und Rosa mit dem Bekenntnis zur konsequenten Fortführung des Abrüstungsprozesses, der mit dem Vertrag zwischen der UdSSR und den USA zur Beseitigung ihrer Raketen mittlerer und kürzerer Reichweite eingeleitet worden ist. Dieses Abkommen ist für alle Völker der Erde ein ermutigendes Signal. Zum ersten Mal werden Waffen nicht durch Waffen, sondern

Egon Krenz hielt die Eröffnungsrede der Liebknecht-Luxemburg-Demo im Januar 1988. Nachdem zuvor Bürgerrechtler festgenommen worden waren, weil sie auf Transparenten »Freiheit für Andersdenkende« gefordert hatten, wurde ein brisanter Satz aus der Vorlage gestrichen. (siehe auch Seite 192)

Sich selbst aus unserer Gesellschaft ausgegrenzt

Berlin (ADN/JW)
Wie der Sprecher des Ministeriums für Auswärtige Angelegenheiten mitteilte, sind die ehemaligen Bürger der DDR, die sich rechtswidrig in den Botschaften der BRD in Prag und Warschau aufhielten, über die Deutsche Demokratische Republik in Zügen der Deutschen Reichsbahn in die BRD abgeschoben worden. Die DDR sah sich dazu aus humanitären Gründen veranlaßt angesichts der in den BRD-Vertretungen entstandenen unhaltbaren Situation, die beim eventuellen Ausbruch von Seuchen auch Menschen der betreffenden Länder bedroht hätte. Daran hätte auch die Tatsache nichts geändert, daß die entstandene Situation nicht durch uns verschuldet war, sondern durch die BRD auf Grund der Verletzung der völkerrechtlichen Normen für Botschaften. Diese können in Europa kein Asyl gewähren.

In der Erklärung heißt es unter anderem: Nun werden einige Bürger der DDR an uns mit Recht die Frage stellen, warum wir diese Leute über die DDR in die BRD ausreisen lassen, obwohl sie grob die Gesetze der DDR verletzten. Die Regierung der DDR ließ sich davon leiten, daß jene Menschen bei Rückkehr in die DDR, selbst wenn das möglich gewesen wäre, keinen Platz mehr im normalen gesellschaftlichen Prozeß gefunden hätten. Sie haben sich selbst von ihren Arbeitsstellen und von den Menschen getrennt, mit denen sie bisher zusammen lebten und arbeiteten. Bar jeder Verantwortung handelten Eltern auch gegenüber ihren Kindern, die im sozialistischen deutschen Staat wohlbehütet aufwuchsen und denen alle Kindereinrichtungen, alle Bildungs- und Entwicklungsmöglichkeiten offenstanden. Jene Leute hätten auch Schwierigkeiten bekommen, neue Wohnungen zu erhalten, da diese natürlich für andere Bürger vorgesehen sind. Vorzugsbehandlung konnten sie in der DDR nicht erwarten. Hinzu kommt, daß sich nach bisherigen Feststellungen unter diesen Leuten auch Asoziale befinden, die kein Verhältnis zur Arbeit und auch nicht zu normalen Wohnbedingungen haben.

Sie alle haben durch ihr Verhalten die moralischen Werte mit Füßen getreten und sich selbst aus unserer Gesellschaft ausgegrenzt. Man sollte ihnen deshalb keine Träne nachweinen. Wie es ihnen drüben ergeht, zeigen jetzt schon einige Berichte aus der BRD. Einige wurden bereits aus Arbeitsstellen entlassen, weil sie während der Arbeit Besorgungen machen wollten. In einem Autowerk hat man eine Frau ausgelacht, weil sie für ihre Kinder Kindergartenplätze beantragte. Arbeiter haben ihr zugerufen, sie verwechsle die BRD mit der DDR. Wäre sie dort geblieben, brauchte sie sich jetzt keine Sorgen um Kindergartenplätze zu machen. Doch wie viele Schicksale bleiben im Dunkeln, wenn erst einmal die Fernsehscheinwerfer abgeschaltet sind.

Ungern erinnern sich viele ADN-Mitarbeiter an die Aufforderung, man möge den Ausgereisten »keine Träne nachweinen«, die im Oktober 1989 publik gemacht wurde. Honecker selbst schrieb diesen Satz in den Kommentar. Es war so ziemlich die letzte »unserer« Verlautbarungen, für die wir uns schämten.

Auf dem Weg zur Kundgebung am 4. November 1989.

Historischer 4. November 1989. Berliner Bürgerrechtler organisierten eine Kundgebung für die Meinungs- und Pressefreiheit in der DDR. Fast eine Million Menschen folgten dem Aufruf zum Alexanderplatz, wobei sich die Rednertribüne ganz symbolträchtig vor dem »Haus des Reisens« befand.

```
bln/pl1011Mat.itt                                          itt
rf150 4 pl 341 2733 4971 ADN1089
Reisen/Dokumentation 1 (3 Teile)
Eine Entscheidung von historischer Tragweite - Reiseregelungen der
DDR besonnen praktiziert - Dokumentation über die ersten 50 Stunden

    Berlin (ADN). Die von der Regierung der DDR beschlossenen und in
Kraft getretenen Reiseregelungen sind von Millionen Bürgern der DDR
mit Zustimmung aufgenommen und bereits genutzt worden. Die Maßnahmen
finden seit Tagen breites Echo in aller Welt. Eine Dokumentation:

Donnerstag, 9. November:
    - Gegen Abend teilte der DDR-Regierungssprecher dem ADN mit, der
Ministerrat habe beschlossen, daß bis zum Inkrafttreten einer
entsprechenden gesetzlichen Regelung der Volkskammer neue
Bestimmungen für Privatreisen und ständige Ausreisen aus der DDR ins
Ausland mit sofortiger Wirkung in Kraft gesetzt werden, deren
wichtigste Aussagen sind: Danach können Privatreisen ohne Vorliegen
von Voraussetzungen beantragt und Genehmigungen kurzfristig erteilt
werden. Die zuständigen Stellen seien angewiesen, Visa unverzüglich
zu erteilen.
    - Etwa zur selben Zeit informierte SED-Politbüromitglied Günter
Schabowski, der über den zweiten Tag des 10. ZK-Plenum informierte,
in Berlin die internationale Presse.
    - Am späten Abend begeben sich tausende Bürger zu den
Grenzübergängen nach Westberlin. Allein mit dem Personalausweis
passierten viele die Grenze, zumeist, um das Verfahren "einmal
```

Nach dem Fall der Berliner Mauer bezeichnete ich die neuen »Reiseregelungen« in einem längeren ADN-Beitrag als »Entscheidung von historischer Tragweite«. Die Zensur hatte sich zum Glück in Luft aufgelöst.

```
01a11036é 1111
             -- DPA --                                   22:51#
DDR/Reisen
ADN: Entscheidung von historischer Tragweite - Scherz traf
DDR-Kommandeur -
    Berlin (dpa) - Die DDR-Nachrichtenagentur ADN hat die neuen
Ost-Berliner Reiseregelungen am Samstag als "eine Entscheidung von
historischer Tragweite" bewertet. Sie seien von Millionen Bürgern mit
Zustimmung aufgenommen und bereits genutzt worden. Die Maßnahmen
fänden ein breites Echo in aller Welt.
    In einer Chronologie des Geschehens teilte ADN auch mit, der
Berliner Polizeipräsident Georg Scherz am Nachmittag am Grenzübergang
"Checkpoint Charly" mit Oberst Günter Leo, dem stellvertretenden
Kommandeur des DDR-Grenzkommandos Mitte, zusammengetraf. Scherz habe
versichert, "daß die Westberliner Polizei zu Ruhe, Ordnung und
Besonnenheit an der Grenze beitragen wolle". Man habe ferner über den
schnelleren Austausch von polizeitechnischen Informationen und
bessere Kontaktmöglichkeiten gesprochen.
dpa mm
112247 nov 89
```

Westliche Nachrichtenagenturen griffen meine Formulierung sofort auf und meldeten, ADN habe die neuen Regelungen als »Entscheidung von historischer Tragweite« bewertet. Solch offene Bericht-erstattung war man von uns nicht gewöhnt. Endlich waren wir frei von der Gängelei.

necker war einzig und allein daran gelegen, ein zweites Erfurt zu verhindern. Eine ähnliche Peinlichkeit wie 1970, als Tausende vor dem Hotel »Erfurter Hof« nach Willy Brandt riefen und keiner nach Willi Stoph, sollte Honecker erspart bleiben. Noch ein solches Debakel hätte Mielke politisch nicht überlebt.

Die Stasi-Aktion »Dialog« klappte. Die Güstrower Bürger waren zwischen neun und achtzehn Uhr in ihre Häuser verbannt, vor denen Polizeiketten aufgefädelt waren. Sie durften kein Fenster zur Straße öffnen. Kurz: Es war fast so wie vierundzwanzig Jahre später in Mainz, als US-Präsident George W. Bush die Stadt besuchte.

Ich hatte angenommen, Schmidt breche angesichts des gerade in Polen verhängten Kriegsrechts den Besuch in der DDR ab. Doch eisern galt die Devise: »Wandel durch Annäherung«, wenn es auch schwer fiel. Allerdings verkniff es sich der Bundeskanzler, im Güstrower Dom – wie ursprünglich vorgesehen –, auf der Orgel zu spielen. Angesichts der Lage im benachbarten Polen hielt Schmidt eine solche Geste für unangemessen. In Gedanken versunken betrachtete er in der Winterkirche des Doms Ernst Barlachs Bronzeplastik »Der Schwebende« mit den Gesichtszügen der leidenschaftlichen Kriegsgegnerin Käthe Kollwitz.

Feigenblätter

Sehr oft hatten wir in unserer täglichen Arbeit mit den so genannten Blockparteien zu tun. Obwohl auch die SED eine Blockpartei war, wurde der Begriff immer nur für die mit ihr »befreundeten Parteien« verwendet. Deren Mitglieder fühlten sich lange unterschätzt und vernachlässigt, bis einige von ihnen später glaubhaft zu machen versuchten, zur Opposition in der DDR gehört zu haben.

Wer Augen und Ohren hatte, wusste, dass diese Parteien als Opposition untauglich waren. Allenfalls waren sie die Feigenblätter an den Schlingpflanzen der Macht. Ihre Eigenständigkeit war gleich null, ihre politischen Ziele orientierten sich an den Beschlüssen der

SED. Prozesse und drakonische Urteile gegen »Blockpolitiker«, die in den Anfangsjahren der DDR von den SED-Zielen abwichen, hatten ihre Spuren hinterlassen, ergebene Parteiführungen mit FDJ-Erfahrung in Stellung gebracht und eigene Wege ausgeschlossen.

Für die Stärke der Blockparteien hatte die SED ein Limit vorgegeben. Mehr als 130.000 Mitglieder sollten es in keiner Partei sein, während das Heer der Genossinnen und Genossen in der SED zwei Millionen überschritt. Der hauptamtliche SED-Apparat allein zählte 44.000 Mitarbeiter und war im Grunde das unproduktivste Unternehmen, das es in der DDR gab. Er war ein Staat im Staate, ausgeschlossen von jeder demokratischen Kontrolle.

Wenn irgendwann ein Arbeiter den Werbungen der SED entgehen und in eine andere Partei »flüchten« wollte, war das so einfach nicht, wie es oft dargestellt wird. Die Aufnahme von Arbeitern in anderen Parteien bedurfte der Rücksprache mit der SED. Zeitweilig verhängte die SED sogar Aufnahmesperren für die Blockparteien.

Die Finanzierung der Parteien erfolgte über Mitgliedsbeiträge, parteieigene Unternehmen sowie durch die SED. Die vier Parteien CDU, DBD, LDPD, und NDPD hatten jedes Jahr im SED-Zentralkomitee ihre Finanzpläne vorzulegen. Die wurden, mitunter mit Korrekturen, abgesegnet, bevor die Millionen flossen. Die Parteivorsitzenden bekamen drei- bis viermal im Jahr mehrere Millionen ausgezahlt, anfangs in bar, später per Überweisung, über die sie verfügen durften. Damit erkaufte sich die SED ihre »Führungsrolle«. Die CDU beispielsweise kassierte im letzten kompletten DDR-Jahr 35,3 Millionen Mark, alle vier Parteien zusammen 112 Millionen.

Aufschlussreich war die Besetzung von Spitzenfunktionen in der Ost-CDU. Wie mir ein Bekannter aus dem Parteivorstand einmal vertraulich erklärte, entschied zunächst die entsprechende SED-Ebene im Kreis, im Bezirk oder im Zentralkomitee über die Besetzung von Führungsposten. Gab es Zustimmung, war die Stasi am Zug. Lehnte die ab, war der Kandidat durchgefallen. Stimmte die Stasi zu, wurde der Kandidat den Mitgliedern mit dem Hinweis offeriert, dass »die anderen demokratischen Kräfte« den Menschen ebenfalls empfehlen würden.

Einem mir gut bekannten CDU-Politiker, der zur Regierung de Maizière gehörte, bezeugte ich meine Achtung für diejenigen, die im März 1972 in der Volkskammer das Gesetz zur Schwangerschaftsunterbrechung abgelehnt hatten. Mutig stellten sich christliche Abgeordnete gegen dieses Gesetz. Noch nie zuvor hatten Vertreter des Volkes im Parlament des Arbeiter-und-Bauern-Staates gegen ein Gesetz gestimmt. Woher, so fragte ich, hatten diese Leute den Mut genommen?

Mein Gesprächspartner lachte und schilderte, welche Mühe er und seine Parteifreunde im Fraktionsvorstand hatten, die vierzehn Nein-Stimmen zu organisieren. »Wir mussten unseren Abgeordneten versichern, dass ihnen aus der Ablehnung des Gesetzes keine Nachteile erwachsen würden. Die Ablehnung hatte den schönen Effekt, dass die Kirchen zufrieden waren und die Demokratie Triumphe feierte.« Es war eine Farce.

Bei den ersten freien Wahlen in der DDR im März 1990 war die Ost-CDU, wenn auch nur für kurze Zeit, an die Schalthebel der Macht gelangt, ohne durch die SED bevormundet zu werden. Mein Gesprächspartner bremste meine Euphorie: »Jede Regierungsvorlage in der Herrschaftszeit von Ministerpräsident de Maizière ging zur Bestätigung in das Bundeskanzleramt. Auf unserer Regierungsetage hatte sich eine anonyme Beratergruppe etabliert, die alle Regierungsentscheidungen prüfte und billigte. Wir als CDU-Hauptvorstand waren kaltgestellt und faktisch bis zur Angliederung der Ost-CDU an die West-CDU entmachtet.«

Kurz vor dem protokollarischen Ende der DDR traf ich in der Hotelbar des inzwischen abgerissenen Palast-Hotels in Ostberlin einen »freien« Journalisten aus dem Westen, der sich, leicht angesäuselt, brüstete, von allen großen Kriegsschauplätzen berichtet zu haben. Sein letztes Einsatzgebiet war Thüringen vor den ersten freien Wahlen in der DDR im März 1990. Für ein Tageshonorar von 600 DM habe er Mittelständler und deren Mitarbeiter auf die CDU eingeschworen.

Sein Hauptargument: »Wenn ihr nicht CDU wählt, könnt ihr die Westknete in den Wind schreiben …«

So viel zu den ersten freien Wahlen in der DDR. Ich bin fest davon überzeugt, sie waren unverfälscht.

BUCHPREMIERE

Als Erich Honecker mit 68 Jahren die Weltliteratur bereicherte, war ich Zeuge. Es war am 25. August 1980, an seinem Geburtstag, im Hause des SED-Zentralkomitees. Der Generalsekretär empfing den englischen Verleger Robert Maxwell vom Verlagshaus Pergamon Press Limited aus Oxford, der ihm das erste Exemplar der Biographie »Aus meinem Leben« überreichte. Honeckers Buch war in der Reihe »Leaders of the World« erschienen. Tatsächlich freute sich der Partei- und Staatschef wie ein kleiner Junge über ein Schaukelpferd.

Nach dem offiziellen Zeremoniell blieb ich als Einziger in Honeckers Arbeitszimmer, um mir von ihm das Buch für ein paar Aufnahmen des Fotografen auszuleihen, der im Foyer wartete.

Honecker schien meinen Wunsch nicht wahrzunehmen. Er hielt den in Leinen gebundenen Band in den Händen und durchblätterte lose die fünfhundert Seiten. Dabei stellte er sich neben mich und erklärte mir einige Fotos. Er zeigte mir sein Geburtshaus, seine Eltern, das Foto, das ihn in Rotfrontkämpferuniform mit Trommel zeigt, und andere Erinnerungen an Kindheit und Jugend im Saarland. Er wurde ganz sanft und geriet ins Schwärmen. Kindheit und Jugend prägen einen Menschen fürs ganze Leben, sagte er.

Einige Zeit später blätterte ich zu Hause in dieser Neuerwerbung und wunderte mich an manchen Stellen doch sehr. Mielkes Fachleute und ausgewählte Historiker hatten ganze Arbeit geleistet. Zum Beispiel lassen sie Honecker schildern, wie ihn die Novemberrevolution 1918 geprägt habe. Damals, so heißt es, »erklärte mir mein Vater in seiner einfachen Art, warum die Reichen reich und die Armen arm sind, woher die Kriege kommen, wer an den Kriegen verdient und wer unter ihnen leidet. Für mich war das einleuchtend. Ich gewann ein klares Weltbild.«

Genial! Mit sechs Jahren ein klares Weltbild. War Honecker ein Wunderkind? Sicher, denn viele haben sich auch später noch über ihn gewundert. Vielleicht war es den Autoren zu gewagt, auch noch die russische Oktoberrevolution von 1917 als prägendes Erlebnis für den Fünfjährigen heranzuziehen. Vielleicht hatte er als Sechsjähriger schon den Verstand von heute, dachte ich, vergaß es aber vorsichtshalber schnell wieder.

Vier Jahre vor dieser Autobiographie hatten bereits drei ehemalige Mithäftlinge Honeckers aus dem Zuchthaus Brandenburg-Görden, darunter einer meiner ersten Chefredakteure, mit dem Buch »Gesprengte Fesseln« dem SED-Chef ein wohlgefälliges Denkmal gesetzt. Ein anderer Mithäftling urteilte jedoch an anderer Stelle ganz anders über den Arzt-Kalfaktor Honecker: »Der war farblos, scheu und wenig kameradschaftlich, kontrollierte unangenehm genau und spielte sich ein bisschen als zweiter Chef auf.«

Im Buch über Brandenburg taucht nicht einmal der Name Robert Havemann auf. Den zum Tode verurteilten Kommunisten erwartete in Brandenburg die Hinrichtung. Weil der Physiker den Nazis jedoch als Wissenschaftler zu wertvoll war, hatte er in einem Labor zu forschen. Dabei bastelte er heimlich ein Radio und versorgte die Mithäftlinge, darunter auch Honecker, mit Informationen über den Krieg. Kein Wort davon in dem Buch. Denn in der DDR war Robert Havemann durch seine Kritik am real existierenden Sozialismus seit den sechziger Jahren Unperson.

Einmal, es war 1980, war Havemann zu einer Gedenkfeier zum Jahrestag der Befreiung des Zuchthauses Brandenburg gekommen. Erich Honecker hatte eingeladen, da konnte man einen so prominenten ehemaligen Häftling nicht übergehen. In den Redaktionen, die darüber berichteten, wurde stundenlang unterwiesen und diskutiert, wie Havemann in Wort und Bild in die Berichterstattung einzuarbeiten sei. Alles andere war dagegen unwichtig.

Honecker hatte übrigens meinen Wunsch, mir sein Buch kurz zu überlassen, genau registriert. Er drückte es mir in die Hand und meinte: »Nimm es aber nicht mit.«

Großereignisse für uns Reporter waren Honeckers Messebesuche in Leipzig. Etwa vierzigmal, jeweils im März und im September, hing ich wie ein Hering im Schleppnetz, wenn Ulbricht und danach Honecker ihren Gang über das alte Messegelände zelebrierten. Tags zuvor war ein Dutzend Redakteure aus den Bezirksredaktionen nach Leipzig beordert worden, denn am Sonnabend hatten wir die Stationen des Eröffnungsrundgangs erfahren, woraufhin alle Berichterstatter zu den ihnen zugewiesenen Messeständen eilten, um zu erfahren, womit man dem hohen Gast am nächsten Tag imponieren wollte.

Die Aussteller, besonders die aus der Bundesrepublik, waren sehr kooperativ, denn schließlich bekamen sie durch die Redakteure eine letzte Bestätigung für den bevorstehenden ehrenvollen Besuch Honeckers.

Noch am selben Tag schrieben die Redakteure ihre Beiträge für den Rundgangsbericht, der sich über mehrere Zeitungsseiten erstreckte. Wenn alles so ablief, mussten hier und da nur noch ein paar Dialoge eingefügt werden. Erfahrene Redakteure hatten die Gespräche bereits vorempfunden, was bei Honeckers Standard-Vokabular nicht allzu schwer fiel.

Mir blieb über viele Jahre der Stand der Bundesrepublik Deutschland oder der sowjetische Pavillon vorbehalten. Der westdeutsche Firmenstand war in der Regel der einzige, bei dem Gastgeber und Gäste sich in einen Besprechungsraum zurückzogen und in einer Tischrunde ernsthafte Gespräche über beiderseitige Vorteile deutsch-deutscher Wirtschaftsbeziehungen führten.

Ich hatte stets dafür zu sorgen, dass ich im dichten Pulk einen Platz direkt hinter Honecker ergatterte und mein Tonbandgerät rechtzeitig auf dem Tisch vor seinem Stuhl platzierte. Das Gedränge war auch deshalb so groß, weil Journalisten aus der Bundesrepublik die Chance nutzten, Honecker ein Statement zu aktuellen Ereignissen der Politik zu entlocken. Doch wenn Honecker nicht antworten wollte, hatte er eine Floskel parat, mit der er auf eine

Frage reagierte: »Das möchten Sie gerne wissen, nicht wahr?« Dabei lachte er wie über einen Witz.

Der eine oder andere Westreporter reichte Honecker seinen neuesten Bildband über die DDR, wodurch er sich etwas Werbung versprach. Hin und wieder gab es auch kleine Aufmerksamkeiten. Der saarländische Ministerpräsident Oskar Lafontaine zum Beispiel schenkte dem Saarländer Honecker eine auf dessen Namen ausgestellte Aktie eines Unternehmens seines Bundeslandes.

Nach der deutsch-deutschen Begegnung, die etwa fünfzehn bis zwanzig Minuten dauerte, fuhr ich in die Redaktion, diktierte das Gespräch in Schreibmaschine oder Computer, glättete, redigierte, zog diese und jene Passagen zusammen und ließ alles sauber abschreiben. Etwa anderthalb Stunden später war ich mit dem Text und den Fotos im Gästehaus der SED-Bezirksleitung in der Leipziger Windscheidstraße.

An dieses Gästehaus habe ich eine besonders delikate Erinnerung. Im Frühjahr 1969 hatte ich einen Nachmittag lang auf Günter Mittag gewartet, der an einer Konferenz in Leipzig teilnahm. Nachdem ich mit Kaffee und Halberstädter Würstchen ausreichend versorgt worden war, gab mir ein Mitarbeiter des Gästehauses den Tipp, zum Zeitvertreib in den Kinosaal zu gehen. Nun gut, dachte ich, sicher wird ein revolutionäres sowjetisches Filmkunstwerk gezeigt, aber die Zeit vergeht wenigstens.

Minuten später traute ich meinen Augen nicht, als der in der DDR bis dahin noch nicht gezeigte Hollywood-Streifen »Das Mädchen Irma La Douce« mit Shirley MacLaine und Jack Lemmon lief. Von der Tatsache war ich mindestens so überrascht, wie ich vom Film begeistert war.

Als Honecker nach seinem drei- bis vierstündigen Messebesuch im Gästehaus erschien, nahm Agitationschef Joachim Herrmann meinen Bericht und einen Satz Fotos vom westdeutschen Stand und verschwand damit in Honeckers Appartement. Nach einer Viertelstunde kam er wieder, drückte mir mit dem Dank des Generalsekretärs den so gut wie unveränderten Bericht in die Hand und gab die ausgewählten Fotos frei.

Man musste Masochist sein, um das »Neue Deutschland« am Montag mit seitenlangen Messerundgangsberichten zu lesen. Dazu gab es Fotos über Fotos mit dem Generalsekretär und seinen Gesprächspartnern. Der Rekord lag zur Frühjahrsmesse 1984 in der Ausgabe vom 12. März bei 43 Honecker-Bildern.

Übrigens ergab es sich in den frühen achtziger Jahren einmal, dass mehrere Parteichefs der sozialistischen Bruderländer auf einem Foto zu sehen waren. Wir überlegten, wie man die Leute zusammenfassend nennen könnte, weil sie unterschiedliche Titel hatten, mal Generalsekretär, mal Erster Sekretär. Da kam aus dem »großen Haus« die Empfehlung: Summarisch könne man schon mal schreiben die »Führer« der marxistisch-leninistischen Parteien. Allein wollte Honecker zwar noch nicht als »Führer« bezeichnet werden, aber zusammen mit den anderen ginge das schon.

ENTSCHEIDUNGEN

Kurz vor Beginn der Gorbatschow-Ära war Honeckers Moskau-hörigkeit noch ungebremst. Im Frühjahr 1984 fiel im Kreml die Entscheidung, die Olympischen Sommerspiele von Los Angeles zu boykottieren – ein Beschluss des kurzzeitig an die Macht geratenen Hardliners Tschernenko. Er war die Retourkutsche für den Boykott der Moskauer Spiele 1980 durch den Westen, nachdem 1979 sowjetische Truppen in Afghanistan einmarschiert waren.

Zufällig erlebte ich, wie Honecker der Moskauer Boykott-Beschluss am 8. Mai, unmittelbar vor der offiziellen Festveranstaltung zum »Tag der Befreiung« in der Deutschen Staatsoper Unter den Linden, mitgeteilt wurde. Neugierig verfolgte ich im Apollo-saal, wo die Führung sich vor dem Festakt traf, was nun geschehen würde.

Honecker versammelte die anwesenden Mitglieder des Polit-büros in einer kleinen Stehrunde um sich und entschied, dass die DDR die Spiele selbstverständlich auch boykottieren werde. Vielleicht gab es dafür ein paar hunderttausend Tonnen Erdöl mehr oder was auch immer der Preis war. Nachdem Honecker seine kollektive Meinung kundgetan hatte, nickte die Runde beifällig.

Vertraulich teilte ich die Entscheidung unserer Sportredaktion mit, deren Mitarbeiter sich schon freudig auf die Reise nach Amerika vorbereiteten. Zwei Tage später verkündete das Nationale Olympische Komitee, als hätte es allein entschieden, die DDR würde keine Mannschaft zu den Spielen nach Los Angeles entsenden.

Noch einmal demonstrierten die sozialistischen Bruderländer ihren zweifelhaften Familiensinn. Die Enttäuschung bei vielen Athleten, die sich jahrelang auf die Spiele vorbereitet hatten, war unbeschreiblich, weil etlichen Sportlerinnen und Sportlern die letzte Möglichkeit geraubt wurde, langgehegte Träume zu verwirklichen. Sicher mag es unter den führenden Leuten auch solche gegeben haben, die anders dachten, die die Sportlerinnen und Sportler nicht dermaßen enttäuscht hätten. Aber die hielten sich – wie immer – zurück.

Da fällt mir das Dilemma eines parteiverbundenen DDR-Bürgers ein, der sich einem Test aussetzte. Es ging darum, dass dieser nach neuesten wissenschaftlichen Erkenntnissen immer nur zwei der folgenden drei Eigenschaften besitzen konnte: intelligent, ehrlich, linientreu zu sein, wobei Linientreue das ungetrübte Verhältnis zur Partei meint. Ergo: *Wer intelligent und ehrlich ist, kann nicht linientreu sein. Wer linientreu und ehrlich ist, dem fehlt es an Intelligenz. Und wer intelligent und linientreu ist, der kann unmöglich ehrlich sein.* Dieser angebliche Witz schien mir eine halbwegs sichere Orientierungshilfe zur Überprüfung des eigenen Standpunktes zu sein. Ich war intelligent genug, an meiner Ehrlichkeit zu mir selbst nicht zu zweifeln.

ALLTAG

Der Alltag in der Agentur war wenig spektakulär. Wer alles befolgte, was zu beachten war, konnte nicht viel falsch machen. Außerdem passten genügend Leute auf. Nachdem ich eine ganze Weile alles richtig gemacht hatte, wurde ich Chef vom Dienst. Das war der, der den Redakteuren als Erster auf die Finger sah, nichts Gravierendes entschied, aber wusste, wo er etwas vorzulegen hatte. Zum Beispiel beim Nachrichtenchef, der nicht ganz so brisante Nachrichten selbstständig an die Zeitungen, an Rundfunk und Fernsehen weiterleiten durfte. Auch diese Stufe erreichte ich bald.

Mit viel Interesse konzentrierte ich mich darauf, so genannte Lesestoffe, wie wir Themen von allgemeinem Interesse bezeichneten, zu entwickeln. Ich schuf Serien wie »Streiflichter«, »Reporter unterwegs« und »Zeitzeugen«, brachte verstärkt Alltagsthemen in die Nachrichtensendungen ein, die von den Zeitungen nicht als Pflichtbeiträge, sondern freiwillig und gern gedruckt wurden.

Es war selten, dass in der DDR einmal keine von oben angeordnete Masseninitiative lief. Für die »Überbietung« der Pläne waren besonders die Volkswahlen wie geschaffen. In deren Vorbereitung waren alle Redaktionen einbezogen, als gäbe es richtigen Wahlkampf. Wir berichteten von Wählervertreterversammlungen, stellten Kandidaten von der Einheitsliste der Nationalen Front vor, suchten nach kritischen Stimmen, die nicht am Schlaf der sozialistischen Welt rührten. Man wollte schließlich wissen, wer künftig die Gesetze abnickte.

Wie auch die Einheitsliste aussah, eine Mehrheit war immer gesichert – die der SED, egal, was die Stimmenauszählung ergab. Die SED-Fraktion besaß beispielsweise in der vorletzten Wahlperiode der Volkskammer von den 500 Sitzen nur 127 Mandate. Die anderen vier Parteien mit zusammen 208 Abgeordneten hätten die SED leicht überstimmen können, wenn da nicht noch die 165 Abgeordneten der Fraktionen von FDGB, FDJ, Kulturbund, Bauernverband und Frauenbund gewesen wären, von denen 142 SED-Mitglieder waren. Damit war die Mehrheit der Einheitssozialisten mit 269 Genossinnen und Genossen immer gegeben. Es sah alles sehr demokratisch aus, doch ein demokratischer Machtwechsel war ausgeschlossen.

Bei mehreren Wahlen hatte ich meinen festen Platz in der Zentralen Wahlkommission im Amtssitz des Staatsrates, in der auch der Vorsitzende der Wahlkommission der DDR – zuletzt Egon Krenz – sein Quartier aufgeschlagen hatte. Aus allen regionalen Wahlkommissionen trafen ab dem frühen Morgen Meldungen ein, aus denen wir Nachrichten und Berichte fabrizierten und so vermeintlich die Spannung hochtrieben, ob es denn die Kandidaten der Nationalen Front auch wirklich wieder in die Volkskammer oder die örtlichen Parlamente schaffen würden. Sie schafften es, denn andere gab es nicht. Zu später Stunde verbreiteten wir das Wahlergebnis, das man uns am frühen Morgen wohlweislich noch nicht ausgehändigt hatte.

Über viele Jahre erlebte ich, dass die katholischen Bürger im Eichsfeld rund um Worbis und Heiligenstadt die vorbildlichsten Wähler im ganzen Land waren. Regelmäßig schritten sie mit ihrem Pastor nach dem morgendlichen Gottesdienst zur Wahlurne, um ihre Stimmen den Kandidaten der Nationalen Front zu geben. Sie belegten hinsichtlich Uhrzeit und Wahlbeteiligung stets die vordersten Plätze und ließen sich nur ungern von Protestanten übertreffen. Sie hatten sich mit dem Vaterland aller Gutgläubigen arrangiert.

Prozesse gegen Wahlfälscher, die nach dem Verschwinden der DDR inszeniert wurden, muteten an, als zöge man den zur Verantwortung, der das Wasser in einem Weinfass mit Wasser verdünnt hat. In meinen Augen war das politisches Kasperletheater. Mit solchen und anderen Siegerposen wurde der PDS auf die Beine geholfen.

STATISTIKEN

In der Redaktion arbeiteten wir ab 1978 mit Computern der amerikanischen Firma »Omron«, aber manches andere ließ auf sich warten. Mitte der achtziger Jahre gab es einen weiteren Meilenstein der technischen Entwicklung. Die abstimmungspflichtigen Nachrichten wurden vom Tisch des Generaldirektors nicht mehr in einer schäbigen kunstledernen Transporttasche per Autokurier zu Honecker, Axen, Herrmann und Co. gebracht, jetzt gab es ein spezielles Gerät, das fernkopieren konnte. Das Wort »Fax« kannten wir noch nicht.

Die Redaktion hatte gerade mal einen alten Nahkopierer, über den der Nachrichtenchef verfügte. Wenn ein Kollege einen »sachbezogenen« Artikel aus einer westdeutschen Zeitung – die nur gegen Quittung ausgeliehen wurde – kopieren wollte, bat er mich als Diensthabenden um den Schlüssel. Ich gab ihn ihm unter der Bedingung, dass auch ich eine Kopie haben möchte, weil mich das Thema gleichermaßen brennend interessiere. Kurze Zeit später gab er den Schlüssel zurück mit einer Kopie des West-Fernsehprogramms der folgenden Woche. Wir verstanden uns ohne viel Worte, waren schließlich in derselben Parteigruppe.

Besonders gern durchforstete ich das Statistische Jahrbuch der DDR. Eines Tages stellte ich ein Material zusammen, das aussagte, was ein Bürger im Durchschnitt verdient, wie viele Subventionen ihm über die »zweite Lohntüte« zugute kommen und wie sich diese Zahlen in den vergangenen fünf Jahren entwickelt hatten. Das alles war nicht neu, klang aber ganz positiv.

Die Nachricht, etwa zwei Seiten lang, ging an die Medien und auch ins Ausland. Abends vor dem Fernseher rutschte ich fast vom Sessel, als Karl-Heinz Köpcke in der »Tagesschau« mitteilte, die DDR habe neue Zahlen über den Lebensstandard ihrer Bürger veröffentlicht. Dann kamen Zahlen, die ich gut kannte. Mir war klar, dass meine Initiative nicht ohne Konsequenzen blieb, wenn sogar die »Tagesschau« …!

Am nächsten Morgen rief der stellvertretende Finanzminister an und fragte, was wir da veröffentlicht hätten. Er kenne diese Zahlen nicht. Bald schon tauchte sein Sprecher in der Redaktion auf, der mir anvertraute, dass der Minister kurz nach der Nachrichtensendung telefonisch aus der Waldsiedlung Wandlitz befragt wurde, was das für Zahlen seien, die die »Tagesschau« gebracht hätte.

Ich gestand dem Abgesandten des Finanzministers, dass ich einfach nur das Statistische Jahrbuch gelesen hatte, so wie das jeder tun könne. Da fehlten ihm die Gegenargumente. »Ruf mich in Zukunft an, wenn du so etwas machst. Vielleicht kann ich dir helfen. Außerdem kommt mein Alter nicht in eine so peinliche Lage.«

Das Ganze endete letztendlich ohne Folgen, weil die DDR gut dabei weggekommen war.

Weniger gut kamen manche Personen der Zeitgeschichte weg, wenn Wissenschaftler über ihr Leben schrieben. Da geschah es schon mal, dass auf Geheiß von »ganz oben« über Nacht ein Buch aus den Regalen der Buchhandlungen und Bibliotheken verschwand.

Mit großem Interesse las ich das 1971 erworbene Buch »Im Auftrag der Partei« von Karl Mewis. Mewis war bis 1963 Kandidat des Politbüros, zeitweise Chef der Staatlichen Plankommission und wurde dann von Ulbricht als Botschafter nach Warschau, also in die Wüste, geschickt, wobei sich Wüste nicht auf Polen bezieht. In diesem Buch rechnete Mewis mit seinem einstigen Genossen, dem Thälmann-Mitstreiter in der KPD und späteren SPD-Fraktionschef im Bundestag, Herbert Wehner, ab.

Der konnte »auf eine so zynische Weise über Genossen sprechen, denen er nicht gewogen war, dass mir manchmal die Haare zu Berge standen«, schreibt Mewis und schildert im Detail, wie sich der Kommunist Wehner im Februar 1942 möglicherweise aus Angst vor einem illegalen Einsatz in Deutschland »offenbar selbst in die Hände der schwedischen Polizei gespielt hatte«. Der von der Partei für Wehner beauftragte Anwalt warf den Genossen vor »dass Sie mich veranlasst haben, einen solchen Achtgroschenjungen wie Wehner zu verteidigen. Er hat alles verraten, und ich habe die Verteidigung niedergelegt.«

Bald nach Honeckers Machtübernahme war dieses Buch nicht mehr zu finden. Der Hintergrund wurde mir klar, als ich 1973 vom Treffen Erich Honeckers und Herbert Wehners in der Schorfheide erfuhr. Historiker vermuten, dass beide beratschlagten, wie man die Zusammenarbeit zwischen DDR und BRD auf direktem Wege vertiefen, mehr auf Eigeninitiative bauen und die wachsamen Großmächte in bestimmten Dingen umgehen könne. Honecker und Wehner kannten sich aus der Illegalität der dreißiger Jahre im

Saargebiet, wo Honecker kommunistischer Jugendfunktionär war und Wehner die dortigen KPD-Funktionäre anleitete.

Wie sich herausstellte, hatte Mielke seine Hände im Spiel. Im Auftrag Honeckers retuschierte er am schwarzen Fleck in Wehners Weste, so dass sie im revolutionären Rot schimmerte, was sich dann auch bei runden Geburtstagen im »Neuen Deutschland« niederschlug. Ernsthafte Historiker der Akademie der Wissenschaften, die sich nicht an diese Spielregeln hielten und der Wahrheit auf den Grund zu kommen suchten, wurden mit Parteistrafen belegt, wenn sie anderes herausfanden, als gewollt war.

AUTOPRÄMIE

Manches klingt aus der Entfernung der Jahre möglicherweise amüsant. Doch das war es beileibe nicht. Es gab Kolleginnen und Kollegen, die an den Gängeleien, Abstrafungen und Bevormundungen bis hinein ins Privatleben zugrunde gingen. Sie steckten den Kopf in den Gasherd, in eine Schlinge oder unter Wasser. Andere Journalisten sprangen aus den oberen Etagen des Berliner Verlages, der bald den makaberen Beinamen Springer-Hochhaus hatte. Die Wahrheit wurde selten bekannt.

An der steigenden Zahl Alkoholiker in der DDR ließ sich ablesen, wie sich der Staat von seinen proklamierten edlen Zielen des Sozialismus mehr und mehr entfernte. Disziplinierende Auseinandersetzungen in den »Kollektiven der sozialistischen Arbeit« nützten herzlich wenig. Der eine brachte den Alkohol verdünnt in Kaffeeflaschen mit, der andere hatte ihn durch den Deckel in eine Brauseflasche injiziert. Die Sekretärin wickelte die Flasche in weißes Papier und stellte sie unter den Schreibmaschinentisch, manch anderer verschwand mit dem Flachmann auf der Toilette.

Der Einzelne war nichts, das Kollektiv war alles, und hinter dem Kollektiv stand die Partei. Und die hatte immer Recht. Als ich einen offensichtlichen Fehler Honeckers in einem seiner frei verhaspelten Ausflüge in die Geschichte korrigierte, wurde ich von einem Vorgesetzten gemaßregelt. »Wenn der Genosse Honecker sagt, der Schnee ist rot, dann ist der Schnee auch für dich rot!« Solche Stiche perforierten das Selbstbewusstsein.

Nicht die Stasi drangsalierte die Menschen, wie das nach 1989 oft in Verkennung der wirklichen Machtstrukturen zumeist von West-Kollegen dargestellt wurde. Das klingt so schön geheimnisvoll und stimmt in vielen Einzelfällen leider auch. Dennoch ging die psychische Gewalt von den Apparatschicks der Partei mit ihrer grenzenlosen Macht über Untergebene aus.

Wann immer es hieß: »Die Partei möchte, dass du ...« – da hatte es keinen Widerspruch zu geben. Die Partei war unantastbar das Höchste. Doch in Wahrheit waren es der Vorgesetzte und der Parteisekretär, das Duo Infernale. Jeden Widerspruch hätten sie als einen Angriff auf die Partei abgebügelt. Damit waren sie selber aus dem Schneider und konnten alles Unbequeme auf die Partei schieben. Doch eine Partei hat weder Recht noch Unrecht, sie besteht aus klugen Leuten und aus Dummköpfen. Wer von denen gerade die Mehrheit hat, darf sich »Partei« nennen. In der SED waren es nicht immer die Klügsten.

1984 bewarb ich mich um die Gunst, einen Pkw »Lada« sowjetischer Bauart kaufen zu können, über deren Verteilung die Partei – natürlich in Gestalt des Parteisekretärs und des Generaldirektor – entschied. Ich glaubte, diesen Wunsch äußern zu dürfen. Bedingung war, dass man eine Pkw-Anmeldung besaß. Da mir bis dahin das Geld gefehlt und ich gerade ein fünfstelliges Honorar für einen Titel der Rockgruppe »Puhdys« und mehrere Kriminalhörspiele für den Rundfunk bekommen hatte, holte ich mir ganz schnell im Autohaus Rummelsburg eine Pkw-Anmeldung.

Doch die Genossen waren wachsam. Ich hätte die Partei – nicht etwa den Parteisekretär – getäuscht, meinte die Abteilungsparteisekretärin. Sie hielt mir vor, die Partei hintergehen zu wollen, weil ich in Wirklichkeit keine Autoanmeldung besaß und mir demzufolge auch kein Auto zustünde. Damit kein falscher Eindruck entsteht: Ich wollte das Auto kaufen, nicht geschenkt haben. Übrigens hatte ich vergessen, dass ich noch eine Autoanmeldung aus den späten sechziger Jahren besaß.

Als ich mich später um einen gebrauchten »Wartburg« aus dem Fuhrpark des ADN bewarb, schrieb mein Generaldirektor an den Generaldirektor des Kombinats Maschinenbauhandel, der für den Verkauf volkseigener Dienstfahrzeuge zuständig war, eine Beurteilung über mich und bemerkte, dass ich dieses Auto verdient hätte. Bedingung war, dass der Zeitwert des ausgesonderten Fahrzeuges mindestens 35 Prozent des Neuwertes ausmacht.

Für siebentausend Mark bekam ich das Fahrzeug. Ich hätte es leicht für das Doppelte bis Dreifache weiterverkaufen können. Aber dann hätte ich sicher wieder die Partei betrogen.

UMSIEDLUNG

In der Tagesarbeit der Agentur galt es bestimmte Vorgaben und Auflagen nicht zu übersehen. Zu den ungeschriebenen Gesetzen gehörte die Kenntnis der Tabu-Liste, die der Redaktionssekretär akribisch führte. Darin war beispielsweise nachzulesen, dass wir nicht über Antiquitätenhandel berichten, keine Ertragszahlen zur Getreideernte veröffentlichen, mit Begriffen wie »Gemüse« und »Südfrüchte« zurückhaltend umgehen und das Wort »Westberlin« nicht verwendeten, sondern immer schön Berlin (West) schrieben. Außerdem waren ein paar Hunderttausend Sowjetsoldaten in der DDR als »Gruppe der sowjetischen Streitkräfte in Deutschland« zu bezeichnen, als wären es ein paar Touristen, die durch die ostdeutschen Wälder streifen.

Allerdings wurde ein Tabu, wenn es einmal beispielsweise von der Agitationskommission beim Politbüro verkündet war, nie wieder zurückgenommen. Auf eigene Verantwortung schrieben wir dann trotz eines Gemüse-Tabus über Blumenkohl, wenn es davon so viel gab, dass er in den Kaufhallen verschenkt wurde. Da war in vielen Beiträgen plötzlich Blumenkohl sehr gesund, im nächsten Jahr konnten es Mohrrüben sein.

Der vorauseilende Gehorsam, wie ich ihn später in Unternehmen der freien Marktwirtschaft nicht weniger ausgeprägt erlebte, funktionierte ganz gut. Die Schere im Kopf war scharf, und nicht selten übertraf man sich gegenseitig in der Gestaltung von Scherenschnitten. Zum Beispiel bei Tabus, die in keiner Liste standen.

Als ich eine harmlose Nachricht von einer Auslandsagentur übernahm, in der geschildert wurde, wie ein junger Tscheche mit einem selbst gefertigten Einbaum auf der im Riesengebirge entspringenden Elbe bis nach Hamburg gepaddelt war, brach ein Donnerwetter über mich herein. »Was ist, wenn DDR-Bürger auf die Idee kommen, ebenfalls mit Einbäumen nach Hamburg zu schippern?« Nach einem so schlagkräftigen Argument musste ich den DDR-Medien diese Nachricht mit der Mitteilung entziehen: »... bitten wir, diese Nachricht nicht *(nicht)* zu verwenden!«

Andererseits hatte man »ganz oben« nicht erkannt, dass unsere Berichte von den Demonstrationen in der Bundesrepublik gegen Notstandsgesetze, die Ostermärsche gegen atomare Bewaffnung, Streiks für soziale Forderungen und viele andere öffentliche Proteste in der westlichen Welt, die wir genüsslich auswalzten, viel gefährlicher waren. Sie zeigten, wie Demokratien funktionieren, wie Gewerkschaften und außerparlamentarische Oppositionen imstande waren, für die Rechte der arbeitenden Menschen zu kämpfen.

1981 hatte ich ein Dorf in der Lausitz besucht, das der Braunkohle weichen musste. Wie geht so etwas vonstatten? Wie reagieren die Leute? Mich interessierte das tatsächlich, weil darüber auch kaum etwas zu lesen war. Am Beispiel der Gemeinde Eythra beschrieb ich, wie in der DDR eine Postleitzahl verschwindet. Es war die 7104.

Die Aussiedlung der 2.500 Einwohner war in vollem Gange. 1.420 neue Wohnungen standen zur Verfügen, die meisten in der Plattenbausiedlung Leipzig-Grünau. Wer in Eythra nebeneinander wohnte und das auch später wollte, dem wurde das ermöglicht. Wer es nicht wollte, dem auch. Der Bahnhof gehörte zu den ersten Objekten, die verschwanden. Ohne Anbindung an die Welt fällt der Abschied leichter, mögen die Umzugsspezialisten gedacht haben. In der »Grünen Eiche«, einem Gasthaus aus dem Jahr 1883, wurde mancher Schmerz über den Abriss des Dorfes ertränkt.

»Jedes Haus ist ein Geburtshaus«, sagte der letzte Bürgermeister, Hermann Dreßner, und fügte schweren Herzens hinzu: »Mein Geburtshaus kommt demnächst auch unter den Bagger.«

Alle Hausbesitzer wurden vom Braunkohlenwerk Borna entschädigt. Eine Kommission prüfte sensibel jeden einzelnen Fall. Selbst die Umbettung der Toten auf einen ausgewählten Friedhof erfolgte mit großer Pietät. Ich ließ Bewohner zu Wort kommen, die alle nicht mit Hurra die Dorffahne einholten und ihre Wehmut nicht verbargen. Ich erfand auch niemanden, der den Sozialismus rühmte, weil er ihnen den alten Lebensraum wegbaggern ließ.

Das letzte Plakat des Dorfes nahm ich zur Erinnerung mit nach Hause. Klein gedruckt steht drauf »30 Jahre DDR« und dreimal so groß darunter: »1000 Jahre Eythra«. Wenn der Abriss des Dorfes nicht längst beschlossene Sache gewesen wäre, das Plakat hätte ein Grund sein können.

Die Leitung der Agentur meinte, diese Geschichte über Eythra solle zur Begutachtung ins »große Haus«. Dort lag sie und rührte sich nicht. Tage später rief ich den Verantwortlichen im SED-Zentralkomitee an. Der behauptete, dafür nicht zuständig zu sein. Ich rief den an, der angeblich zuständig war, doch der wollte es auch nicht sein. Andere waren in Urlaub.

Kurzerhand gab ich die Geschichte an die Medien. Nach den ersten Veröffentlichungen in der Presse wurde ich gefragt: »Hast du den Beitrag auch abgestimmt?« Ich antwortete wahrheitsgemäß: »Mit allen, die zuständig und nicht zuständig sind.« Da ich wusste, dass man sich im »großen Haus« über Sektorgrenzen hinaus nicht über die Arbeit unterhielt, war auch nicht anzunehmen, dass sich jemand beschwerte, weil der, der es möglicherweise hätte tun können, glaubte, ein anderer habe entschieden. Eingedenk dieser Erfahrung korrigierte ich in offiziellen Meldungen klammheimlich manchen Fehler, ohne darüber zu reden.

Ein treffendes Beispiel für unsere Berichterstattung lieferte Wilfried, ein alter Hase unter den Kulturredakteuren. Er ging eines Abends zu einer Veranstaltung, bei der es – wie überall in jenen Wochen – um die bevorstehenden Volkswahlen ging. Gegen zehn Uhr rief Wilfried an und sagte, mit der Meldung das dauere noch eine halbe Stunde, es hätte ein Problem gegeben. Irgendwann kam dann der Bericht.

Am nächsten Tag erzählte er mir von seinem »Problem«. Er war ein paar Minuten zu spät zur Veranstaltung gekommen. An einer großen Tafel waren noch zwei, drei Plätze frei, er setzte sich und hörte zu.

»Ich wunderte mich, was für ein edles Menü serviert wurde und griff zu. Als ich zum Schluss nach einem Gesprächspartner suchte, merkte ich, dass ich die ganze Zeit in einer falschen Veranstaltung gegessen hatte.«

Wilfried hatte die Veranstaltungsorte verwechselt. Schnell ging er in den richtigen Klub, erfuhr, wer gesprochen hatte und schrieb rasch seine Meldung. Trocken fügte er hinzu: »Die Rede hatte ich ja vorher schon mitgeschrieben. Die wird hier nicht viel anders gewesen sein.« Über seinen Bericht hat sich niemand beschwert, vielleicht ein wenig gewundert.

Wie weit Arbeit und Freizeit nicht nur bei uns Journalisten auseinanderklafften, zeigte sich 1976 nach der Biermann-Ausweisung aus der DDR. Natürlich wurden wir erst einmal neugierig auf Biermann-Texte. Während wir tagsüber die zustimmenden Erklärungen von Kunst- und Geistesschaffenden zur Ausbürgerung des Liedermachers einholten, bearbeiteten und den Medien übermittelten, verfolgten wir abends im Westfernsehen mit Spannung, wie andere Künstler, auch solche aus der DDR, darüber dachten.

Unvergessen ist für mich der Abend bei einem Literatur-Experten. Meine Frau und ich waren zu einer kleinen Geburtstagsfeier eines befreundeten Ehepaares eingeladen. Da sich der Professor, der eine leitende Stellung in einem Ministerium bekleidete, von

Berufs wegen mit neuzeitlichen Texten befasste, hatte er alle Biermann-Bücher in seiner Bibliothek. Wir machten uns darüber her und verwiesen einen ganzen Abend lang mit viel Amüsement auf die Gefährlichkeit dieser Gereimtheiten, die wir wechselseitig rezitierten. Es wurde eine literarische Abendveranstaltung, wie wir sie unterhaltsamer lange nicht erlebt hatten.

Von nun an wusste ich mehr über Wolf Biermann als zu der Zeit, da er noch in der DDR lebte. Es freute mich für ihn, dass er nicht ins eiskalte Sibirien, sondern in den lauwarmen Westen verbannt worden war.

Kein Mangel an Winkelementen

Als die DDR noch um weltweite Anerkennung rang, waren lange Menschenspaliere durch Städte und Dörfer gang und gäbe. Ob bei den Kremlführern Nikita Chruschtschow und Leonid Breshnew, dem nordkoreanischen Diktator Kim Il Sung und dem jugoslawischen Oberpartisan Josip Broz Tito, der indischen Ministerpräsidentin Indira Gandhi und anderen Gästen – stets standen in Berlin Hunderttausende Menschen mit »Winkelementen« an der Fahrstrecke nach Niederschönhausen, wo die meisten Staatsgäste im Schloss wohnten. Mit dem Aufwand, der dafür getrieben wurde, hätten Unternehmen zur Blüte und mit der Arbeit, die liegen blieb, in die Pleite geführt werden können. Doch in der DDR gab es auch keine Pleiten.

Ein Beispiel für den propagandistischen Rummel ist der Empfang des ersten deutschen Kosmonauten, Sigmund Jähn, der zusammen mit Waleri Bykowski nach dem gemeinsamen Weltraumflug vom 26. August bis 3. September 1978 kurze Zeit später in der DDR eintraf.

Zunächst gab es erst einmal den Weltraumflug. Schon einige Tage vor dem Start des Vogtländers aus Morgenröte-Rautenkranz saßen wir in einer abgeschotteten Sonderredaktion mit dem Generaldirektor zusammen, ohne den Namen des DDR-Kosmonauten bereits zu kennen, denn der wurde erst nach dem erfolgreichen Start gelüftet.

In meinem Notizbuch lese ich, dass der Chef von uns »die Höchstleistung des Jahres« erwartete. Wir sähen einem »historischen Ereignis im Leben der DDR« entgegen, einem »neuen Höhepunkt in den brüderlichen Beziehungen zwischen der DDR und der Sowjetunion zum Nutzen der gesamten Menschheit«, heißt es in meiner Mitschrift. Ein propagandistischer Orgasmus erster Klasse war das mindeste, was uns abgehen sollte. Das sagte er nicht wörtlich, aber so kam es an. Das Raumschiff sei schließlich nicht einfach nur ein Raumschiff schlechthin, es sei vielmehr – und jetzt wieder wörtlich – »eine sozialistische Außenstation der Erde«. Wenn es uns dann noch gelänge, eine Beziehung zum 30. Jahrestag der DDR herzustellen, der vierzehn Monate später ins Haus stand, dann seien wir besonders gut. Natürlich waren wir besonders gut.

Am 21. September 1978, einem Donnerstag, als die »Himmelsbrüder« nach Berlin kamen, war mir die Aufgabe zugefallen, vor dem offenen »Tschaika« mit den beiden Kosmonauten und Ehrenbegleiter Honecker bis zum Schloss Niederschönhausen herzufahren und über zwanzig Kilometer zu beschreiben, was sich abspielte.

Sigmund Jähn und Waleri Bykowski wurden zunächst mit großem Hallo auf dem Flughafen Berlin-Schönefeld empfangen. So weit hätte das auch jeder verstanden. Was dann folgte, war nicht mehr zu überbieten. An den Drehbüchern war offensichtlich schon beim Start des ersten Sputniks gearbeitet worden. Allein an den offiziellen fünf Haltepunkten entfaltete sich eine Spontaneität, wie sie nur langfristig geplant werden kann.

Entlang der Strecke waren aus Betrieben, Instituten, Verwaltungen, Schulen und Kindergärten mindestens 300.000 Frauen, Männer und Kinder für Beifall und Hochrufe an die Straße beordert worden, um die Helden zu begrüßen. Das waren fünfzehn Personen auf jeden Meter dieser Strecke bzw. siebeneinhalb Menschen pro Meter auf jeder Seite.

Für fröhliche Stimmung sorgten nicht zehn, nicht zwanzig und auch nicht fünfzig Musikgruppen, laut Drehbuch waren es 353 Orchester, Fanfarenzüge und Singegruppen. Alle 56 Meter ein kulturelles Highlight. Souvenirs und Imbiss, vorzugsweise Bock-, Brat- und Currywurst sowie Buletten, Bier und Brause wurden für die Zeit der Durchfahrt der Kosmonauten an 540 Ständen angeboten.

Je länger die Fahrt dauerte, desto deutlicher erschien es mir, dass Jähn und Bykowski eigentlich nur die uniformierten Maskottchen für eine Triumphfahrt Honeckers durch Ostberlin waren. Hochrufe und ganze Bündel von Wettbewerbsverpflichtungen gab es allenthalben für den Ehrenbegleiter der Himmelsbrüder.

Die Crème de la Crème der ostdeutschen Wissenschaft, der Bildenden Künste, von Bühne, Funk und Fernsehen, die bedeutendsten Ordensträger aus der Arbeiterschaft und der technischen Intelligenz standen wie Schulkinder an der Strecke und jubelten. Vielleicht ist das auch alles der Zeit geschuldet, in der dieser Flug stattfand. Andererseits waren die Amerikaner inzwischen schon x-mal auf dem Mond gelandet. Aber es war ein Bürger der DDR, der da oben die Erde umkreist hatte. So weit wie er hatte vorher noch nie jemand die DDR verlassen dürfen, nicht einmal ein Künstler.

Bald danach wurde den beiden Raumfahrern der neu geschaffene Orden »Fliegerkosmonaut der DDR« angeheftet. Die runde Medaille aus vergoldetem Silber misst drei Zentimeter im Durchmesser, hängt an einer blauen Spange und wird auf der rechten Brustseite getragen. Dazu gab es den Ehrentitel »Held der Deutschen Demokratischen Republik« und obendrein auch noch den Karl-Marx-Orden. Dazu 40.000 Mark Prämie, die ich beiden von Herzen gönnte.

Da Jähn das Foto Honeckers mit im Weltall hatte, hätte ich fast gewettet, dass dieser sich irgendwann auch noch den Titel »Fliegerkosmonaut der DDR« verleiht. Persönlich geflogen ist Honecker allerdings erst elf Jahre später. Zusammen mit anderen »Helden« aus allen Ämtern.

Zu Sigmund Jähns Ehre sei gesagt, dass er ein solches Aufsehen am wenigsten mochte. Ich habe ihn einige Monate später in Dresden erlebt, wo er im Verlag Zeit im Bild den Bildband über seinen Kosmosausflug begutachtete. Zufällig war ich auch dort, um einen Bildband zu beenden. Schon am Morgen herrschte helle Aufregung im Haus. Siegmund Jähn kommt! Vor dem Verlagshaus wurden mobile Halteverbotsschilder aufgestellt, damit der erste Deutsche im Weltall auch bequem vorfahren, aussteigen und parken kann.

Die Verlagsleitung erwartete den Kosmonauten um zehn Uhr im Foyer. Nach einigen unruhigen Blicken des Verlagschefs auf die Uhr kam dieser etliche Minuten später als vereinbart, was ihm sichtlich peinlich war. Sigmund Jähn entschuldigte sich mit den Worten: »Bei euch vor dem Haus ist Halteverbot. Ich habe mir erst in der Nähe einen Parkplatz suchen müssen.«

Die Massendemonstrationen gegen die Partei- und Staatsführung der DDR hatten im Grunde schon mit den leidenschaftlichen »Gorbi«-Rufen aus dem Spalier entlang der Fahrstrecke begonnen, als die DDR ihre Gäste zum 40. Jahrestag begrüßte. Es sollte das letzte Spalier durch die Hauptstadt der DDR, das ummauerte Herz des Arbeiter-und-Bauern-Staates, gewesen sein.

HELDENTAT

Staatsbesuche waren in der DDR Höhepunkte einer breiten, wohlgefälligen Berichterstattung über ganze Zeitungsseiten. Was in westlichen Ländern auf den Innenseiten mal so registriert wird, füllte in der DDR Titelseiten. Mit bombastischen »Bahnhöfen« für seine Gäste leitete Honecker die Besuche in seinem 108.000 Quadratkilometer großen Refugium ein. In gutsherrlicher Pose präsentierte er sich mit seinem ganzen Hofstaat. Mit Bussen wurden aus Berlin einige hundert Claqueure zum freundschaftlichen oder brüderlichen Empfang – je nach Herkunft des Gastes – zum »Sonderteil Nord« des Flughafens Berlin-Schönefeld gebracht, zu dem ansonsten kein normaler Mensch Zutritt hatte.

Bei Wind und Wetter entrollten die Polit-Touristen hinter dicken Absperrseilen rotes Fahnentuch mit Losungen, die so frisch und originell waren wie die Suppentüten in den Kaufhallen. Die dicken Absperrseile hätten nicht sein müssen, doch sie vermittelten den Eindruck, als wäre die Begeisterung der Menschen anders nicht zu bändigen.

Bei den Fahrten durch die Stadt, ob mit großem oder »punktuellem« Spalier, hatte man den Eindruck, an solchen Tagen hätten alle gleichgeschlechtlichen Paare Ausgang. Auffällig flanierten sportlich gekleidete junge Männer als Pärchen durch die Straßen.

An ihren Handgelenken baumelten kleine dunkle Ledertäschchen. In früheren Jahren waren es Einkaufsbeutel, aus denen Antennen lugten. Die Macht ging mit der Mode.

Zufahrtsstraßen zur Protokoll-Strecke waren abgeriegelt, Ramm-Autos der Marke »Lada« standen mit laufenden Motoren in den Seitenstraßen, um jeden Angriff beispielsweise eines Trabant auf den Tschaika- oder späteren Volvo-Konvoi zu vereiteln. Die Fahrer der Rammautos trugen Sturzhelme und hatten schussbereite Maschinenpistolen der Marke »Skorpion« in den Türen stecken.

Damit der erste Eindruck des Gastes nachhaltig genug war, paradierten bereits auf dem Flughafen Soldaten des Wachregiments, die sich als Matrosen oder Land- und Luftstreitkräfte verkleidet hatten. War der Gast Erich Honecker ebenbürtig – also Staatsoberhaupt oder mindestens herrschender Regierungschef –, dann ballerten Artilleristen hinter Erdhügeln bis zu 21-mal in die Luft. Das beeindruckt immer.

Im Bereich des Protokolls gab es wenig Ruhmvolles. Bis auf eine Heldentat. Das war nach dem Bau des Palastes der Republik, der im April 1976 nach knapp tausend Tagen Bauzeit eingeweiht worden war. Die »Kampfdemonstration der Werktätigen« führte über den Marx-Engels-Platz, direkt am Palast der Republik vorbei. Von der hohen Balustrade blickten die führenden Leute wie Gulliver in Liliput hinunter auf das marschierende Volk.

Auch die abschließende Militärparade verlief zunächst wie geübt. Es war sehr windig. Auf einem Mannschaftswagen brach genau vor der Tribüne eine DDR-Fahne ab und stürzte auf die Paradestrecke, auf der gewaltige Kettenfahrzeuge heranrollten. Ein Unteroffizier sprang vom Auto, rannte dem Kettenfahrzeug entgegen, griff die Fahne, hechtete sich im letzten Augenblick aus der Gefahrenzone und brachte das Banner mit dem Staatswappen der DDR in Sicherheit.

Wenige Minuten später sah ich, wie Verteidigungsminister Heinz Hoffmann den Unteroffizier auf der Balustrade empfing und ihn auf der Stelle zum Offizier ernannte. Ich denke, auf der anderen deutschen Seite hätte dieser Mann tagelang die Spalten der Boule-vardpresse beherrscht. In der DDR erfuhr man nichts. Kein Thema für Presse, Funk und Fernsehen. Dieser Held war nicht geplant.

KUNGELEI

Mein früher Austritt aus der Kirche bedeutet nicht, den Glauben völlig verloren zu haben. Es gab schon Situationen, in denen man ein Stoßgebet in jene Richtung schickte, aus der man kaum Hilfe erwartete. Aber versuchen kann man es ja, es erfährt ja keiner! Als getauftes und konfirmiertes Mitglied der evangelisch-luthe-rischen Kirche blickte ich neugierig auf die gestrenge katholische Kirche, deren zentralistische Ausrichtung viel mit der Struktur einer marxistisch-leninistischen Kaderpartei gemein hat. Nach der friedlichen Revolution bekam ich auch sehr schnell mit, welche Purzelbäume die katholischen Oberhirten schlugen, um sich aus ihren Verstrickungen mit der DDR zu winden.

Georg Kardinal Sterzinsky, ein alter Eichsfelder, stellte im Feb-ruar 1990 fest: »Wir werden noch viel überlegen müssen, worin eigentlich unser Versagen auf katholischer Seite bestanden hat. Die Erkenntnis ist noch nicht gereift.«

Da fallen mir Dinge ein, deren Analyse den Reifeprozess beför-dern könnte. Zum Beispiel die Besetzung des Erfurter Doms im Mai 1988, über die damals nur gemunkelt wurde und heute noch ein Grauschleier liegt. Man musste sehr vorsichtig sein, um etwas zu erfahren. Nach einem Sonntagsgottesdienst waren 21 vorwie-gend junge Katholiken aus Erfurt und Sömmerda im über tau-sendjährigen katholischen Marien-Dom geblieben, um auf diese Weise gegen die Verfolgung ausreisewilliger Bürger zu protestie-ren. Volkmar, einer der Besetzer, sagte zu mir: »Wir haben diese Besetzung gezielt vorbereitet. Sie fand einige Tage vor Beginn des Erfurter Kirchentages statt. Wir wollten ein Zeichen setzen und die Öffentlichkeit informieren über die Stasi-Willkür gegen Sömmer-daer Oppositionelle.«

Kirchenmusikdirektor Wilhelm Kümpel, der Domorganist, erzählte mir Einzelheiten von der Besetzung: »Als ich aufgehört hatte zu spielen, blieben etliche Leute, darunter Familien mit Kindern, einfach sitzen. Unwissend verließ ich die Kirche. Dann durfte ich sie zwei Tage nicht betreten, obwohl ich mich dringend auf Konzerte in der Bundesrepublik vorbereiten musste. Die Stasi hatte das Gelände um den Dom abgeriegelt. Ich weiß noch, wie eine Frau auf ein zwanzig bis dreißig Meter hohes Gerüst geklettert war und herunterzuspringen drohte, wenn sie die Ausreise nicht bewilligt bekäme.«

Der Erfurter Generalvikar habe sich mit Staat und Sicherheit arrangiert. Honecker persönlich hätte sich eingeschaltet. Der ursprüngliche Plan, die Kirche zu stürmen und die jungen Leute mit Gewalt herauszuholen, sei fallengelassen worden. Man hatte Angst vor einem Skandal. Also gab man den Besetzern Decken und Mittagessen aus dem Priesterseminar.

Schließlich fand sich eine Lösung. Wegen Bauarbeiten wurde der Dom »aus technischen Gründen« für zwei Tage geschlossen. Die Besetzer fuhr man einzeln in größeren Abständen mit Fahrzeugen aus dem Dom. Alles war so organisiert, dass sie unauffällig über Westberlin ausreisen durften. Die Bedingung hieß: Schweigen! Und alle schwiegen. Auch die katholische Kirche.

Eine Woche später übergaben junge Katholiken in der Erfurter Luther-Kirche dem SPD-Politiker Egon Bahr ein Schreiben, in dem sie ihre Sorgen mit der DDR und die Verfolgungen durch die Stasi schilderten. Sie wurden verhaftet und vor Gericht gestellt. Einige wurden im entlegenen Karl-Marx-Stadt (Chemnitz) verurteilt, in Bautzen eingesperrt und später in den Westen verkauft. Nach ihren eigenen Aussagen hat ihnen ihre katholische Kirche jede Hilfe verweigert.

1990 sagte Prälat Gerhard L. vom bischöflichen Ordinariat Berlin, die katholische Kirche habe der DDR von Anfang an ihre Legitimität abgesprochen. Sie habe dem Bestehen der DDR »im Sinne des heiligen Augustinus« Rechnung getragen, wenn dieser von Staaten spricht, die den »Charakter von organisierten Räuberbanden« hätten. Außerdem, so der Prälat, habe die katholische Kirche jeden Kontakt mit der Stasi gemieden.

Er gab an, dass die katholische Kirche offizielle Begegnungen mit dem Staatsoberhaupt der DDR konsequent verweigert hätte. Das erste offizielle Treffen, das ich vor Ort miterlebte, fand 1974 zwischen Bischof Gerhard Schaffran und dem Staatsratsvorsitzenden Willi Stoph statt, das nächste 1981 zwischen Kardinal Alfred Bengsch und dem Staatsratsvorsitzenden Erich Honecker. Unvergessen ist auch der Besuch von Vatikan-Staatsekretär Erzbischof Agostino Casaroli im Juni 1975 in der DDR und seine Worte zum DDR-Außenminister bei der Abreise: »Wir nehmen voneinander Abschied mit dem Vorsatz, die begonnenen Kontakte fortzusetzen. Die Offenheit der Gespräche und die Atmosphäre, von der sie gekennzeichnet waren, scheinen mir Grund zur Hoffnung.«

Joachim Kardinal Meisner hatte zu seiner Amtseinführung 1989 als Erzbischof von Köln sogar den Staatssekretär für Kirchenfragen der DDR eingeladen. Schließlich hatte sich die DDR kulant gezeigt und Meisners umfangreiche Antiquitätensammlung in Extra-Waggons in den Westen befördert, wie mir der Organisator jener »Fracht« erzählte.

Man stellte sogar in Abrede, dass der Papst je die Absicht gehabt hätte, die DDR zu besuchen. Dabei kannte ich Tag, Ort und Stunde jedes Auftrittes von Johannes Paul II. bei seinem für Sommer 1991 geplanten DDR-Besuch in Berlin, Magdeburg, Dresden und Erfurt mit einer kurzen Visite im Eichsfeld.

Die Verhandlungen mit der DDR waren so weit gediehen, dass ein Abstecher des Papstes mit dem Hubschrauber nach Westberlin vom Tisch war, dafür 50.000 Katholiken aus dem Westen zu einer Predigt auf den Ostberliner Bebelplatz kommen durften. Alles war besprochen, selbst die Themen, über die Honecker und Johannes Paul II. reden und nicht reden würden.

Kardinal Meisner hatte übrigens auf dem Dresdner Kirchentag 1987 von einem »wichtigen Tag der Kirche in unserem Land« gesprochen, dank auch einer »fachlichen und konstruktiven Kooperation« zwischen Staat und Kirche. Das mag auch begründen, weshalb oppositionelle Katholiken in der DDR ihre Kirchen verschlossen fanden.

Ein Erfurter Bürgerrechtler erzählte mir: »Als Oppositionelle nutzten wir Katholiken die politischen Veranstaltungen in den evangelischen Kirchen. Unsere eigenen Kirchen boten für solche Begegnungen keinen Raum. Wir waren über die Haltung unserer Kirchenleitung sehr verärgert.«

FUSSMARSCH

Es hatte sich so eingespielt, dass ich jedes Jahr im Januar verantwortlich war für den »Marsch der kalten Füße«. Dieser fand stets an einem Sonntag Mitte Januar in Erinnerung an die am 15. Januar 1919 von Reichswehrsoldaten ermordeten KPD-Gründer Rosa Luxemburg und Karl Liebknecht statt und führte zur Gedenkstätte der Sozialisten auf dem Friedhof Berlin-Friedrichsfelde.

Hier war 1926 nach einem Entwurf des Architekten Ludwig Mies van der Rohe (»Weniger ist mehr!«) aus schlichten dunklen Hartbrandklinkern eine Gedenkstätte für die deutsche Arbeiterbewegung gebaut und von Wilhelm Pieck, dem späteren Präsidenten der DDR, eingeweiht worden. In ihrer ursprünglichen Form fiel sie der Zerstörungswut der Nazis zum Opfer.

In einem Radius von etwa zwanzig bis dreißig Metern umschließt in der nach dem Krieg neu errichteten Gedenkstätte eine Mauer aus roten Klinkern das Mahnmal. Es besteht aus einem riesigen Porphyrstein mit der Inschrift »Die Toten mahnen uns«. Rings um den Stein liegen zehn Gedenkplatten, u.a. für Luxemburg und Liebknecht sowie für Thälmann, Pieck und Grotewohl.

Vor der Mauer sind alte Gräber von Persönlichkeiten aus der Geschichte der deutschen Sozialdemokratie, in der Mauer befinden sich Nischen mit den Urnen weiterer Kämpfer, zum überwiegenden Teil jedoch ehemaliger Politbüromitglieder der SED. Mancher aus der alten Garde mag an diesem Tag schon mal nach seinem künftigen Plätzchen geschaut haben. Ich war mindestens zwei Dutzend Mal dabei, als Urnen in die Mauerspalten geschoben wurden. Das Vokabular für den Bericht darüber konnte ich abrufen wie »Wanderers Nachtlied«. Die Nischen sind mit einer in goldenen Lettern beschrifteten Granitplatte verschlossen, auf der nur der Name und die Lebensdaten des Verstorbenen stehen. Obwohl immer die Melodie »Unsterbliche Opfer« erklang, kennt man die meisten kaum noch.

Die LL-Demonstration, wie wir für den Dienstgebrauch abkürzten, war die einzige, bei der Honecker und das Politbüro persönlich eine halbe Stunde lang mitmarschierten. Treffpunkt war um neun Uhr hinter dem S-Bahnhof Frankfurter Allee. Dann ging es in Richtung Stadtausgang bis zur Gudrunstraße und von da direkt zur Gedenkstätte. Das mögen knapp zwei Kilometer sein.

Die führenden Männer in den ersten Reihen sangen Kampflieder, vielleicht auch, um der Kälte zu begegnen. Ich lief etwa in der zehnten Reihe mit, um die Huldigungen vom Straßenrand zu beschreiben. Mielkes Stimme, dessen Lieblingslied offenbar »Auf, auf, zum Kampf« hieß, war deutlich zu vernehmen. Mit seinem zittrigen Bariton schrie er: »Vielleicht ist er schon morgen eine Leiche, wie es so vielen Freiheitskämpfern geht.« Das klang in den letzten DDR-Jahren wie das Pfeifen im Walde. Lustig fand ich es, wenn die Siebzigjährigen gemeinsam und aus tiefster Überzeugung sangen: »Wir sind die junge Ga-har-de des Pro-le-ta-riats«.

Man blieb im Politbüro übrigens bis zum Ende der DDR »die junge Garde«, auch wenn das Durchschnittsalter bei über sechzig lag. Schon 1965 verschwand ein bis dahin üblicher Slogan aus Honeckers FDJ-Ära, als er noch mit Blauhemd und kurzen Hosen in Berlin Steine klopfen half: Die FDJ-Mitglieder sind die »Hausherren von morgen«! Honecker meinte aber offensichtlich nur sich selbst. Als er zum Sprung an die Macht ansetzte, wollte er nicht »morgen« schon wieder den Hausschlüssel abgeben. Der Begriff »Hausherren von morgen« wurde fortan nicht mehr benutzt. Wenn jemand aus der Führung irgendetwas in jüngere Hände legte, dann waren die auch schon von Altersflecken gezeichnet.

Über mehrere Stunden zogen hunderttausend Berlinerinnen und Berliner an der Gedenkstätte vorüber. Vorher hatten die Zeitungen das »Aufmarschgebiet der Berliner Werktätigen« vorgegeben, damit jeder wusste, wann und wo er sich zu versammeln hatte. Dort verteilte der Gewerkschaftschef des Betriebes Fahnen und vorgegebene Losungen an ausgewählte Mitarbeiter.

Etwas eigenartig mutete es an, als bis Anfang der achtziger Jahre noch riesige Fotos von den Mitgliedern des SED-Politbüros über den Friedhof getragen wurden, zumal die alle persönlich auf der Tribüne standen. Das wurde irgendwann abgeschafft, weil das so sehr nach Personenkult aussah – von Honeckers Foto natürlich abgesehen, da war es reine Verehrung.

Die Zahl der Teilnehmer wurde vom Agitationssekretär der SED Joachim Herrmann festgelegt. Dabei hatte ich ihm behilflich zu sein. Stets fragte er, wie lange die Demonstration im vergangenen Jahr dauerte und wie viele Bürger daran teilgenommen hatten. Ich war vorbereitet und meldete knapp: »Drei Stunden, 120.000.« Herrmann sah auf die Uhr und meinte »dreieinhalb Stunden, na gut, sagen wir 130.000, ach was, weil das Wetter so schön ist, 150.000 Teilnehmer«. Das war Demonstrationsarithmetik à la Herrmann. Die hatte er von Günter Mittags monatlichen Erfolgsstatistiken zur Wirtschaft übernommen.

Den Abschluss der Demonstration bildeten die »Kampfgruppen der Arbeiterklasse«, die in den letzten Monaten ihrer Existenz für den Kampf gegen imperialistische Aggressoren mit Gummiknüppeln aufgerüstet worden waren. Eine beruhigende Vorstellung, zu wissen, dass man ruhig schlafen konnte, wenn uns irgendwer mit Raketen bedrohte. Die Kampfgruppen hatten ja Gummiknüppel.

Nie verstanden habe ich in all den Jahren, warum bei diesen Demonstrationen SED-Führung, Ministerrat und die Chefs der Blockparteien vor dem Mahnmal standen und den Bürgerinnen und Bürgern den Blick auf die Gräber Luxemburgs und Liebknechts versperrten, deren Andenken der Aufmarsch galt.

Die Führung stand auf einem Holzgrill, aus dem auch bei zehn Grad minus Warmluft von unten in die Hosenbeine strömte.

Außerdem war neben der Tribüne, quasi zwischen den Gräbern, ein mit Tannengrün verkleideter Aufenthaltsraum gebaut worden, in dem es vom Tee und Kaffee bis Grog manchen Muntermacher gab. Wenn es so kalt war, dass das Orchester auf einer extra Tribüne ohne Warmluft keinen Piep aus den Instrumenten brachte, wurden Tonkonserven aus der Friedhofsverwaltung eingespielt.

Die Transparente, die über den Friedhof getragen wurden, waren allesamt »sauber«. Dafür sorgten die letzten »Streckenbeobachter« am Friedhofseingang. Von den Protesten zahlreicher Bürgerrechtler während der Demonstration am 17. Januar 1988 in der Karl-Marx-Allee, bei der zahlreiche Frauen und Männer verhaftet wurden, weil sie beispielsweise ein Transparent mit einem Satz von Rosa Luxemburg über die »Freiheit Andersdenkender« entrollt hatten, bekamen wir auf dem Friedhof nichts mit.

Erst als ich am Nachmittag davon erfuhr, begriff ich, warum »Kronprinz« Egon Krenz, der an diesem Tag auf dem Friedhof die Ansprache hielt, einen Satz ausgelassen hatte, den ich in der Originalfassung seiner Rede streichen musste: »Hier hat jeder das Recht zu demokratischer Mitbestimmung.«

TOAST

Die offiziellen Protokolltermine, die sich in der Regel mit großer Gleichförmigkeit wiederholten, waren eingespielte Rituale. Zu Ehren eines Staatsoberhauptes oder eines herrschenden Regierungschefs gab es am Abend im Hause des Staatsrates ein festliches Essen.

Oft hatte ich im Bankettsaal mit dem langen Wandfries aus Meissner Porzellan einen Platz an der Tafel. Auf dem Tisch stand ein Kärtchen mit dem Staatsemblem der DDR und dem Namen in Golddruck darunter. Dieser Platz wurde mir nicht aus Nächstenliebe zugewiesen, sondern weil Journalisten, die den Gast begleiteten, nach internationalen Gepflogenheiten mit an der Festtafel saßen. Da konnte man uns schlecht einen Katzentisch zuweisen.

Die Tische standen in Kammform. Die lange Stirnseite war Gastgeber, Gast und dem gesamten Politbüro vorbehalten. An den »Zinken« saßen die weiteren Gäste, meistens Funktionäre der SED, die Vorsitzenden aller anderen Parteien, Mitglieder der Regierung und dazwischen immer auch ein paar hoch dekorierte Werktätige, deren Betriebe beispielsweise durch Exportlieferungen mit dem Land des Gastes verbunden waren.

Nachdem die Gäste des Abends Platz genommen hatten, erschienen Gastgeber und Gast Seite an Seite und im Gefolge das möglichst komplette Politbüro. Alle Gäste erhoben sich zum Einzug der Gladiatoren und applaudierten. Gerade hatte man sich gesetzt, musste man wieder aufstehen, weil die Hymnen erklangen.

Als alle wieder saßen, klopfte Honecker mit dem Messer an ein Glas und kündigte seine Rede an. Im Durchschnitt war sie zehn bis fünfzehn DIN A 5-Seiten lang. Ein Dolmetscher übersetzte sie Absatz für Absatz in die Sprache der Gäste. Ich verfolgte sie und vermerkte Änderungen. Nach der Rede folgte ein Zeremoniell, das protokollarisch nie gelöst wurde. Honecker bat alle Anwesenden, das Glas zu erheben. Alle erhoben sich erneut von ihren Plätzen und ergriffen das gefüllte Sektglas. Als Honecker aufgezählt hatte, auf wen und was er zu trinken gedachte, stellten alle die Gläser wieder ab und applaudierten. Dann wurden die Gläser erneut in die Hand genommen, um zu trinken. Nie gelang es, nach dem Toast einen kräftigen Schluck zu nehmen, das Glas abzusetzen und zu klatschen. Es folgte die Rede des Gastes mit dem gleichen unbeholfenen Zeremoniell.

An jedem Platz lag eine Speisekarte für den Abend, in der Menü und Getränke aufgelistet waren. Die Weine stammten vorwiegend aus volkseigenen Anbaugebieten, also von Unstrut, Saale oder Elbe, der Sekt von Rotkäppchen oder Schloss Wackerbarth und harte Sachen kamen aus Wilthen oder von Schilkin. Nur der Kaffee war nicht aus heimischen Anbaugebieten.

Ich sammelte die Speisekarten und zeigte sie meiner Frau als Anregung für eigene Kreationen. Immerhin hätte sie mich auch einmal mit Edellachs, Spargelspitzen und Kaviar auf Ei oder »gespicktem Kalbsfricandeau in Rahmsauce mit Edelgemüse und Petersilienkartoffeln« überraschen können. Kein Problem, sagte meine Frau, wenn ich die Zutaten mitbrächte. Doch so gut waren meine Beziehungen weder zu den Regierungs-Gästehäusern noch zu deren Westberliner Lieferanten.

Nie fand ich damals eine Gelegenheit, die Staatsmenüs in irgendeiner lustigen Zeitungsecke unterzubringen. Und sei es nur als Rätsel: Was ist das? Das klappte erst nach dem Untergang der DDR. Als der Ofen aus war, konnte ich ein ganzes Buch »Essen wie Erich« nennen und die Menüs auflisten. Nostalgiker kochen, wie ich Zeitungen entnehme, fleißig daraus nach und träumen ein bisschen vom Sozialismus, wie er allen hätte schmecken sollen.

Während der Tischreden waren Kameramänner und Fotografen im Bankettsaal. Spätestens nach der Rede des Gastes räumten sie das Feld, bevor die Kellnerkompanie mit vollen Händen einmarschierte. Die Fotografen kannten das, so dass sich Ermahnungen erübrigten.

Auch im Arbeitszimmer Honeckers kannten die Fotografen die Regeln. Solange bei Gesprächen mit Besuchern die Schalen mit dem Obst, meistens Äpfel, Orangen und Bananen, noch nicht auf dem Tisch standen, durfte fotografiert werden. Später nicht mehr. Agitationschef Herrmann meinte, die Menschen sollten sich durch derartige Fotos mit Obstschalen nicht an solche Anblicke gewöhnen. Vielleicht hätten Unterstufenschüler gefragt: »Mama, was sind das für krumme gelbe Dinger da auf dem Tisch?«

Für den Fall, dass mit einer schriftlich vorbereiteten Rede des Gastes beim Staatsbankett nicht zu rechnen war, beispielsweise traf das bei Besuchen von Fidel Castro zu, hatten wir erfahrene Stenografen. Karl, einen unserer ältesten Kurzschriftexperten, fragte ich vor einem solchen Essen, ob er sich manchmal Sorgen mache, auch alles gut zu verstehen. Ich wusste, er hatte eine kleine Hörschwäche, weshalb er auch etwas lauter sprach. Er lachte und meinte, schon ganz andere Situationen gemeistert zu haben. Damals beispielsweise, als er in jungen Jahren die langen Reden von Joseph Goebbels mitschreiben musste …

Da wir im Foyer des Staatsratsgebäudes saßen, brachte ich das Gespräch rasch auf ein anderes Thema.

Hassliebe

Erich Honecker litt unter der Willkür des sowjetischen Botschafters Pjotr Abrassimow. Moskaus Mann in Berlin gebärdete sich wie ein »Hoher Kommissar«, für den das 1955 vereinbarte Selbstbestimmungsrecht der DDR geduldig auf dem Papier stand. Das zeigte er auch. Zum Beispiel bei den alljährlichen Kranzniederlegungen am »Tag der Befreiung«. Der 8. Mai erinnerte an die bedingungslose Kapitulation Deutschlands im Zweiten Weltkrieg im Jahr 1945.

Am Ehrenmal in Treptow mit dem Standbild des vierzig Tonnen schweren Bronze-Sowjetsoldaten, der ein gerettetes Kind auf dem Arm trägt und das Hakenkreuz mit den Stiefeln zertritt, zeigte Abrassimow, wer Herr im Hause war. Ulbricht oder Honecker haben es nie geschafft, nach Abrassimow an der Gedenkstätte zu erscheinen. Stets gelang es dem Botschafter, der seit 1962 in Ostberlin residierte und die Persönlichkeiten der DDR-Führung eigentlich hätte empfangen müssen, abschließend vorzufahren und von der gesamten DDR-Führung begrüßt zu werden.

Bei der ersten Abberufung Abrassimows nach dem von ihm mit ausgearbeiteten Vierseitigen Abkommen zu Berlin 1971 verließ der Botschafter auf dem Sonderteil des Flughafens Berlin-Schönefeld das Land. Ich finde in meinem Block die Bemerkung, die der Diplomat von der Gangway in Deutsch rief: »Ich sage nicht Adieu, ich sage Auf Wiedersehen.«

Diplomatischer kann man nicht drohen, wurde mir Jahre später klar. Abrassimow ging damals nach Paris (»Adieu«) und kam 1975 erneut als Botschafter in die DDR (»Auf Wiedersehen«). Er hatte offenbar alles schon gewusst und angekündigt. Honecker hatte sich zu früh gefreut.

Als der Russe wieder in die DDR kam, war die Chemie zwischen Breshnew und Honecker nicht mehr wie einst beim Sturz

Ulbrichts. Erst nach Breshnews Tod wurde Abrassimow auf neuerliches Drängen Honeckers, verbunden mit dem Karl-Marx-Orden für den kurzzeitigen Generalsekretär Juri Andropow, 1983 aus Ostberlin entfernt. Bis dahin jedoch ließ der Hausherr im Prachtbau Unter den Linden mit dem riesigen Leninkopf im Vorgarten keine Möglichkeit aus, Honecker zu ärgern.

Ein Eklat auf der Leipziger Frühjahrsmesse 1983 hatte das Fass zum Überlaufen gebracht. Zum Abschluss seines stundenlangen Rundgangs durch die Messehallen besuchte Honecker traditionsgemäß den sowjetischen Pavillon, um sich auszuruhen, ein wenig zu plaudern, zu essen und einen guten Schluck zu trinken. Vor einigen Exponaten wurde noch etwas Interesse geheuchelt, doch recht schnell begann das fröhliche Beisammensein, bei dem es oftmals auch eine kleine Modenschau, beispielsweise des berühmten Designers Slawa Saizew aus Moskau, gab. Gastgeber und Gast versicherten sich wie üblich ihrer unverbrüchlichen Freundschaft.

Im Frühjahr 1983 betraten Honecker und sein Gefolge die große Empfangshalle des sowjetischen Pavillons, von dessen Dach der rote Sowjetstern über das Messegelände strahlte. Nach der Begrüßung durch den Gast – das war meistens ein Minister aus Moskau – und den Botschafter stellten sich die Honoratioren im Halbkreis auf, um andächtig der Hymnen beider Länder zu lauschen. Kraftvoll erklang aus den Lautsprechern an Decken und Wänden die wohlbekannte, melodiöse Sowjethymne. Danach die Nationalhymne der DDR.

Wer nie sah, wie sich ein Gesicht urplötzlich versteinert, hätte Honecker, dem ich gegenüber stand, beobachten müssen. Aus den Lautsprechern ertönte die Choraufnahme aller drei Strophen der Eisler/Becher-Hymne. Seit zehn Jahren wurde die Hymne wegen »Deutschland, einig Vaterland« nicht mehr gesungen. Es war unfassbar. Nach Honeckers Machtantritt war das Einheitsziel aus der Verfassung getilgt worden, die DDR war nur noch ein sozialistischer Staat »der Arbeiter und Bauern« und nicht mehr »deutscher Nation«. Ebenso verschwand 1974 das »D« von den Kraftfahrzeugen und das Deutschland aus zahlreichen Namen von

Organisationen und Verbänden. Wir Journalisten sprachen über-spitzt schon vom Schäferhund der DDR anstatt vom deutschen Schäferhund, so weit trieb die Umbenennung Blüten.

War Abrassimows Attacke ein Wink mit dem Zaunpfahl?

BLUFF

Am Rande der Trauerfeierlichkeiten für den kurzzeitigen KPdSU-Generalsekretär Juri Andropow hatten Honecker und Kohl eine offizielle Visite Honeckers in Bonn ins Auge gefasst. Honecker wollte den Besuch Helmut Schmidts von 1981 erwidern und sich bei Kohl und Strauß für den Milliarden-Kredit bedanken, der die DDR noch einige Zeit über Wasser hielt.

Das zweistündige Gespräch am 13. Februar 1984 fand im Gästehaus Honeckers in den Moskauer Leninbergen statt. Beide Politiker stimmten darin überein, dass von deutschem Boden nie wieder Krieg, sondern immer nur Frieden ausgehen solle. Doch das steht inzwischen in hundert Büchern.

Ich fand ein Detail bei dieser Begegnung recht amüsant. Erich Honecker wartete im großen holzgetäfelten Foyer der Villa, in der auch wir Journalisten und Fotografen aus Ost und West lauerten, auf Helmut Kohl. Die Atmosphäre war angespannt und erwar-tungsvoll, als Honecker offensichtlich die große Runde etwas auf-lockern wollte. Aus einem mir unerfindlichen Grund verlangte er urplötzlich gut vernehmbar nach General Wolf.

Auf einen Schlag kam Stimmung in die Halle. Die nervöse Spannung vor dem Eintreffen Kohls war dahin, die Atmosphäre verwandelte sich in das hektisches Hin und Her eines Ameisen-haufens. Von den Fotografen und Kameraleute aus dem Westen stand plötzlich jeder jedem im Weg. Einmal einen Schnappschuss vom Spionage-Chef der DDR – das wäre es!

Die Bildchronisten blickten erwartungsvoll auf alle Türen, weil durch eine ganz sicher gleich der berühmt-berüchtigte General tre-ten würde, der den Meisterspion Günter Guillaume an die Seite

Willy Brandts lanciert hatte und den niemand so richtig kannte. Nur im »Spiegel« war einmal ein ziemlich unscharfes Foto von ihm. Als mich ein westdeutscher Fotoreporter bat, ich möge ihm den Chef der Auslandsaufklärung, General Wolf, zeigen, den ich beispielsweise von der Trauerfeier seines berühmten Bruders, des Regisseurs Konrad Wolf, her kannte, musste ich ihn bitter enttäuschen. Honecker hatte den Chef des Personenschutzes, Generalmajor Günter Wolf, und nicht Mielkes Stellvertreter Generaloberst Markus Wolf gemeint. Die Aufregung legte sich. Ich bin überzeugt, Honecker hat sich köstlich amüsiert.

Das nächste Mal folgte ich Honecker im Oktober 1986 nach Moskau, als er bei einem Kurzbesuch auf dem Ernst-Thälmann-Platz ein Bronzedenkmal des deutschen KPD-Führers mit der obligatorischen geballten Faust einweihte. Vorher besuchte er den KPdSU-Generalsekretär Michail Gorbatschow im Kreml, um einiges mit ihm zu besprechen.

Auf dem Weg zum ersten Mann im Sowjetstaat gingen wir eine längere Strecke durch den riesigen Gebäudekomplex. Plötzlich, ich glaube, es war im Georgen-Saal, blieb Honecker stehen und erinnerte, wie er hier im Dezember 1949 den siebzigsten Geburtstag Stalins mitgefeiert habe. Seine Augen glänzten, er schwelgte in Erinnerungen.

Gorbatschow war damals ein junger Spund von gerade mal achtzehn Jahren gewesen. Das sagte Honecker nicht, aber mir schien, als wolle er genau das ausdrücken. Er hatte dem sowjetischen Generalsekretär eine Menge an revolutionärer Erfahrung voraus. Einige seiner Begleiter heuchelten Bewunderung und lachten höflich.

FARBENLEHRE

In den letzten Jahren der Existenz der DDR konnte der Graben zwischen Honecker und Gorbatschow kaum tiefer sein. In der Führung war das trotz öffentlicher Bekenntnisse zum »unverbrüchlichen Bruderbund« längst bekannt. Wie sehr dieser Graben von Erich Honecker ausgehoben wurde, erlebte ich 1988 aus nächster Nähe. Im Amtssitz des Staatsrates fand am 11. November, einem Freitag, die Auszeichnung der DDR-Olympioniken der Spiele von Seoul statt, wo sie nach der UdSSR und vor den USA den zweiten Platz belegt haben. In Reih und Glied saßen die Auserwählten auf rot gepolsterten Stühlen. Ganz vorn Superstar Kristin Otto, die im Schwimmen sechsmal Gold errang und als Einzige mit der höchsten Auszeichnung der DDR, dem Karl-Marx-Orden, geehrt wurde. Auch Heike Drechsler war unter den Ausgezeichneten, die weltbeste Weitspringerin, die den Vaterländischen Verdienstorden in Gold erhielt, und Boxtrainer Manfred Wolke, der sich den Orden »Banner der Arbeit« an die Brust heften durfte.

Vor ihnen saßen, halb zu den Ausgezeichneten, halb zum Redner, die Politbüromitglieder sowie hohe Funktionäre des Sports. Einige der alten Herren, bei denen auch keine Dopingmittel mehr etwas auszurichten vermochten, beherrschten die Kunst, mit offenen Augen zu schlafen. Zumindest während langatmiger Reden ihres Chefs, denen sie schon lange nichts Neues abgewinnen konnten. Wenn sie sich da mal nicht täuschten.

In der letzten Reihe, zwischen Bodyguards und Leibärzten, saß ich mit der Rede Honeckers, in der ich jede kleine Abweichung seismographisch zu registrieren hatte, um anschließend zu entscheiden, ob es sich um einen Versprecher oder eine durchdachte Änderung handelt.

Die Rede war dem Ereignis angemessen. Die »Diplomaten im Trainingsanzug« wurden über den grünen Klee gelobt. Allerdings kein Wort des Dankes an die Pharmaindustrie. Noch hielt sich Honecker an das Manuskript, als er sagte: »Mit der herausragenden Schwimmerin Kristin Otto kam die Königin der XXIV. Olympiade aus der Deutschen Demokratischen Republik.« Er ging auf das »Wunder« DDR-Sport ein, von dem man »immer wieder in aller Welt spricht«.

Dann folgte das tatsächliche Wunder, bei dem einige Politbüromitglieder dank revolutionärer Wachsamkeit brüsk aus dem Halbschlaf gerissen wurden und fast von ihren Stühlen rutschten. Honecker definierte dieses Wunder nämlich so: »Es heißt Sozialismus, wenn man so will, Sozialismus in den Farben der Deutschen Demokratischen Republik.«

Ich traute meinen Ohren nicht, fand den Satz nicht in der Rede und schrieb ihn rasch hinein. Bis zu diesem Zeitpunkt wäre es geradezu blasphemisch gewesen, eine solche Formulierung auch nur zu denken. Der französische KP-Chef Georges Marchais, der zwanzig Jahre zuvor den »Sozialismus in den Farben Frankreichs« pries, hatte sich damit den Zorn der sozialistischen Weltordnung zugezogen. Es gibt nur einen Sozialismus und der ist international wie die Arbeiterklasse! Nichts da mit Sonderfarben in Französisch, Italienisch oder Spanisch! Solche Besonderheiten sind untragbar, spalterisch und scharf zu verurteilen.

Nachdem die Orden verliehen und Kristin Otto namens aller Geehrten artig gedankt hatte, stürzte ich zu ZK-Sekretär Joachim Herrmann, der als Agitationschef schließlich von einer solch gravierenden Neuorientierung wissen musste. Der sah mich an, als hätte ich eigenmächtig das Redemanuskript geändert und den Anlass zur abwegigen Formulierung gegeben.

»Soll ich das übernehmen?«, fragte ich.

Mit einer Kopfbewegung in Richtung Honecker blaffte Herrmann mich an: »Was weiß ich? Frag *ihn* doch.«

Oh Gott, nicht einmal Honeckers Pressezensor wusste von dieser jähen Wendung.

Nun war es an mir, den ideologischen Lapsus des Generalsekretärs auszubügeln. Im dichten Pulk der Ordensträger schlug ich mich zu Honecker durch, der sich anschickte, die Treppe abwärts zu gehen. Vor dem Glasmosaikfenster des Malers Walter Womacka mit den Porträts von Rosa Luxemburg und Karl Liebknecht und dem Ausspruch »Trotz alledem!« fing ich ihn ab: »Entschuldigung, Genosse Vorsitzender«, so zog ich seine Aufmerksamkeit auf mich, um gleich fortzufahren: »Ich möchte Ihre Rede zur Veröffentlichung freigeben. Soll ich die Stelle mit dem Sozialismus in den Farben der DDR so übernehmen, wie gesprochen?«

Honecker, der genau auf diese Frage gewartet zu haben schien, blieb stehen und wandte sich in seinem knitterfreien dunkelblauen Anzug zu mir um. Dabei entging ihm offensichtlich nicht die brennende Neugier der hinter mir stehenden Politbüromitglieder, die begierig erleben wollten, wie ihr Chef seinen peinlichen Ausrutscher ausbügelte.

Freundlich, mit einem leichten Lächeln, sagte Honecker zu mir, so dass es alle Umstehenden vernahmen: »Ja, lass das mal, wie ich es gesagt habe. Das ist mir gerade so eingefallen. Ist doch gut, nicht wahr?«

Da ein Einwand meinerseits ausblieb, wandte Honecker sich um und ging weiter nach unten. Also nichts mit Glasnost, nichts mit Perestroika, wir machen unseren eigenen Sozialismus, ob es Gorbatschow passt oder nicht! Und wie der aussieht, das überlasst gefälligst mir, Erich Honecker! Mit belämmerten Gesichtern folgten die alten Herren ihrem Chef abwärts. Jetzt hatten wir unseren eigenen, unseren nationalen Sozialismus. Oh Gott!

Ich erinnerte mich, mit welchen Worten Leonid Breshnew Honecker begrüßte, als der KPdSU-Chef zum 25. DDR-Jubiläum am 5. Oktober 1974 in Berlin-Schönefeld eintraf: »Wenn der Prophet nicht zum Berg kommt, geht der Berg zum Propheten.« In den Zeitungen stand damals eine von mir erfundene Begrüßungsfloskel, jedoch Chefdolmetscher Werner Eberlein hatte mir die tatsächlichen Begrüßungsworte Breshnews grinsend mit der Bemerkung genannt: »Schreibst du ja doch nicht.«

Die Zeitgeschichte, die den Ursprung der Formulierung »Sozialismus in den Farben der DDR« auf die siebte ZK-Tagung im Dezember 1988 datiert, hatte offensichtlich nicht mitbekommen, dass Honecker diesen Spruch schon vier Wochen vorher als Versuchsballon gestartet hatte. Da war die Bundesrepublik gerade mit ihrem eigenen Skandal beschäftigt. Dem Bundestagspräsidenten Philipp Jenninger war bei der Erinnerung an die antijüdischen Pogrome im Jahr 1938 in Deutschland ein Stück Rede misslungen. Der zweite Mann im Bonner Staat, der unglücklich formuliert hatte, trat zurück. So einfach war das dort.

Wie unsere Chefpropagandisten und Chefagitatoren die »Farben der DDR« verkrafteten, entzieht sich meiner Kenntnis. Ein Jahr später war diese Farbenlehre ohnehin passé. Doch bis dahin war für Parteiwissenschaftler wie Otto Reinhold noch genügend Zeit, im »Neuen Deutschland« den »Sozialismus in den Farben der DDR« zu definieren. Im Grunde beschrieb er eine schwarze Katze in einem dunklen Raum, die gar nicht drin war.

Irgendwie erinnert mich das an die Wellenlinie, durch die ein gerader Strich gezogen ist. Die Welle, das ist die Linie der Partei. Die Gerade markiert die Abweichungen. Man musste verdammt wachsam sein, um der Welle zu folgen und nicht auf dem Strich zu landen.

FAN

Vieles war in der Ära Honecker inzwischen anders geworden. Die uneingeschränkte Macht des kleinen Saarländers im »großen Haus« am Berliner Marx-Engels-Platz hatte den Opportunismus zum Blühen gebracht. Dem ersten Mann in Partei und Staat etwas abzuschlagen oder auszureden, die Zeit war vorbei. Zur Unterwürfigkeit gesellten sich Elogen, die an runden Geburtstagen Honeckers möglicherweise nur noch von der Umgebung des rumänischen Diktators Ceauşescu oder des »geliebten Führers« in Nordkorea übertroffen wurden.

In die Schlangen der Gratulanten zu Honeckers runden Geburtstagen alle fünf Jahre am 25. August hatte sich im stundenlangen Defilee im Hause des ZK der SED alles eingereiht, was die eigene Karriere nicht gefährden wollte. Auch die Kirchen blieben nicht außen vor. Ihre Segenswünsche und Gebete würden den hochverehrten Herrn Generalsekretär auch fürderhin auf allen seinen Wegen begleiten. Natürlich zum Wohle des Volkes.

Wie weit die Selbstherrlichkeit Blüten trieb, wurde besonders anschaulich im »Neuen Deutschland« am 29. Februar 1988. Das Titelbild zeigt auf einer Fläche von 27 mal 15,6 Zentimetern die

Eisprinzessin von Calgary Katarina Witt, das »schönste Gesicht des Sozialismus«, mit erhobenen Händen wie bei einer Pirouette. Das Titelbild, wie es mir größer seit Stalins Tod nicht erinnerlich ist, war der Wunsch eines einzelnen Herrn, dem man schon lange keine Wünsche mehr abschlug. Selbst ein Foto des kompletten Politbüros zum runden Geburtstag des Witt-Fans Honecker war nicht so groß, geschweige das von Michail Gorbatschow nach der Wahl zu einem der mächtigsten Männer der Erde. Übrigens hat Erich Honecker den »Playboy« nicht mehr erlebt, der ihn hätte überzeugen können, dass das mit dem »schönsten Gesicht« des Sozialismus ein bisschen zu eng gefasst war.

Beileibe nicht zu allen Frauen war Honecker so nett. Sehr gut privat kannte ich Honeckers Dolmetscherin Ilse S. Ich war mit Freunden oft bei ihr zu Hause in ihrer Parterre-Wohnung am Leninplatz. Wir diskutierten freimütig über alles, was uns bewegte. Dabei lernte ich auch ihre Mutter kennen, die beim Machtantritt Hitlers mit ihrem Mann, einem Redakteur der KPD-Zeitung »Rote Fahne«, in die Emigration nach Moskau gegangen war, wo dieser, Ilses Vater, in den späten dreißiger Jahren Opfer der stalinschen »Säuberungen« wurde. Trotz dieser bitteren Erfahrung und ihrer Verbannung nach Kasachstan hatte die alte Dame nie den Glauben an den Sozialismus verloren. Tochter Ilse, eine überzeugte Anhängerin der Sowjetunion, sah ihre wahren Träume erst unter Gorbatschow real werden.

Als Ilse in der Gorbatschow-Ära wieder einmal dolmetschte und die Ausführungen eines Gastes aus Moskau nach Honeckers Einschätzung mehr im Geiste Gorbatschows als im Sinne der SED-Politik formulierte, forderte Honecker ihre sofortige Entlassung. Dabei hatte er die Übersetzung überhaupt nicht einschätzen können. Im Grunde entlud sich an ihr seine Wut auf Gorbatschows Perestroika. Ilse, die beide Sprachen als Muttersprache beherrschte, wurde ins Schreibbüro versetzt. Sie litt sehr darunter und dachte sogar daran, Moskauer Freunde über das tatsächliche Verhältnis der SED-Führung zu Gorbatschow und zur KPdSU zu informieren. Doch ihre Loyalität war selbst in dieser Situation stärker.

Bald fand man sie in ihrer Wohnung am heutigen Platz der Vereinten Nationen, an der Deckenlampe ihres Wohnzimmers erhängt. Ihr Abschiedsbrief verschwand bei der Stasi. Kommentarlos nahm Honecker diesen Selbstmord einer verzweifelten, bewundernswerten Frau zur Kenntnis.

RAUCHVERBOT

Wir Journalisten fühlten uns während der letzten Monate der noch real existierenden DDR ziemlich unwohl in unserer Haut. Natürlich waren wir mit tausend Lebensfäden an den Alltag gebunden. Ich betone das, weil wir Journalisten nicht wie die Stars der Unterhaltungskunst oder andere »Devisenbringer« behandelt wurden und auch nicht die öffentliche Meinung prägten. Wir veröffentlichten die geprägte Meinung.

Viele von uns fühlten sich auch deshalb unwohl, weil wir Dinge lesen und verbreiten mussten, die an Dummheit kaum zu überbieten waren. Das »Neue Deutschland« beispielsweise interviewte einen Mitropa-Kellner, der im September 1989 bei einer Dienstreise nach Budapest angeblich von zweifelhaften Elementen mit Menthol-Zigaretten betäubt und nach Österreich verschleppt worden war. Bald nach dem Sturz der SED-Führung stellte sich heraus, dass der über Ungarn getürmte Kellner von sich aus wieder zurück zur Familie und zum nagelneuen Auto gekommen war und die Gräuelgeschichte als »Wiedergutmachung« von sich gab.

Ab August 1989 waren wir im Dauerstress. Vielen Nachrichten, die von den Agenturen auf uns niederprasselten, waren wir hilflos ausgesetzt. Auf Ereignisse in den bundesdeutschen Botschaften in Prag und Warschau zu reagieren, überstieg unsere Kompetenz. Allein für die Information der SED-Führung wurden aus aller Welt interne Berichte von den Korrespondenten angefordert und weitergeleitet. Die Kiste DDR war leck geschlagen, überall tröpfelte es, ganze Rinnsale bahnten sich Wege in die Freiheit, nur wir hatten damit nichts zu tun. Es war gespenstisch.

Das größte Malheur, das Honecker und Co. vorerst zu verdauen hatten, geschah im Sommer 1989. Der ungarische Außenminister Gyula Horn und sein österreichischer Amtskollege Alois Mock zerschnitten am 27. Juni 1989 den Stacheldrahtzaun an ihrer gemeinsamen Grenze und öffneten gewissermaßen ein Scheunentor für Bürgerinnen und Bürger der DDR in den Westen.

Ende September hatte DDR-Außenminister Oskar Fischer im Auftrag Honeckers mit Gyula Horn Klartext über die Eigenmächtigkeiten der ungarischen Führung zu reden. Im Beratungssaal des Außenministeriums am damaligen Marx-Engels-Platz saßen sich beide Minister mit ihren Stäben gegenüber. Oskar Fischer mit dem Rücken zur Glasfront, ihm gegenüber, mit dem Blick in Richtung Palast der Republik, sein Gast Gyula Horn. Wir Journalisten waren für ein paar Minuten im Raum.

Als sich alle gesetzt hatten, steckte sich Gyula Horn eine Zigarette an. Oskar Fischer, der sich auf eine ideologische Standpauke im Auftrag Honeckers vorbereitet hatte, war erst einmal entsetzt. Er legte dem Gast nahe, in diesem Raum nicht zu rauchen, weil das nicht üblich sei. Horn ließ sich nicht beeindrucken, bis man ihm einen Aschenbecher brachte. Was war unter Freunden noch »üblich«?

Die Mitteilung über die Begegnung bekamen wir in die Hand gedrückt, doch sie enthielt nur die Äußerungen Fischers, nicht die von Gyula Horn, beispielsweise über die Grenzöffnung. Selbst Radio Budapest kritisierte, dass die Nachrichtenagentur ADN nur über die Darlegungen Fischers berichtete und nicht auf die Haltung Horns einging.

Was hätte ich schreiben sollen? Dass Fischer dem Horn das Rauchen verbieten wollte? Mehr hatte ich nicht mitbekommen. Der Sprecher des DDR-Außenministeriums war vordem Nachrichtenchef des ADN und bei dem Gespräch dabei, doch auch er hatte sich den Zwängen einer katastrophalen Informations- und Medienpolitik unterzuordnen.

Wenige Wochen später gab es einen Kommentar, der – getarnt als Erklärung des Ministeriums für Auswärtige Angelegenheiten gegenüber ADN – am 2. Oktober in allen Zeitungen stand. Darin hieß es über jene, die die DDR verließen, sie hätten sich selbst aus der Gesellschaft ausgegrenzt: »Man sollte ihnen deshalb keine Träne nachweinen.« Das sagte man den Müttern und Vätern jener Menschen, die die Gefahr nicht scheuten, sich einen Weg in die Freiheit zu bahnen. Die SED-Führung hatte sich so weit vom Volk entfernt, dass sie die einfachsten menschlichen Gefühle ihrer weltfremden Politik opferte.

Den Satz des Anstoßes, von dem sich auch viele Journalisten distanzierten, hatte Honecker persönlich in den für ihn vorbereiteten Kommentar geschrieben. Vielleicht fiel ihm später dieser Satz ein, als er aufgrund seines Gesundheitszustandes den humanitären Akt eines demokratischen Staates genoss, vom Gerichtssaal aus zur Familie nach Chile reisen zu dürfen. Nur spärlich flossen da die Tränen.

NACHHILFEUNTERRICHT IN DEMOKRATIE

Die offiziellen Feierlichkeiten zum 40. Jahrestag der DDR begannen am 6. Oktober. Die FDJ hatte Unter den Linden einen Fackelzug vorbereitet, der an jenen vor vierzig Jahren zur Begrüßung der eben gegründeten DDR erinnern sollte und damals von Honecker organisiert worden war. Diesmal wurde er zur bitteren Enttäuschung des Partei- und Staatschefs der DDR. Die Rufe »Gorbi, Gorbi« – ich vernahm sie auf der Tribüne ebenso gut wie Honecker – wurden zur unausgesprochenen Kritik am SED-Chef, der sich von der Jugend ignoriert, wie ein Häufchen Unglück neben dem Schöpfer von Glasnost und Perestroika vorkommen musste.

Am Vormittag des 7. Oktober, nach der geräuschvollen Militärparade durch die Karl-Marx-Allee, las Gorbatschow der alten Herrschaftsriege der SED die Leviten. Gorbi und Ehefrau Raissa wohnten im Schloss Niederschönhausen, auf dessen weitem Gelände ein Konferenzgebäude steht, das hin und wieder für Beratungen mit Gästen genutzt wurde. So auch diesmal.

Ständiger Begleiter Gorbatschows war Günter Mittag. Kein anderes Politbüromitglied hatte Gelegenheit, auch nur ein paar Sätze allein mit Gorbi zu reden, nicht einmal »Kronprinz« Egon Krenz. Zunächst trafen Gorbatschow und Honecker zu einem Gespräch im Schloss zusammen, bei dem sie nach Auffassung eines Teilnehmers wechselseitig aneinander vorbei redeten. Zur selben Zeit trafen die Mitglieder und Kandidaten des Politbüros im Konferenzgebäude ein, um auf Gorbatschows Wunsch hin an einer Aussprache im großen Kreis teilzunehmen.

Die Atmosphäre knisterte. Egon Krenz war sauer, dass Mittag und nicht er als zweiter Mann der Partei an der internen Unterredung mit Gorbi teilnehmen durfte. Als ich Egon Krenz bei der Begrüßung die Hand gab und gratulierte, war der völlig abwesend und fragte: »Wozu?« Ich sagte: »Zum 40. Jahrestag der DDR.«

Nach dem kleinen Plausch begrüßte Gorbatschow in gelöster Stimmung die SED-Führung. Er nahm in der Mitte der Längsseite des riesigen, mit weißen Nelken geschmückten Konferenztisches Platz. Ihm gegenüber saß Erich Honecker im stahlblauen Anzug, ringsum zu beiden Seiten, zusammen mit Gorbatschows Begleitern, waren die Mitglieder und Kandidaten des SED-Politbüros alphabetisch aufgereiht. Ordnung musste sein.

Was dann folgte, war die ungeschminkte Aufforderung von einem der damals noch mächtigsten Männer der Welt, endlich zu handeln. Gorbatschow würdigte die DDR anlässlich ihres Jubiläums und fügte hinzu, dass »viel Brot und viel Wurst nicht alles sind«. Die Leute verlangten »eine neue Atmosphäre, mehr Sauerstoff, einen neuen Atem«. Schon die uralten Römer hätten von Brot und Spielen gesprochen.

Dann fügte er hinzu: »Der Mensch braucht entsprechende materielle Bedingungen, aber er braucht zugleich die entsprechende geistige Atmosphäre in der Gesellschaft.« Mit ernstem Gesicht fuhr er fort: »Ich halte es für sehr wichtig, den Zeitpunkt nicht zu verpassen.«

Tags zuvor hatte Gorbatschow am Mahnmal Unter den Linden seinen bereits zu Hause mehrfach ausgesprochenen Satz »Wer zu spät kommt, den bestraft das Leben« um den Rat erweitert: »Gefahren warten nur auf jene, die nicht auf das Leben reagieren.«

»Wenn wir zurückbleiben, bestraft uns das Leben sofort«, nahm er diesen Gedanken in Pankow erneut auf und fügte eine seiner Erkenntnisse hinzu: »Wenn die Partei nicht auf das Leben reagiert, ist sie verurteilt.«

Nach dem Gespräch sah ich die meisten Mitglieder der SED-Führung nachdenklich das Konferenzgebäude verlassen. Vielleicht hatte diese Begegnung den letzten Anstoß zum Handeln gegeben. Und vielleicht hatten die Mitglieder der SED-Führung den Ausspruch, nicht zu spät zu kommen, endlich verinnerlicht und nur noch nicht erkannt, dass es für den Arbeiter-und-Bauern-Staat schon fünf Minuten nach zwölf war. Vielleicht wusste das auch Gorbatschow noch nicht.

Am Abend des 7. Oktobers hatte sich alles, was Rang und Namen in der kommunistischen Weltbewegung und in der DDR hatte, zur Jubiläumsfeier im Palast der Republik versammelt. Es schien, als sonne sich Honecker im Flutlicht der Scheinwerfer sowie in den Blicken seiner Gäste und genieße deren Beifall, als er in den großen Saal stolzierte, der in einen blumengeschmückten Bankettsaal mit reich gedeckten Tafeln verwandelt worden war.

In der Innentasche seines grauen Anzuges, zu dem er nicht etwa eine rote, sondern eine blaugrau gemusterte Krawatte trug, steckte die Begrüßungsrede. Sie bestand aus acht DIN A 5-Seiten. Ich besaß das gleiche Exemplar, um wieder einmal den Wortlaut zu verfolgen.

Auf der Spreeseite hinter dem Palast versammelten sich inzwischen Tausende Menschen, die keine Einladung zum Bankett hatten. Sie waren von ihrem Treffen um 17 Uhr an der Weltzeituhr gekommen, wo sie seit den Wahlen am 7. März an jedem 7. eines Monats gegen die Wahlfälschung demonstrierten. Diesmal waren es mehr als sonst, und sie waren friedlich wie immer. Ihre Rufe am Spreeufer klangen anders als die im Fackelschein Unter den Linden am Vorabend. Sie riefen nicht nur »Gorbi«, sondern »Gorbi, hilf!«, »Wir sind das Volk!« und »Wir wollen raus!«.

In den Foyers liefen festlich gekleidete Menschen wie aufgescheuchte Hühner hin und her, Stasi-Minister Mielke und der Berliner SED-Chef Schabowski diskutierten mit ernsten Gesichtern, als versuchten sie einander den Schwarzen Peter für dieses Dilemma in die Schuhe zu schieben. Glanz und Glamour wurden zur grotesken Kulisse.

Unsicherheit lag auf vielen Gesichtern an den reich gedeckten Tafeln. Die Würdenträger der Kirchen, die in meiner Nähe saßen, rutschten unbehaglich auf ihren Stühlen hin und her. Die »Blockfreunde« ergingen sich in Mutmaßungen über diesen eigenartigen Menschenauflauf. Die ausländischen Gäste bemühten sich um gute Miene. Manch einer kannte solche Zustände von zu Hause.

Honecker blieb die Unruhe nicht verborgen. Als er den prunkvollen Abend eröffnete, hatte er seine Rede unter dem Tisch heimlich gekürzt. Ich konnte den ersten Satz noch vergleichen, hörte dann aber etwas anderes. Ich schrieb hastig mit und blätterte mit der linken Hand in der Rede, bis ich merkte, dass es an anderer Stelle weiterging. Honecker war nach dem ersten Satz gleich auf die vorletzte Seite gesprungen, wo er den ausländischen Gästen für ihr Kommen dankte.

Was wollte er sagen? Hier ein paar Sätze, die der Welt verloren gingen, weil sie Honecker offenbar im Hals stecken geblieben waren: »*Das Volk der DDR hat bewiesen, dass es in der Lage ist, eine Gesellschaft zu gestalten, in der der Mensch ein Mensch sein kann.*«

Die Menschen auf der Straße waren anderer Meinung.

In der Rede stand: »*Versuche, an den Realitäten zu rütteln, untergraben das Fundament für ein gemeinsames europäisches Haus. Erforderlich sind heute mehr denn je Realitätssinn, Augenmaß und Berechenbarkeit.*«

Da rüttelte es bereits mächtig.

Er wollte sagen: »*Die DDR ist der Zukunft zugewandt. Ihre Politik der Kontinuität und der Erneuerung schließt auch weiterhin Veränderungen ein.*«

Gerade begannen auf der Straße die Veränderungen.

Von Schreier über Adam, Güttler bis Kowalski, von Frederic über Schöbel, Nebel und Lippert hatten viele ernste und heitere Unterhaltungsgrößen des Landes an diesem Abend noch einmal ihr Bestes für die DDR gegeben. Doch selbst der weltberühmte Thomanerchor aus Leipzig konnte mit seinem wunderschönen Gesang »Friede sei im Lande« nicht über die lebhaften Proteste rund um die Festung Palast hinwegtäuschen.

Zum Essen gab es neben vielen anderen schönen Dingen Zuchtwachtelbrüstchen auf Maispüree, Forellenröllchen mit Dillsauce und Lachskaviar, Putensuppe mit Pistazienklößchen, Kalbsfilet sowie als Krönung des Ganzen – ein Schelm, der Böses dabei dachte – das Dessert »Surprise«.

Als ich spätabends den Palast verließ, befand ich mich innerhalb eines Sperrgürtels, in dem sich auch die Agentur befand. Im Foyer des ADN herrschte große Aufregung, Polizisten hatten junge Menschen von der Straße gezerrt und sie mit Gesichtern und Händen zur Wand aufstellen lassen. Schweigend ging ich nach oben, um kurze Zeit später das Büro zu verlassen und nach Hause zu gehen. Bis in meine Wohnung nebenan war es ein Katzensprung. Um nicht noch einmal durch das Foyer gehen zu müssen, verschwand ich durch einen Hinterausgang.

Vom Wohnzimmerfenster aus sah ich die Polizeikette, die die Innenstadt abriegelte, und die hin und her flitzenden grünen Polizeifahrzeuge vom benachbarten Volkspolizeipräsidium. Einige Autos hatten große Gitter vor dem Motorraum, als wollten sie damit Massen zusammenschieben.

Ich war allein zu Hause. Die Erlebnisse dieses Tages hatten mich überfordert, ich dachte an die »chinesische Lösung« vom Platz des Himmlischen Friedens in Peking, die noch erschreckend frisch im Gedächtnis war. Gedankenversunken blätterte ich in der Speisekarte des Abends, die ich aus der Jackentasche genommen hatte, blieb bei den Zuchtwachtelbrüstchen hängen, bis mir die Schrift vor den Augen verschwamm, schmiss die Karte wütend in die Ecke und brach weinend zusammen.

War es auch meine Welt, die in Scherben lag? Ich holte eine Flasche Wilthener Weinbrand aus dem Schrank ... Es ist eigenartig, aber mit keinem Begriff verbindet sich in meinem Kopf bis heute der Untergang der DDR so sehr wie mit »Zuchtwachtelbrüstchen«.

JOURNALISTENSCHELTE

Von nun an überschlugen sich die Ereignisse. Nie wussten wir zu Dienstbeginn in der Nachrichtenagentur, mit welchen Überraschungen der Tag enden würde.

Mit Honecker war kein Staat mehr zu machen. Das Politbüro schob ihm alle Schuld in die Schuhe und trennte sich von ihm. Krenz, Schabowski und Co. hatten in geheimer Fraktionsbildung die Mehrheit auf ihre Seite gebracht. Honecker verließ am 18. Oktober 1989 die Sitzung des SED-Zentralkomitees, in der er seinen Rücktritt erklärte und Krenz auftragsgemäß zum Nachfolger vorschlug.

Eine neue Zeit sollte beginnen, doch eine Lüge ist ein schlechtes Fundament. Honecker trat angeblich »aus gesundheitlichen Gründen« zurück, was freiwillig bis dahin noch nie ein »Arbeiterführer« getan hatte. Es war ein fauler Kompromiss. Auf die Erklärung von Generalsekretär Krenz im DDR-Fernsehen reagierten wir als Kenner von Agitation und Propaganda enttäuscht: Im Osten nichts Neues.

Der Berliner SED-Chef Schabowski verkündete auf einer eilends einberufenen SED-Aktivtagung am Abend des 18. Oktober in Richtung Bonn: »*Kommt von eurem hohen Ross herunter. Was in der DDR zu tun und zu lassen ist, wird einzig und allein von uns und bei uns entschieden.*«

Die Rede in der Werner-Seelenbinder-Halle, in der sich vor achtzehn Jahren Honecker hatte inthronisieren lassen, war wie ein Angriff, der auch viele von uns Journalisten traf. Schabowski verlangte »... lebensverbundene Medien, eine Aufgabe, die endlich zu meistern ist«. Er, der jahrelang Chefredakteur des ideologischen Trockenfutters »Neues Deutschland« war, hätte es vormachen können.

Wenn es nach vielen Kolleginnen und Kollegen von Presse, Funk und Fernsehen gegangen wäre, hätte es »lebensverbundene Medien« gegeben. Wie viele Journalisten wurden gemaßregelt, weil sie einen kleinen Schritt zu weit in Richtung »Lebensverbundenheit« gewagt hatten? Die letzte Hoffnung auf diesem Weg war mit Werner Lamberz 1977 endgültig abgestürzt. Sein Credo verwehte nach dem mysteriösen Hubschrauberabsturz der Sand der libyschen Wüste: »*Wir brauchen nicht hochtrabende Worte, sondern überzeugende Argumente ... Unsere gesamte politische*

Massenarbeit muss auf die Bedürfnisse und Gedanken der Bürger gerichtet sein ... Wir müssen Antworten auf alle Fragen geben, die das Leben stellt.«

Schabowski verwies vorsichtshalber auch gleich auf die Grenzen dieser »Lebensverbundenheit«: *»Die Presse wird bei uns nicht zu einer Tribüne eines richtungslosen anarchistischen Geschwätzes, kein Tummelplatz für Demagogen. Sie muss wie die Politiker darauf achten, dass komplizierte Sachverhalte und Fragen nicht durch allzu flinke und simple Antworten verwässert werden.«*

Auch in unserer Agentur gab es in diesen Tagen heftige Diskussionen. Die Rufe »Lügner« der Demonstranten am Abend des 7. Oktober vor dem ADN-Gebäude hatten viele von uns bis ins Mark getroffen. Und wir hatten nichts entgegenzusetzen als den Willen, dies nicht länger sein zu wollen. Aber nur halbherzig. Wir protestierten nicht, als der Generaldirektor seine Stellvertreter entließ, von denen uns mancher auf seinem Platz gefallen hätte. Er selber beließ sich im Amt.

Als Kolleginnen und Kollegen vorschlugen, dass ich einer der neuen Stellvertreter des Generaldirektors werden solle, bedankte ich mich im doppelten Sinne. Nichts war in jenen Tagen und Wochen normal, nichts ging seinen gewohnten Gang, noch weniger seinen sozialistischen. Wir trafen Entscheidungen, für die man vor Wochen noch in die Braunkohle geschickt worden wäre. Aber nicht als Reporter.

In kniffligen Situationen fragten wir Verantwortungsträger, die nichts mehr verantworten wollten. Dogmatiker der Parteihierarchie gaben sich volkstümlich und diskutierten auf Straßen und Plätzen mit Leuten, auf deren Meinungen sie immer gepfiffen hatten. Sie beantworteten Fragen von Bürgern, die dafür vor Wochen im Auftrag der Partei möglicherweise in den Stasi-Kellern von Hohenschönhausen gelandet wären.

Die Zeit hatte etwas vom Ende des vierzigjährigen Marschs des Volkes Israel durch die Wüste, bevor der Tanz um das Goldene Kalb begann.

Am deutlichsten wurde der Wille zu Veränderungen während der berühmten Kundgebung von Kulturschaffenden der Hauptstadt am 4. November 1989. Honecker war gestürzt, Wirtschaftsboss Mittag und Pressezensor Herrmann mussten mit ihm die Segel streichen. Die Verbliebenen suchten zu retten, was nicht mehr zu retten war.

Fast eine Million Menschen waren zum Alexanderplatz gekommen. Da im »Neuen Deutschland« keine Losungen vorgegeben waren, wie das jedes Jahr vor dem 1. Mai der Fall war, gestaltete das Volk die Sichtagitation nach eigenen Vorstellungen. Und es war wesentlich kreativer als die professionellen Losungsdichter. Die Transparente dieses Tages widerspiegelten zum ersten Mal die Meinung des Volkes. Das Rednerpult stand auf einem Lkw-Anhänger, der bezeichnenderweise vor dem Haus des Reisens parkte.

Das Volk hatte im Gegensatz zur Führung die Sprache nicht verloren. Aus einem Freiheitschor flogen die Gedanken wie auf goldenen Schwingen bis in den letzten Winkel des Landes. Millionen saßen vor den Fernsehschirmen. Die Straße war zur Tribüne geworden. Und was zu vernehmen war, klang leidenschaftlicher als alle öffentlichen Reden, die man bis dahin gehört hatte.

Der kleine, bis dato unbekannte Rechtsanwalt Gregor Gysi verlangte ganz praktische Dinge: »Jeder Haushalt soll über ein Telefon verfügen und die Bemerkung, das kann ich dir nicht am Telefon sagen, muss der Vergangenheit angehören.« Wenigstens das mit dem Telefon in jedem Haushalt hat sich erfüllt.

Markus Wolf, Mielkes langjähriger Vize, forderte, begleitet von einem Pfeifkonzert, endlich »Sozialismus mit Demokratie zu verbinden«. Ja warum hat er es denn nicht verbunden, als er noch verbinden durfte? Mir fiel das Märchen vom Wolf und den sieben Geißlein ein. Der Wolf hatte Kreide gefressen und die dummen Lämmer überlistet. Aber nur im Märchen.

Stefan Heym erinnerte an die »schön gezimmerte Tribüne hier um die Ecke«, also zum 40. Jahrestag der DDR in der Karl-Marx-

Allee, und an den »Vorbeimarsch der Bestellten vor den Erhabenen«. Ich hatte die »Bestellten« jahrelang miterlebt. Ihr Winken und ihr Jubel waren in jüngster Zeit nicht mehr ganz so euphorisch. Aber – um der Wahrheit die Ehre zu geben – niemand war zum Jubeln gezwungen worden. Viele Eltern trugen ihre Kinder auf den Schultern, um ihnen Honecker zu zeigen. Und das bestimmt nicht zur Abschreckung.

Heym hegte ebenso wie Christa Wolf die Hoffnung, der Sozialismus sei zu retten. Die Schriftstellerin träumte: »Stellt euch vor, es ist Sozialismus und keiner geht weg.« Ihr Vorschlag für den 1. Mai, »die Führung zieht am Volk vorbei!«, kam zu spät.

Ach, wie schön hatten alle die Zukunft ausgemalt. Ich fragte mich, von welchem Sozialismus die Rede war. Es gab keinen Sozialismus in der DDR, kann ihn nicht gegeben haben, denn dann wäre die DDR nicht gescheitert. Es gab nicht einmal eine »Diktatur des Proletariats«, es gab die Despotie einer unfähigen, lebensfremden Funktionärsclique, die sich aus sich selbst heraus generierte, ideologisch Inzucht betrieb und Erbhöfe verwaltete.

Der Schriftsteller Christoph Hein war einer der Wenigen an jenem Novembertag, die warnten, man möge sich nicht von der eigenen Begeisterung täuschen lassen. »Die Kuh ist noch nicht vom Eis!« Sie ist es immer noch nicht.

GRENZFALL

Die Ereignisse am 9. November überraschten auch uns Journalisten. Niemand kann sagen, er habe es so kommen sehen. Auch wenn man erkannt hatte, dass die DDR seit der Gründung in ihrer größten Krise steckte. Selbst der Aufstand am 17. Juni 1953 hatte nicht ein solches Ausmaß. Diesmal gab es keine massenhaften Arbeitsniederlegungen. Man ging nach Feierabend friedlich demonstrieren. Mit allem hatte die Führung gerechnet, nicht aber mit Kerzen und Gebeten im Arbeiter-und-Bauern-Staat.

Und die Russenpanzer blieben in den Kasernen. Und die Polizei hielt sich zurück. Und Hunderte Kompanien der NVA wurden im angemessenen Abstand zu den »Unruheherden« kreuz und quer durch das Land dirigiert. Die Einsatzpläne der Nationalen Volksarmee und die täglichen Situationsberichte der Armeeführung lesen sich wie Hilferufe an Honecker und Krenz, sie mögen doch endlich diesen widerlich-friedlichen Aufruhr verbieten. Die Leute randalierten ja nicht einmal!

Am 9. November, wir saßen im »großen Haus« und verfolgten eine Tagung des Zentralkomitees der SED, das aus alten Kadern eine neue Führung bastelte, da passierte das Unvorhergesehene. Schabowski öffnete gegen alle Absprachen die Mauer. Nach einem großen Hickhack hinter den Kulissen, den Historiker zu klären haben, verkündete er als Sprecher der Parteiführung die sofortige Möglichkeit für DDR-Bürger, auszureisen, auch über die Berliner Grenzübergangsstellen. Das alles war erst für den 10. November vorgesehen.

Ich halte dieses »Versehen« für die bedeutendste Tat dieses Mannes. Man stelle sich vor, Hardliner wie Mielke, Stoph und die Generalität hätten in der Nacht zum 10. November den Beschluss zur Maueröffnung mit militärischer Gewalt zu Fall gebracht und die dafür Verantwortlichen aus dem Verkehr gezogen. Eine »chinesische Lösung« wäre immer noch möglich gewesen, gewissermaßen ein 17. Juni ohne Russenpanzer.

Schabowskis Entscheidung, wie immer man zu ihm stehen mag, war die Tat eines klugen Kopfes, der unveränderliche Tatsachen schuf, als er für einen Augenblick das Heft des Handelns in der Hand hielt und über die Zukunft einer Nation entschied. Es war nicht mehr, und es war nicht weniger.

Als Diensthabender verfolgte ich minutiös die Geschehnisse des Wochenendes und schrieb eine Dokumentation über die ersten 50 Stunden bei offener Mauer. Ich war ganz sicher, dass die DDR dieser Situation nicht gewachsen sein würde und schrieb über den Beitrag: »Eine Entscheidung von historischer Tragweite«.

Große Nachrichtenagenturen wie AP, Reuters, DPA reagierten auf diesen Artikel wie auf eine Sensation: »ADN nennt die Maueröffnung eine Entscheidung von historischer Tragweite«.

Was denn sonst? Vieles hatte ich, hatten die meisten nicht vorhergesehen. Doch dass unter Gorbatschows Herrschaft plus Fall der Mauer eine Weltanschauung ihren Geist aufgab, das war zu erkennen. Man musste nicht Gesellschaftswissenschaft studiert haben, um zu spüren, dass in diesen Tagen ein ganzer »Überbau« zusammenbrach – Gerüste einstürzten, Säulen kippten und Ruhmeshallen zerbarsten. Ein Weltsystem begann sich aufzulösen. In Wohlgefallen, kann man nicht sagen, denn auch Tschetschenien, Jugoslawien, Äthiopien, Angola, Mocambique, Afghanistan und andere rechneten sich diesem System zugehörig. Und sie alle sind bis heute auf der Suche nach Zukunft.

Als der Mauerfall noch längst nicht verdaut war, tauchte am 11. November im ADN-Foyer in der Mollstraße ein Mann auf, 1,65 Meter groß, schütteres Haupthaar, markante Brille. Er wünschte einen Verantwortlichen zu sprechen. Ich begab mich ins Foyer.

Da stand er wieder vor mir, zum zweiten Mal im Leben: Rechtsanwalt Dr. Gregor Gysi. Diesmal nicht als Verteidiger Bahros, sondern als Verteidiger eines reiselustigen Volkes. Als Vorsitzender des Rates der Kollegien der Rechtsanwälte der DDR übergab er mir die Entwürfe für ein Reisegesetz sowie für ein Gesetz über die Verlegung des ständigen Wohnsitzes von Bürgern der DDR ins Ausland.

Offensichtlich hatte er mich nicht wiedererkannt, obwohl es auch nicht der Moment war, über gemeinsam erlebte Prozesse zu plaudern. Ich ließ aus seinen Dokumenten längere Nachrichtenfassungen anfertigen und übergab sie der Öffentlichkeit. Doch sie waren so gut wie Makulatur, kamen um Jahre zu spät.

An einem kühlen Novembertag gehörte ich zu einer kleinen Gruppe von Journalisten, die mit Billigung von SED-Chef Egon Krenz erstmals die Waldsiedlung in Wandlitz besichtigen durften. Hier wohnten seit 1960 die in Berlin agierenden Mitglieder und Kandidaten des Politbüros. Hinter eineinhalb Kilometern Zaun wurden wir in der geheimnisumwitterten »verbotenen Stadt« erwartet. Der für uns abgestellte Offizier haute uns gehörig die Taschen voll: »Wir haben ein großes Interesse daran, dass die Bevölkerung sachlich über das Objekt Waldsiedlung informiert und Gerüchten der Boden entzogen wird.«

Jedoch sagte er die Wahrheit, dass sich seit Honeckers Sturz viel verändert habe. Denn über Nacht waren eine Menge Westwaren, vor allem aus dem Bereich Hausgeräte und Heimelektronik, abtransportiert worden. Da man uns nicht für komplette Idioten hielt, war einiges geblieben. Textilien und Porzellan aus eigener Produktion, Tomaten, ein bisschen Ananas und ein paar Bananen.

Im Innern dieser Insel der Glückseligen hatte sich die SED-Führung dem Experiment gestellt, den Sozialismus praktisch zu testen. Es hieß, dass Wilhelm Pieck den Sozialismus noch für die ganze DDR wollte und scheiterte. Ulbricht beschränkte sich auf Berlin und schaffte es auch nicht. Honecker gelang es, den Sozialismus wenigstens in der Waldsiedlung einzuführen.

Stasi-Chef Mielke, ebenfalls ein Wandlitz-Bewohner, hatte stets ein strenges Auge auf die Versorgung. So befahl er am 9. Oktober 1984 dem Chef des Personenschutzes: »... *hat sich der Leiter der Hauptabteilung PS auf die Lösung folgender grundsätzlicher Aufgaben zu konzentrieren: Gewährleistung einer optimalen und niveauvollen Betreuung und Versorgung der führenden Repräsentanten, einer allseitigen hygienischen und antiepidemischen Absicherung der Arbeits-, Wohn- und Freizeitobjekte ...*«

Wenige Monate später meldete der für die Waldsiedlung zuständige Oberstleutnant für sich und seine 650 Mitarbeiter: »*Im*

Berichtszeitraum konnte die gesamte Versorgung der führenden Repräsentanten durchgängig und in guter Qualität gewährleistet werden. Im Bereich Nahrungs- und Genussmittel wurden die Angebotssortimente aus Vertragswaren des Binnenhandels bzw. aus Importen abgesichert. Zusätzliche Beschaffungen von bestimmten Waren, besonders Obst und Gemüse, geräuchertem Aal und Lachs, sowie die verschiedensten Waren aus individuellen Wünschen der Kunden wurden kurzfristig über die Außenhandelsbetriebe realisiert.«

Der Bericht spart auch nicht mit Kritik und hebt hervor, Textilien aus volkseigener Produktion mussten *»zu 95 Prozent wieder an andere Handelspartner abgegeben«* werden. *»Die Verarbeitung dieser Textilien entspricht vielfältig nicht den Wünschen unserer Kunden.«*

Von 1980 bis 1989 wurde eine Summe von 62.405.738,13 DM (nicht Mark der DDR) errechnet, mit der sich die Bewohner der Waldsiedlung, also knapp zwei Dutzend Familien und viele ihrer Angehörigen und Verwandten, dem Sozialismus-Experiment unterzogen hatten.

INTERNIERT

An jenem Novembertag trafen wir in der Waldsiedlung mit Kurt Hager, Ideologiechef der SED und oberster Buchzensor der DDR, eines der dienstältesten Politbüromitglieder. Von manchen auch »Tapeten-Kutte« genannt, weil er 1987 zu Gorbatschows Perestroika dem Hamburger »Stern« gegenüber erklärte, wenn ein Nachbar seine Wohnung tapeziere, müsse man sich nicht verpflichtet fühlen, seine Wohnung ebenfalls neu zu tapezieren.

Der Professor machte den Eindruck eines zufriedenen Rentners, der sich mit Ehefrau Sabina ein wenig die Füße vertrat. Ich hatte vordem mehrfach mit ihm zu tun. Einmal war ich in seiner Wohnung, als ihm die SED-Führung zu einem runden Geburtstag am Wochenende Glückwünsche samt Karl-Marx-Orden überbrachte.

Im Wohnzimmer entdeckte ich einen echten Chagall an der Wand, den der kunstsinnige Funktionär nach eigener Darstellung vor Jahrzehnten vom Künstler persönlich geschenkt bekommen hat.

Als ich mit ihm Anfang der achtziger Jahre Weihnachten einmal zur Einweihung einer von der DDR gebauten Brauerei in Camaguey nach Kuba reiste, marschierte der alte Marxist Heiligabend mit einem kleinen beleuchteten Weihnachtsbaum in der Hand ganz sentimental durch die Sondermaschine, wünschte uns ein schönes Fest und schlug vor, ein Weihnachtslied zu singen. Auf unseren Plätzen lag ein großer importierter Weihnachtsmann aus Schokolade. Da wir im Flugzeug saßen, meinte er, es müsse ja nicht unbedingt »Vom Himmel hoch, da komm ich her« sein. Ansonsten beteuerte er hin und wieder, nicht der Erfinder der Haager Landkriegsordnung zu sein.

In der Waldsiedlung sprach ihn ein Kollege aus unserer Journalistenrunde auf sein Leben in der Promisiedlung an. Laut meinem blauen Oktavheftchen antwortete Kurt Hager: »*Etwas bitter gesagt, ist das mein, ich weiß nicht das wievielte, Internierungslager. Das erste war das KZ Heuberg 1933, 1936 war ich in der Schweiz im Gefängnis, 1939 war ich in zwei französischen Lagern, nach Ausbruch des Krieges in zwei englischen Lagern. Nun lebe ich hier. Das war eine Notwendigkeit, denn ich habe mich den Beschlüssen gebeugt.*«

Viele DDR-Bürger hätten ein solches Internierungslager in der idyllischen Schorfheide ihren verfallenden Städten vorgezogen. Dann gibt Hager eine kurze Analyse der Entwicklung: »*Wir haben die Politik gemacht, die von unseren Parteitagen beschlossen, in Parteiprogrammen festgelegt worden war. Wir haben es ja nach bestem Wissen und Gewissen gemacht. Dass daraus nachher Schwierigkeiten entstanden sind oder die heutige Situation, das hat doch keiner gewollt.*«

Ob er sich betrogen fühle? »*Ich nehme an, dass ich das meiste gewusst und vieles nicht gewusst habe. Nachdem, was heute an den Tag kommt, habe ich vieles nicht gewusst.*« Also gab es doch Dinge, die nicht in den Parteiprogrammen standen und von denen er als Chefideologe nichts wusste. Der Mann hatte fast vierzig Jahre der SED-Führung angehört und alle Auseinandersetzungen schadlos überstanden.

Hagers schönster Satz in meinem kleinen Oktavheftchen lautet: »*Auch Napoleons Niederlagen kann man nicht alle auf seine Schwächen zurückführen.*« Verglich er da etwa den kleinen Erich mit dem kleinen Korsen? Ihr Waterloo erlebten beide, aber die Reformen Napoleons haben Europa vorangebracht.

AUFBRUCH

Als Kanzler Kohl Ende 1989 sein Konzept für die Einheit verkündete und Ministerpräsident Hans Modrow im Februar nachzog, war klar, wohin die Reise ging. In Richtung Marktwirtschaft. In den Redaktionen setzte banges Rätselraten ein. Was wird aus uns?

In einer Beratung leitender Mitarbeiter Anfang 1990 unterbreitete ich den Vorschlag, einen Teil unserer Kapazitäten neu zu ordnen beziehungsweise auszugliedern. Ich empfahl einen Radiosender aufzubauen, der vierundzwanzig Stunden am Tag nur Nachrichten, Hintergrundberichte, Musik und Werbung sendet. Einen Info-Sender gewissermaßen. Wir hätten von der DDR-Regierung jede Unterstützung erhalten. Doch die meisten in der Runde schauten mich an, als hätte ich von einer beabsichtigten Landung auf dem Mars gesprochen.

Ich schlug vor, den Kolleginnen und Kollegen aus Abteilungen wie Elektronik, Druckerei sowie auch anderen Spezialisten großzügige Abfindungen zu geben, ihnen bei Krediten zu helfen und Technik zu überlassen, damit sie eigene Firmen gründen und Vertragspartner werden können. Kaum einer nahm einen solchen Gedanken ernst. Noch fühlten sich die meisten wie in Abrahams Schoß, geleitet durch die Beschlüsse der SED, verurteilt, selbstständiges Denken zu unterlassen.

In einer Gruppe unternehmungslustiger Journalisten planten wir ein Nachrichtenmagazin für die DDR. Zu acht gründeten wir die Inside GmbH und stellten Kontakt zu einem Verlag in Zürich her. Maßgebliche Leute kamen zu uns. Unser künftiger Layouter fuhr bereits nach Zürich, um sich dort schon mal mit der Produktion vertraut zu machen. In zwei, drei gemeinsamen Sitzungen reifte das Projekt, bis es an unserer Dummheit scheiterte. Wir wollten die Chefredaktion von Anfang an in die Hand nehmen und lehnten jeden Westimport ab. Als hätten wir auch nur entfernt das Zeug dazu gehabt. Guter Wille allein reicht nicht für die Marktwirtschaft.

Sehr bald gab es in der DDR bereits die ersten gewandelten Genossen, die sich im Parteilehrjahr nur eines gemerkt hatten: Der Kapitalist ist ein reicher Ausbeuter. Und da sie ab 1990 ganz schnell Kapitalisten und reich werden wollten, fingen sie auch gleich an mit der Ausbeutung, ohne darüber nachzudenken, dass es die langjährigen Kolleginnen und Kollegen und mitunter die engsten Freunde waren, die sie bedenkenlos über den Tisch zogen.

Die edlen Züge deutscher Unternehmer, sich um die Mitarbeiter wie um die eigene Familie zu kümmern, zu verzichten, damit es dem Unternehmen gut geht und moralisches Vorbild zu sein, das hatten wir im Parteilehrjahr nicht durchgenommen. Diese Tugenden gehen ohnehin mehr und mehr vor die Hunde, weil sie heute kaum noch geachtet werden. Und so wurschtelt ein Großteil der ostdeutschen Unternehmer bis heute vor sich hin und versucht den Rest der einstigen »sozialistischen Menschengemeinschaft« nach Strich und Faden zu bescheißen.

Ich erinnere mich an zahlreiche Fernsehberichte über so genannte Motivationstrainer, deren leichtgläubige Opfer für viel Geld über glühende Kohlen oder zerbrochenes Glas liefen. In Deutschland, so verkündeten die Gurus der reinen Abzockerei, könne jeder Penner Millionär werden. Tatsächlich, etliche wurden es.

Trotz aller Aufregung und Hektik war die Zeit des politischen Umbruchs befreiend. Keine ängstliche Ungewissheit mehr, irgendwo etwas Falsches gesagt, einen Witz erzählt, einen Vergleich gewagt oder eine historische Ungenauigkeit berichtigt zu haben. Der unbedingte Gehorsam gegenüber der Obrigkeit, die Unterordnung unter die Beschlüsse einer Partei, die immer recht hatte, waren Vergangenheit. Eine Last, die man ständig mit sich herumtrug, der innere Wächter mit der großen Schere, hatte seine Tätigkeit eingestellt. Von nun an konnte jeder den größten Blödsinn reden und schreiben. Viele machten davon Gebrauch.

Es gab Luft zum Atmen und Raum zum Denken. Rasch gründete ich in der Agentur einen Feature-Dienst und begann »Lesestoff« zu beschaffen, der in die Zeit passte. Das Projekt wurde nur halbherzig begleitet. Ich verabschiedete mich nicht ohne ein wenig Wehmut und wechselte in einen Verlag der Bundesrepublik Deutschland, dem ich im Herbst 1989 bereits den Weg nach Berlin ebnen geholfen hatte. Ein neuer Alltag forderte seinen Tribut. »Jetzt«, sagte ein junger West-Kollege gönnerhaft zu mir, »kannst du auf dem Alexanderplatz laut ausrufen: Kohl ist doof!«

»Was soll das nützen?«, fragte ich zurück. »Das hätte ich zu Honeckers Zeiten auch gekonnt.«

Die Schule des Opportunismus hat Spuren hinterlassen, so dass es mir nicht allzu schwer fiel, mich in die neue Ordnung zu fügen. Denn es begann eine Zeit der Unterordnung unter Konzerninteressen, Verlegerpositionen, Anzeigenkunden, Auflagenhöhen, Macht und Geld, Geld, Geld …

Kurze Chronik der DDR

1948

16. APRIL – Das Marshallplan, das finanzielle Hilfsprogramm der USA für Europa (ERP), wird in Paris unterzeichnet. 16 westeuropäische Länder erhalten bis 1952 14 Milliarden Dollar Aufbauhilfe, Westdeutschland davon 1,4 Milliarden.

16. JUNI – In der sowjetischen Zone werden die National-Demokratische Partei Deutschlands (NDPD) und die Demokratische Bauernpartei Deutschlands (DBD) gegründet. Die Christlich-Demokratische Union (CDU) und die Liberal-Demokratische Partei Deutschlands (LDPD) gibt es neben KPD und SPD, die 1946 zur SED fusionierten, bereits seit 1945.

21. JUNI – Die USA, England und Frankreich ersetzen in ihren Besatzungszonen die Reichsmark durch die Deutsche Mark (DM). Jeder Bürger wird mit 40 DM, im August mit weiteren 20 DM ausgestattet. Die wirtschaftliche Spaltung Deutschlands ist damit eingeleitet.

23./24. JUNI – Sowjetische Truppen blockieren die Zufahrtswege zwischen den Westzonen und Berlin, das inmitten des Territoriums der Ostzone liegt. Die westlichen Alliierten lösen die Versorgung Westberlins mit einer »Luftbrücke«. Insgesamt transportierten die »Rosinenbomber« bis zum Ende der Blockade 1,44 Millionen Tonnen Fracht.

24.–28. JUNI – Bei einer Währungsreform in der sowjetischen Besatzungszone wird für eine Reichsmark eine Deutsche Mark der Deutschen Notenbank ausgegeben.

5.–8. JULI – In Leipzig fordert ein Pädagogischer Kongress die verstärkte Neulehrerausbildung. Mehr »klassenbewusste« Arbeiterinnen und Arbeiter sollen für den Lehrerberuf gewonnen werden.

21.–23. JULI – Zur Planerfüllung in der Wirtschaft startet die FDJ die Aktion »Die Jugend an die Spitze aller Wettbewerbe«.

29. JULI – Der SED-Parteivorstand beschließt die »Säuberung der Partei von feindlichen und entarteten Kräften«. Vorrangig geht es gegen ehemalige Sozialdemokraten, gewerkschaftliche Interessenvertreter und oppositionelle Kommunisten. In Anbetracht des Zerwürfnisses zwischen der Sowjetunion und Jugoslawien wird die führende Rolle der UdSSR für verbindlich erklärt.

13. OKTOBER – Der Hauer Adolf Hennecke erfüllt das Tagessoll im Steinkohlenbergbau Oelsnitz (Erzgebirge) mit 387 Prozent. Nach dem Vorbild des sowjetischen Bergmanns Alexei Stachanow, der 1935 in einer sowjetischen Kohlegrube im Donezbecken die »Stachanow-Bewegung« auslöste, gibt er den Anstoß für die »Aktivistenbewegung«.

3. NOVEMBER – Die »Handelsorganisation« (HO) wird gegründet, um den volkseigenen Charakter des Binnenhandels zu stärken. Waren, die z.B. mit Lebensmittelmarken kontingentiert sind, werden in HO-Läden zu Überpreisen angeboten.

13. DEZEMBER – Aus der 1945 gebildeten »Kinderlandbewegung« entsteht für Kinder von 6 bis 14 Jahren der Verband der Jungen Pioniere. Die Mitglieder nennen sich bis zur 3. Klasse Jung-, danach Thälmannpioniere.

22. DEZEMBER – Das »Aufbaulied der FDJ« von Bertolt Brecht und Paul Dessau (Musik) wird veröffentlicht. Darin heißt es: »Besser als gerührt sein, ist sich rühren / denn kein Führer führt aus dem Salat / selber werden wir uns endlich führen / weg der alte, her der neue Staat«.

1949

25. JANUAR – In Warschau gründen die UdSSR, die ČSR, Polen, Ungarn, Rumänien und Bulgarien den »Rat für Gegenseitige Wirtschaftshilfe« (RGW).

25.–28. JANUAR – Die erste Parteikonferenz der SED forciert den Stalinismus in der DDR. Die SED wird analog der KPdSU zur »Partei neuen Typus« erklärt. Der demokratische Zentralismus wird Führungsprinzip, Fraktions- und Gruppenbildung werden streng untersagt.

14. FEBRUAR – Die SED-Führung beschließt nach sowjetischem Muster ein »Nomenklatursystem«. Danach sind künftig alle Funktionen in Partei, Staat und Wirtschaft entsprechend den Weisungen und Vorgaben der übergeordneten Instanz zu besetzen.

2. APRIL – Die ersten von tausend sowjetischen Traktoren für die Landwirtschaft treffen in Frankfurt (Oder) ein. Die meisten gehen an die neu zu gründenden Maschinen-Ausleih-Stationen (MAS), die »Stützpunkte der Arbeiterklasse auf dem Lande«.

4. APRIL – In Washington gründen zwölf Staaten Nordamerikas und Westeuropas den Nordatlantikpakt (NATO) als westliches Verteidigungsbündnis.

8. MAI – In Bonn beschließt der Parlamentarische Rat das Grundgesetz für die Bundesrepublik Deutschland, das am 23. Mai in Kraft tritt.

8. MAI – In Berlin-Treptow wird in einer Parkanlage, in der 7.000 beim Kampf um Berlin 1945 gefallene Sowjetsoldaten beigesetzt sind, ein Ehrenmal eingeweiht.

12. MAI – Nach einem Abkommen der vier Besatzungsmächte über Berlin beendet die UdSSR die Blockade der Zufahrtswege. Um 14 Uhr startet auf dem Bahnhof Friedrichstraße der erste Interzonenzug (FD 112) nach Köln.

22. JULI – Der Deutsche Volksrat beschließt in Ostberlin die Schaffung der »Nationalen Front des demokratischen Deutschland«, in der alle Parteien und Massenorganisationen auf die Politik der SED eingestimmt werden.

14. AUGUST – In Bonn wird der erste deutsche Bundestag und von diesem bald darauf Konrad Adenauer zum ersten Bundeskanzler der BRD gewählt.

19. AUGUST – CDU, DBD, LDPD und NDPD werden im »Demokratischen Block«, dem mit der SED alle fünf Parteien angehören, auf die antifaschistisch-demokratische Ordnung, ein positives Verhältnis zur Sowjetunion und die Anerkennung der führenden Rolle der SED eingeschworen. Künftig entscheidet

die jeweilige Ebene der SED bei der Besetzung von Funktionen der anderen Parteien entscheidend mit.

25./26. AUGUST – Auf dem ersten Kongress der Nationalen Front fordert die SED die »völlige rechtliche Gleichstellung der früheren Mitglieder der Nazipartei« sowie eine Amnestie für die unbelasteten Mitglieder der NSDAP. Frühere Beamte, Soldaten und Offiziere der deutschen Wehrmacht sowie ehemalige Nazis sollen in der Nationalen Front mitarbeiten. Sie bilden ein willfähriges »Gegengewicht« z.B. zu den ehemaligen Sozialdemokraten.

16.–28. SEPTEMBER – Pieck, Grotewohl und Ulbricht bereiten in Moskau die Gründung der DDR vor. Jeder Schritt bedarf der Zustimmung Stalins.

7. OKTOBER – Die DDR wird gegründet. Der Deutsche Volksrat nennt sich von nun an Provisorische Volkskammer, bestimmt Ostberlin zur DDR-Hauptstadt und beschließt die Verfassung, deren erster Artikel beginnt: »Deutschland ist eine unteilbare demokratische Republik«.

10. OKTOBER – Die Dienststellen der Sowjetischen Militäradministration (SMAD) in Ostberlin werden aufgelöst. Die Verwaltungsfunktionen werden der Provisorischen DDR-Regierung übertragen. Eine sowjetische Kontrollkommission wird gebildet.

11. OKTOBER – Der ehemalige Vorsitzende der KPD Wilhelm Pieck wird von der Provisorischen Volkskammer und der Provisorischen Länderkammer zum Präsidenten der DDR gewählt. Er hebt die Legitimation hervor, »für das ganze deutsche Volk zu sprechen«. Am Abend widmen 200.000 FDJ-Mitglieder auf Geheiß des FDJ-Vorsitzenden Erich Honecker dem Präsidenten einen Fackelzug.

12. OKTOBER – Der ehemalige Sozialdemokrat Otto Grotewohl, neben Wilhelm Pieck Vorsitzender der SED, wird Ministerpräsident und bildet die Regierung der DDR, in der alle fünf Parteien vertreten sind.

15.–25. OKTOBER – Die UdSSR nimmt diplomatische Beziehungen zur DDR auf. Es folgen Albanien, Bulgarien, China, Korea, Polen, Rumänien, Ungarn und die ČSR.

7. NOVEMBER – Auf dem Berliner August-Bebel-Platz intoniert ein zentrales Polizeiorchester erstmals öffentlich die Nationalhymne der DDR von Hanns Eisler und Johannes R. Becher (Text).

21. NOVEMBER – Die Frankfurter Allee zwischen Alexanderplatz und Frankfurter Tor wird in »Stalinallee« umbenannt.

DIE FÜNFZIGER JAHRE

1950

1. JANUAR – Die sowjetische Straflager in der DDR, in denen seit 1945 Nazi-Kriegsverbrecher, politische Gegner der SED, darunter oppositionelle Jugendliche, Gegner der Zwangsvereinigung von SPD und KPD sowie der kommunistischen Reformpolitik interniert waren, werden geschlossen.

8. FEBRUAR – Das Staatssekretariat zum Schutz des Volkseigentums innerhalb des Ministeriums des Innern wird ein selbstständiges Ministerium für Staatssicherheit. Es untersteht bis zum Ende der DDR direkt und allein der SED-Führung.

9.–10. FEBRUAR – Auf der »1. Pressekonferenz der SED«, einem Kongress zur Verbesserung der Pressearbeit, werden die Weichen für eine Disziplinierung und Gleichschaltung der Presse gestellt.

15. APRIL – An den Schulen bekommen die Kindern ab sofort täglich eine warme Mahlzeit.

17. MAI – Die Provisorische Volkskammer beschließt die Herabsetzung des Volljährigkeitsalters von 21 auf 18 Jahre.

25. MAI – Präsident Wilhelm Pieck eröffnet die Pionierrepublik »Ernst Thälmann« in der Wuhlheide, ein Bildungs-, Kultur- und Erholungszentrum für Mädchen und Jungen aus dem In- und Ausland.

27.–30. Mai – Eine dreiviertel Million Jugendliche aus der DDR und aus Westdeutschland nehmen am ersten Deutschlandtreffen der Jugend in Ostberlin teil.

6. Juni – Bei einem Warschau-Besuch Walter Ulbrichts als stellvertretender DDR-Ministerpräsident erklären die Regierungen der DDR und der Volksrepublik Polen die Oder-Neiße-Linie zur endgültigen deutsch-polnischen Staatsgrenze.

11. Juni – In Berlin-Adlershof erfolgt der erste Spatenstich für das neue DDR-Fernsehzentrum.

14. Juli – Das von Christian Daniel Rauch geschaffene Reiterstandbild Friedrichs des Großen Unter den Linden in Berlin, ein Meisterwerk des Klassizismus, wird als Feudalrelikt im Schlosspark von Sanssouci abgestellt.

20.–24. Juli – Auf ihrem dritten Parteitag erklärt sich die SED endgültig zur »Partei neuen Typus«. Sie verliert durch »Säuberungen« mehr als 300.000 Mitglieder, darunter viele ehemalige Sozialdemokraten. Erstmals wird das Lied von Louis Fürnberg gesungen, in dem es heißt: »Die Partei, die Partei, die hat immer Recht!«.

7. September – An dem im Zweiten Weltkrieg stark beschädigten, jedoch in großen Teilen noch erhaltenen Berliner Barockschloss der Hohenzollern beginnt auf Anordnung Ulbrichts der viermonatige Abriss. Dafür werden 13 Tonnen Dynamit benötigt.

29. September – Die DDR wird in den »Rat für Gegenseitige Wirtschaftshilfe« (RGW) aufgenommen.

15. Oktober – Bei den ersten Wahlen zur Volkskammer erhält die von der SED geprägte »Einheitsliste der Nationalen Front« offiziell 99,723 Prozent der gültigen Stimmen – Maßstab für alle folgenden Wahlen.

13. November – Mit der »Aktion Oberhof« beginnt das dunkelste Kapitel in der Geschichte des berühmten Luftkurortes im Thüringer Wald. Bis Februar 1951 werden 41 Hotels und Pensionen unter fadenscheinigen und konstruierten Begründungen enteignet. Sie gehen an den FDGB-Feriendienst, der im »Kurort der Werktätigen« noch keine eigenen Unterkünfte besitzt.

1. JANUAR – Unter der Losung »Frieden, Einheit, Wohlstand« wird im Eisenhüttenkombinat Ost der Startschuss für den ersten Fünfjahrplan gegeben, der von einer zentralen staatlichen Wirtschaftsplanung geprägt ist.

13. JANUAR – Die Leuna-Werke bei Merseburg, mit fast 30.000 Beschäftigten größter Produktionsbetrieb in der DDR, erhalten den Namen »Walter Ulbricht«.

31. JANUAR – Die Volkskammer fordert den Bundestag der BRD zu Verhandlungen über eine Einheit Deutschlands auf. Die Losung lautet: »Deutsche an einen Tisch!«.

7. APRIL – Am deutsch-deutschen Grenzstreifen in Großburschla bei Eisenach wird der ehemalige Sozialdemokrat Paul Tippach von einem Grenzer erschossen. Er hatte mäßigend in die schikanösen Grenzkontrollen der Bürger eingreifen wollen, die auf der Westseite täglich zur Arbeit gingen. Der Mord ist einer der Anlässe für die Zwangsaussiedlungen von mehr als zehntausend »unzuverlässigen« Bürgern aus dem Grenzgebiet zur BRD.

22. JUNI – Im Zusammenhang mit dem 10. Jahrestag des deutschen Überfalls auf die Sowjetunion wird die Losung »Von der Sowjetunion lernen, heißt siegen lernen« fester Bestandteil der DDR-Propaganda.

26. JUNI – In der Bundesrepublik Deutschland wird die von Ostberlin aus gesteuerte Freie Deutsche Jugend (FDJ) als verfassungsfeindliche Organisation verboten.

12. JULI – Weil es in der DDR offiziell keine Arbeitslosen mehr gibt, werden die Arbeitsämter geschlossen.

20.–24. JULI – Der dritte SED-Parteitag registriert 1,4 Millionen SED-Mitglieder, darunter 123.000 ehemalige NSDAP-Angehörige. Nur rund neun Prozent der ehemaligen Nazis werden bei einer Parteiüberprüfung ausgeschlossen. Walter Ulbricht wird zum Generalsekretär gewählt.

3. AUGUST – In der Ostberliner Stalinallee wird von Walter Ulbricht ein 4,80 Meter hohes Stalinmonument aus Bronze einge-

weiht. Es ist ein Geschenk des kommunistischen Jugendverbandes der UdSSR.

5.–18. AUGUST – In Ostberlin finden die Weltfestspiele der Jugend und Studenten mit 26.000 Teilnehmern aus 104 Ländern und zwei Millionen Jugendlichen aus der DDR statt. Hunderte Jugendliche demonstrieren auf Honeckers Anweisung provokativ durch Westberlin, wo sie von der Polizei verprügelt und vertrieben werden.

1. SEPTEMBER – Die DDR führt Straßenbenutzungsgebühren im Transit zwischen Westdeutschland und Westberlin ein. Sie beginnen bei 10 DM (Ost) pro Pkw.

20. SEPTEMBER – Die Bundesrepublik und die DDR vereinbaren das erste Abkommen über den Interzonenhandel.

8. OKTOBER – Die Rationierung vieler Produkte wird von der DDR-Führung aufgehoben. Preissenkungen gibt es vor allem für Textilien und Backwaren.

1952

9. JANUAR – Die Volkskammer beschließt das Gesetz für die Durchführung von gesamtdeutschen Wahlen zu einer deutschen Nationalversammlung.

20. JANUAR – Otto Grotewohl legt den Grundstein für den Aufbau der Stalinallee im sowjetischen »Zuckerbäckerstil«, auch »Stalingotik« genannt.

6. FEBRUAR – In der BRD wird ein Gesetz über die Grundsätze für freie Wahlen zu einer verfassungsgebenden deutschen Nationalversammlung veröffentlicht.

10. MÄRZ – In einer Stalin-Note unterbreitet die UdSSR den Westmächten Vorschläge für eine künftige deutsche Einheit auf der Grundlage eines »gerechten und demokratischen Friedensvertrages«, die vom Westen abgelehnt werden.

26./27. MAI – Entlang der Demarkationslinie zur Bundesrepublik wird eine fünf Kilometer breite Sperrzone angelegt. Beginn der

Zwangsumsiedlung von mehr als 10.000 Menschen aus dem Grenzgebiet. Die Telefonverbindungen zwischen Westberlin und der DDR werden gekappt.

27. MAI – Die DDR-Behörden riegeln Berlin ab. Westberliner dürfen nicht mehr in die DDR, nur noch nach Ostberlin.

8. JUNI – In Merxleben (Thüringen) gründen 24 Bauern die erste LPG der DDR. Vorsitzender wird Ernst Großmann. Bis Ende 1952 entstehen in der DDR aus 22.000 bäuerlichen Betrieben 1.906 LPG mit 37.000 Mitgliedern, die 3,3 Prozent der landwirtschaftlichen Nutzfläche bearbeiten.

1. JULI – Der Aufbau nationaler Streitkräfte in der DDR beginnt. Die bereits existierende Kasernierte Volkspolizei (KVP) bekommt sowjetische Waffen und erreicht in wenigen Monaten eine Stärke von 80.000 Mann.

6. JULI – Das Zeughaus der Hohenzollern Unter den Linden in Ostberlin wird ein DDR-Museum für Deutsche Geschichte.

9.–12. JULI – Die zweite Parteikonferenz der SED beschließt den Aufbau des Sozialismus in der DDR. Schwerindustrie, Energiewirtschaft und Chemieindustrie haben Vorrang. Ulbricht: »Wir werden siegen, weil uns der große Stalin führt!«.

23. JULI – Auf Vorschlag der SED verlieren die bisherigen fünf Länder an Bedeutung, bleiben aber formal ohne eigene Administrationen bestehen. Die DDR wird zur besseren Kontrolle in 14 politisch unselbständige Bezirke gegliedert, die Kreise werden verkleinert und ihre Anzahl von 132 auf 217 erhöht.

29. JULI – Die ersten öffentlichen Fernsehgeräte werden aufgestellt. Ein erster kleiner Bildsender wurde im Februar in Berlin-Mitte auf dem alten Stadthaus installiert und im Juni per Richtfunk mit Adlershof verbunden.

18.–25. AUGUST – Die Pionierorganisation erhält während des ersten Pioniertreffens in Dresden den Namen »Ernst Thälmann«.

1. SEPTEMBER – In Berlin, Leipzig, Halberstadt und Brandenburg (Havel) nehmen die ersten Kinder- und Jugendsportschulen (KJS) als »Kaderschmieden« für den Leistungs- und Spitzensport ihre Arbeit auf.

16. NOVEMBER – Unter dem Namen »Leningrad« kommt aus dem sächsischen Radeberg das erste Fernsehgerät auf den Markt.

21. DEZEMBER – Aus Anlass von Stalins 73. Geburtstag wird im Fernsehzentrum Berlin-Adlershof ein Fernsehversuchsprogramm gestartet. Die erste Nachrichtensendung »aktuelle kamera« wird ausgestrahlt.

30. DEZEMBER – In Berlin wird der 19-jährige Volkspolizei-Wachtmeister Helmut Just angeblich von Westberliner Terroristen erschossen. Die wahren Umstände des Todes des jungen Boxtalents werden nie geklärt. Die FDJ nutzt den Tod für eine großangelegte Werbekampagne, um Tausende junge Männer für den Waffendienst in der KVP zu gewinnen.

1953

7. JANUAR – Die ersten siebzig mit Fahrstuhl, Bad, Müllschlucker und anderem Komfort ausgestatteten Wohnungen in der Berliner Stalinallee werden an Arbeiterfamilien übergeben.

15. JANUAR – In der DDR wird über Nacht die Vereinigung der Verfolgten des Naziregimes (VVN) aufgelöst und verboten. Sie war im Februar 1947 von Überlebenden aus Konzentrationslagern und weiteren kommunistischen Widerstandskämpfer gegründet worden. Die VVN-Kameraden übten Kritik an der stalinistischen Führung der SED und den antisemitischen Tendenzen.

15. JANUAR – Der DDR-Außenminister und Vizechef der Ost-CDU, Georg Dertinger, wird verhaftet und ein Jahr später zu 15 Jahren Zuchthaus wegen »Verschwörung« und »Spionage« verurteilt. Durch solche drakonische Maßnahmen werden die Blockparteien von der SED »auf Linie« gebracht.

27. JANUAR – Das SED-Politbüro beschließt Maßnahmen gegen die Kirchen, um deren Einfluss als gesellschaftlich wirksame Faktoren zurückzudrängen. Eines ihrer Ziele ist die »Junge Gemeinde«. In öffentlichen Prozessen soll ihr Agenten- und Sabotage-

tätigkeit nachgewiesen werden. Mehr als 70 Theologen und Jugendleiter werden verhaftet.

4. FEBRUAR – Die Unzufriedenheit über die Versorgung der Bevölkerung mit Lebensmitteln wächst. Zahlreiche mittelständische und Kleinunternehmer sowie Großbauern werden aus nichtigen Gründen inhaftiert, um sie als Schuldige zu kriminalisieren und zu enteignen.

5. MÄRZ – Mit 73 Jahren stirbt der sowjetische Diktator Josef Stalin an den Folgen eines Schlaganfalls. Hunderttausende Werktätige werden zu Trauermärschen abkommandiert. Laut ZK der SED werde »Stalins Lebenswerk auf Jahrhunderte das Weltgeschehen beeinflussen«.

2. APRIL – Per Regierungsbeschluss wird der Allgemeine Deutsche Nachrichtendienst (ADN) – 1946 als GmbH von mehreren Medien gegründet – verstaatlicht. Er wird offizielles Sprachrohr der DDR unter Anleitung der SED.

21. APRIL – Bischöfe der evangelischen Kirche in der DDR protestieren gegen die Behinderung der Kirchenarbeit, insbesondere gegen das Vorgehen gegen die »Junge Gemeinde« und die evangelische Studentengemeinde. Sieben Tage später erklärt das Innenministerium die »Junge Gemeinde« für illegal.

7. MAI – Das neue Wohngebiet des Eisenhüttenkombinates in Fürstenberg an der Oder erhält als »erste sozialistische Stadt der DDR« den Namen Stalinstadt.

20. MAI – Zum 135. Geburtstag von Karl Marx wird die sächsische Stadt Chemnitz in Karl-Marx-Stadt umbenannt.

28. MAI – Auf Druck der SED-Führung beschließt der Ministerrat, die Arbeitsnormen um mindestens zehn Prozent zu erhöhen.

2. JUNI – Die Sowjetregierung beschließt »Maßnahmen zur Gesundung der politischen Lage in der DDR«. Sie kritisiert die fehlerhafte politische Linie seit der zweiten SED-Parteikonferenz und verlangt eine Liberalisierung. Ulbricht, Grotewohl und Oelßner erhalten in Moskau den Befehl zum Kurswechsel.

11. JUNI – Die DDR-Regierung verkündet den »Neuen Kurs«, mit dem unsoziale Maßnahmen zurückgenommen werden. Von

großen Teilen der Bevölkerung wird das als Bankrotterklärung des Systems angesehen, der Widerstand wächst.

17. JUNI – Der am Vortag begonnene Berliner Bauarbeiterstreik weitet sich zu einem Aufstand gegen die DDR-Regierung aus. In mehr als fünfhundert Städten und Gemeinden gibt es Protestaktionen. Am Nachmittag schlagen Sowjetpanzer den Aufstand nieder. Es gibt eine nie genau benannte Anzahl von Toten. Eine Verhaftungswelle folgt.

21. JUNI – Die Normerhöhungen werden zurückgenommen. Das ZK der SED stellt auf einer Tagung den Volksaufstand vom 17. Juni als vom Westen initiierten »konterrevolutionären faschistischen Putsch« dar.

29. JUNI – Justizminister Max Fechner, ehemals SPD, spricht sich für das Streikrecht der Arbeiter aus. Er wird abgesetzt und verhaftet.

15. JULI – Die wegen ihrer drakonischen Urteile gegen politische Gefangene gefürchtete Hilde Benjamin (»rote Hilde«) wird Justizministerin der DDR. Sie fordert eine harte Abrechnung mit den »Rädelsführern« des 17. Juni.

4. AUGUST – Der Deutsche Bundestag erklärt den 17. Juni zum »Tag der deutschen Einheit« und macht ihn zum Staatsfeiertag.

13. SEPTEMBER – Nikita Chruschtschow wird Erster Sekretär des Zentralkomitees der KPdSU und damit neuer starker Mann im Moskauer Kreml.

29. SEPTEMBER – Der FDGB, der sich selbst als »Transmissionsriemen der SED« bezeichnet, fordert die Werktätigen auf: »Mehr, besser, billiger produzieren!«.

1954

17. JANUAR – 1.600 Personen, die wegen tatsächlicher und angeblicher Kriegsverbrechen verurteilt wurden, werden auf Geheiß Moskaus aus DDR-Gefängnissen entlassen.

9. MÄRZ – Der DEFA-Film »Ernst Thälmann – Sohn seiner

Klasse« von Kurt Maetzig mit Günther Simon in der Titelrolle hat Premiere. Er wird zur Pflichtveranstaltung für viele Erwachsene, Jugendliche und alle Schulkinder.

25. MÄRZ – Die UdSSR veröffentlicht eine Erklärung über die Gewährung der Souveränität der DDR und hebt damit den Besatzungsstatus auf. Die DDR gibt eine Souveränitätserklärung ab.

30. MÄRZ–6. APRIL – Der vierte SED-Parteitag beschließt, die Kollektivierung der Landwirtschaft voranzutreiben. Das Parteistatut wird dahingehend verändert, dass die Parteimitgliedschaft lebenslang gilt und einseitig nur von der Partei beendet werden kann.

7. APRIL – Die BRD erkennt die Souveränitätserklärung der DDR nicht an und bekräftigt ihren Alleinvertretungsanspruch für alle Deutschen.

1. MAI – An der Maidemonstration in Berlin präsentieren sich erstmals die militärisch ausgerüsteten »Kampfgruppen der Arbeiterklasse«, die nach dem Arbeiteraufstand vom 17. Juni – 1953 gebildet wurden. Ihr wirklicher Auftrag, Aufstände gegen das SED-Regime zu verhindern und notfalls niederzuschlagen, wird mit der Bedrohungslüge kaschiert, der Westen wolle sich die DDR einverleiben.

4. JULI – Die Bundesrepublik Deutschland wird in Bern mit einem Sieg gegen die ungarische Mannschaft (3:2) überraschend Fußball-Weltmeister.

5. AUGUST – Nach einer Regierungsverordnung dürfen DDR-Bürger ab sofort nur noch zwölf Pakete aus der Bundesrepublik empfangen. Der Inhalt wird reglementiert und vielfach kontrolliert.

13. OKTOBER – Am »Tag der Aktivisten« ehrt Präsident Wilhelm Pieck die Zittauer Weberin Frida Hockauf mit dem Titel »Held der Arbeit«. Die Arbeiterin hatte durch »Mehrmaschinenbedienung« mehr Stoff produziert und die Losung geprägt: »So, wie wir heute arbeiten, werden wir morgen leben.«

13. NOVEMBER – Der Zentrale Ausschuss für Jugendweihe wird gegründet. Es ergeht der Aufruf an die Mädchen und Jungen, an den erstmals 1955 zu veranstaltenden Jugendweihen teilzunehmen.

7. JANUAR – Westberliner müssen von nun an Waren und Dienstleistungen, die sie in der DDR kaufen oder in Anspruch nehmen, im Verhältnis 1:1 ihrer Währung zur Mark der DDR bezahlen.

1. MÄRZ – Eine Stipendien-Ordnung tritt in Kraft, nach der jeder Student monatlich 130 Mark vom Staat erhält, Arbeiterkinder 50 Mark zusätzlich.

17. MÄRZ – Der erste Personenkraftwagen »P 70« verlässt das Automobilwerk Zwickau. Das Auto besitzt erstmals in der Welt eine Kunststoff-Karosserie.

27. MÄRZ – In der DDR werden die ersten Jugendweihefeiern veranstaltet. Sie sollen die Konfirmationen und Kommunionen zurückdrängen.

14. MAI – In der polnischen Hauptstadt gründen die UdSSR, die DDR und sechs weitere »Bruderländer« die Militärkoalition »Warschauer Vertrag«. Die Gründung erfolgt, nachdem die Bundesrepublik fünf Tage zuvor der NATO beigetreten ist.

30. JUNI – Die »Tägliche Rundschau«, von der Sowjetarmee für die ostdeutsche Bevölkerung herausgegeben, stellt ihr Erscheinen ein. Die erste Ausgabe der Tageszeitung erschien am 15. Mai 1945.

11. AUGUST – Erster Spatenstich für die neue »sozialistische Wohnstadt« Hoyerswerda, die für die Beschäftigten des Kombinates »Schwarze Pumpe« gebaut wird.

25. AUGUST – Die »Sixtinische Madonna« und andere weltberühmte Kunstwerke, die 1945 als Bestandteil umfangreichen Beutegutes in die UdSSR gelangten, werden an die Dresdner Gemäldegalerie zurückgegeben.

13. SEPTEMBER – Die UdSSR und die Bundesrepublik Deutschland vereinbaren die Aufnahme diplomatischer Beziehungen.

20. SEPTEMBER – Nach Verhandlungen mit der sowjetischen Regierung in Moskau wird der DDR die volle Souveränität zugebilligt. Das Amt des sowjetischen Hohen Kommissars in Berlin wird aufgelöst und ein Beistandspakt geschlossen.

7. Oktober – Der zweite Teil des Thälmann-Films mit Günther Simon in der Hauptrolle läuft an unter dem Titel »Ernst Thälmann – Führer seiner Klasse«. Regisseur ist wiederum Kurt Maetzig.

1. November – Das Gesetz über das DDR-Staatswappen tritt in Kraft. Das Wappen besteht aus Hammer, Zirkel und Ährenkranz und wurde von dem Grafiker Heinz Behling geschaffen.

23. November – In Dresden wird Elli Barczadis (43), ehemalige Chefsekretärin von DDR-Ministerpräsident Otto Grotewohl, wegen »Spionage« mit dem Fallbeil hingerichtet.

10. Dezember – Die DDR erklärt die Demarkationslinie zur Bundesrepublik zur Staatsgrenze und übernimmt von der UdSSR deren Überwachung.

1956

3. Januar – Der Deutsche Fernsehfunk (DFF) in Berlin-Adlershof beginnt nach dreijähriger Probephase mit seinen regulären Sendungen.

18. Januar – Die Volkskammer beschließt die Gründung der Nationalen Volksarmee (NVA). Willi Stoph wird erster Verteidigungsminister.

28. Januar – Die Nationale Volksarmee wird gemäß den Satzungen des Warschauer Vertrages dem Oberkommando der osteuropäischen Militärkoalition mit Sitz in Moskau unterstellt.

4. Februar – Der ehemalige Generalinspekteur der Deutschen Volkspolizei Robert Bialek wird aus Westberlin in den Osten verschleppt und kommt vermutlich im Zuchthaus Bautzen ums Leben. Nach Auseinandersetzungen mit Ulbricht und Mielke über deren stalinistische Führungsmethoden war er aus der Partei geflogen und in den Westen geflüchtet. Im Londoner Rundfunk hatte er eine eigene Sendereihe.

9. Februar – Die Regierung beschließt »die weitere Entwicklung der Körperkultur und des Sports« in der DDR und organisiert

die umfassende Sportförderung. Der Sport soll die »Überlegenheit der gesellschaftlichen Ordnung der DDR« beweisen.

1. MÄRZ – Die Nationale Volksarmee (NVA) wird gegründet, die Kasernierte Volkspolizei (KVP) aufgelöst, ihre Angehörigen in die NVA integriert. Die Polizei behält jedoch kasernierte Truppen im Umfang von 18.000 Mann und mit mittelschweren Waffen.

1. MAI – Beginn des Versandhandels in der DDR durch die Handelsorganisation (HO).

17. AUGUST – Am Tag des KPD-Verbots in der Bundesrepublik beginnt der Deutsche Freiheitssender 904 als »Stimme der KPD« sein tägliches Propaganda-Programm auszustrahlen. Später kommt der »Deutsche Soldatensender« hinzu. Standort der angeblich illegalen Sender der BRD ist Burg bei Magdeburg. Die Finanzierung erfolgt durch die SED.

30. OKTOBER – Ungarns Ministerpräsident Imre Nagy verkündet den Austritt seines Landes aus dem Warschauer Pakt und die Abschaffung des Ein-Parteien-Systems in seinem Land. Es kommt zum Volksaufstand gegen die stalinistische Politik und die sowjetischen Besatzer sowie für die Unabhängigkeit Ungarns.

4. NOVEMBER – In Budapest wird nach dem von sowjetischen Panzern niedergeschlagenen Volksaufstand eine Marionettenregierung Moskaus unter Janos Kadar installiert.

29. NOVEMBER – Nach dem Volksaufstand in Ungarn werden in Berlin der Philosoph Wolfgang Harich, der Leiter des Aufbau-Verlages Werner Janka und weitere Oppositionelle verhaftet.

1957

18. JANUAR – Die DDR-Volkskammer beschließt, schrittweise die 45-Stunden-Woche einzuführen.

9. MÄRZ – Wolfgang Harich und weitere Mitglieder der innerparteilichen Opposition werden in einem Schauprozess wegen »Bildung einer konterrevolutionären Gruppe« zu langjährigen Haftstrafen verurteilt.

4. OKTOBER – Die Sowjetunion eröffnet mit dem 83 Kilogramm schweren Erdsatelliten »Sputnik 1«, der 92 Tage lang die Erde umkreist, das Zeitalter der Raumfahrt.

13. OKTOBER – Mit der bis zur letzten Minute geheimgehaltenen zweiten Währungsreform in der DDR, die nur für Geldscheine von 5 bis 1000 DM galt, die an diesem Tag gegen neue, fast gleich aussehende Scheine mit der Jahreszahl 1955 umzutauschen waren, sollten die Tauschzentralen in Westberlin und die Besitzer von Schwarzgeld empfindlich getroffen werden.

15. OKTOBER – Jugoslawien erkennt die DDR diplomatisch an. Da die »Hallstein-Doktrin« eine Anerkennung deutscher Zweistaatlichkeit nicht zulässt, bricht die BRD die diplomatischen Beziehungen zu Jugoslawien ab.

1. NOVEMBER – Erich Mielke wird Nachfolger des wegen Differenzen mit Ulbricht zurückgetretenen Ministers für Staatssicherheit Ernst Wollweber.

7. NOVEMBER – In Zwickau wird die Produktion des neuen »Trabant P50« aufgenommen.

11. DEZEMBER – Die Volkskammer beschließt ein neues Passgesetz, wonach »Republikflucht« unter Strafe steht.

16. DEZEMBER – Im 1956 gebildeten Kernforschungszentrum in Rossendorf bei Dresden wird der erste Atomreaktor der DDR in Betrieb genommen.

1958

1. JANUAR – Bei öffentlichen Veranstaltungen sowie im Rundfunk müssen von nun an 60 Prozent aller gespielten Titel von Komponisten aus sozialistischen Ländern stammen. Das soll der »westlichen Dekadenz« Einhalt gebieten.

3. FEBRUAR – Auf der 35. Tagung des ZK der SED werden Karl Schirdewan, Ernst Wollweber und Fred Oelßner von ihren Ämtern in Politbüro und Zentralkomitee der SED entbunden. Sie hatten sich u.a. für die Auflösung der LPG sowie für andere

Liberalisierungsmaßnahmen eingesetzt. Erich Honecker wird Vollmitglied im Politbüro.

24./25. April – Auf einer SED-Schulkonferenz in Ostberlin wird die Einführung des polytechnischen Unterrichts und der Ausbau der Mittelschule mit zehn Klassen verkündet. Der Unterrichtstag in der Produktion (UTP) wird eingeführt.

29. Mai – 13 Jahre nach dem Zweiten Weltkrieg werden in der DDR die Lebensmittelkarten abgeschafft.

16. Juni – In Ungarn wird nach einem Geheimprozess der ehemalige Ministerpräsident und Führer des mit Sowjetpanzern blutig niedergeschlagenen Ungarischen Volksaufstandes von 1956 gegen das stalinistische System, Imre Nagy, hingerichtet. Er wird 1989 mit einem Staatsakt rehabilitiert.

5.–12. Juli – In Rostock findet die erste »Ostseewoche« als politische und ökonomische Leistungsschau der DDR in Richtung Nordeuropa statt.

10.–16. Juli – Auf ihrem fünften Parteitag setzt sich die SED das Ziel, in der DDR bis 1961 den Pro-Kopf-Verbrauch Westdeutschlands bei Nahrungsmitteln und bei den wichtigsten industriellen Konsumgütern zu erreichen und zu übertreffen. Die Losung »einholen und überholen« wird später wegen ihrer zu eindeutigen Auslegung in »überholen ohne einzuholen« geändert.

5. September – Ein Highlight auf der Leipziger Konsumgütermesse vor allem für die DDR-Besucher wird der neue Kleinwagen »Trabant«.

14. September – Auf dem Ettersberg bei Weimar, am ehemaligen Konzentrationslager Buchenwald, wird eine Mahn- und Gedenkstätte eingeweiht. An die 56.000 Opfer erinnert der Glockenturm und eine Großplastik des Bildhauers Fritz Cremer.

27. Oktober – SED-Chef Walter Ulbricht provoziert eine neue Berlinkrise, indem er Ostberlin ohne Rücksicht auf den Viermächtestatus für Berlin zum Hoheitsgebiet der DDR erklärt.

3./4. November – Auf einer zentralen Chemiekonferenz der SED in den Leuna-Werken wird mit dem Chemieprogramm der beschleunigte Ausbau dieses Industriezweiges beschlossen.

Ulbricht prägt den Satz: »Chemie gibt Brot, Wohlstand und Schönheit«.

27. NOVEMBER – UdSSR-Ministerpräsident Nikita Chruschtschow fordert binnen sechs Monaten den Abzug aller Truppen der westlichen Alliierten aus Westberlin.

8. DEZEMBER – Die Volkskammer der DDR löst die Länderkammer auf. Diese war seit Staatsgründung am 7. Oktober 1949 trotz der Abschaffung der Länderverwaltungen 1952 weiter am Gesetzgebungsverfahren beteiligt, jedoch ohne Einfluss.

11.–13. DEZEMBER – Der Rat für Gegenseitige Wirtschaftshilfe (RGW) beschließt den Bau einer Erdölleitung aus der UdSSR nach Ungarn, Polen, in die ČSR und die DDR.

1959

1. JANUAR – Die UdSSR verzichtet auf die Erstattung von Stationierungskosten für die in der DDR lebenden rund 300.000 Angehörigen der Sowjetarmee.

2. JANUAR – Sieg des kubanischen Aufstandes unter Führung von Fidel Castro über das Regime des Diktators Batista, der 1952 mit einem Militärputsch an die Macht gekommen war. Ein erster Aufstand 1953 war gescheitert.

3. JANUAR – Die Jugendbrigade »Nikolai Mamai« im Elektrochemischen Kombinat Bitterfeld beschließt, als erstes Kollektiv in der DDR, »sozialistisch arbeiten, lernen und leben« zu wollen und um den Titel »Brigade der sozialistischen Arbeit« zu kämpfen.

13.–15. JANUAR – Auf einer Tanzmusikkonferenz in Lauchhammer stellt der Komponist René Dubianski den im 6/8 Takt entwickelten »Lipsi« vor, zu dessen Takt die Leipziger Tanzlehrer Christa und Helmut Seifert einen Tanz entwickelt haben, der Rock'n Roll und Twist verdrängen sollte.

19. MÄRZ – Nikita Chruschtschow nimmt das Berlin-Ultimatum zurück, womit er die Westmächte zum Abzug aus Westberlin aufgefordert hatte.

17.–18. April – »3. Pressekonferenz der SED« in Leipzig unter dem Motto »Die Presse – kollektiver Organisator der sozialistischen Umgestaltung«. Pressekampagnen sollen die Kollektivierung in der Landwirtschaft vorantreiben.

24. April – »Greif zur Feder, Kumpel! Die sozialistische Nationalkultur braucht Dich!« lautet ein Aufruf der 1. Bitterfelder Kulturkonferenz. Sie geht als umstrittener »Bitterfelder Weg« in die DDR-Kulturgeschichte ein.

3. Juni – Walter Ulbricht fordert »Jedermann an jedem Ort – einmal in der Woche Sport«. Er selbst ist bis ins Alter sportlich aktiv.

3. Juni – Mit dem von der Volkskammer beschlossenen Gesetz über die Landwirtschaftlichen Produktionsgenossenschaften werden die Aktionen zur vollständigen Kollektivierung eingeleitet.

13. September – Die Sowjetunion schickt mit der Sonde »Lunik 2« den ersten Flugkörper von der Erde zum Mond.

16. September – Die FDJ startet die Aktion »Blitz kontra Knollenschreck« zur verlustarmen Einbringung der Kartoffelernte.

1. Oktober – Das Staatswappen der DDR, bestehend aus Hammer, Zirkel und Ährenkranz, wird nach einem Volkskammerbeschluss in die Staatsflagge der DDR eingefügt.

1. Oktober – Der Fünfjahrplan, mit dem die DDR den Westen wirtschaftlich überholen wollte, ist offensichtlich gescheitert, er wird von einem Siebenjahrplan abgelöst.

26. Oktober – Erstmals werden Fotos von der Rückseite des Mondes veröffentlich, aufgenommen von der sowjetischen Raumsonde »Lunik 3«.

12. Dezember – Auf einer Tagung des SED-Zentralkomitees wird der Kreis Eilenburg als erster als »vollgenossenschaftlich« gemeldet, nachdem dort der letzte Einzelbauer in eine LPG eintrat.

18. Dezember – Im Rahmen des RGW wird ein Abkommen über den Bau einer Erdöl-Pipeline vom Wolga-Ural-Gebiet nach Schwedt an der Oder geschlossen.

1960

23. Januar – Ulbricht richtet einen Brief an Adenauer mit Vorschlägen zur Abrüstung und Herbeiführung eines Friedensvertrages, der ungeöffnet zurückkommt.

10. Februar – Die DDR-Volkskammer beschließt die Bildung eines Nationalen Verteidigungsrates. Vorsitzender wird Ulbricht.

2. März – Die sozialistische Umgestaltung der Landwirtschaft im Bezirk Rostock ist so gut wie abgeschlossen. In neun von zehn Kreisen wird vollgenossenschaftlich gearbeitet, das betrifft 94 Prozent der landwirtschaftlichen Nutzfläche. Schlag auf Schlag folgen die anderen Bezirke.

21. März – Karl-Eduard von Schnitzlers Sendung »Der Schwarze Kanal« hat Premiere im DDR-Fernsehen. Er läuft bis 30. Oktober 1989 jeden Montag nach einem alten Spielfilm insgesamt 1.519-mal und dient in der Sprache des Kalten Krieges der »Entlarvung« des Westfernsehens.

5. April – In der Landwirtschaft herrscht, nicht zuletzt infolge der Flucht vieler Bauern nach dem Westen, Arbeitskräftemangel. Die FDJ muss einspringen und veröffentlicht den Aufruf: »Der Sozialismus siegt – 10.000 unserer Besten gehen in das vollgenossenschaftliche Dorf!«.

14. April – Die SED verkündet den »Sieg der sozialistischen Produktionsverhältnisse auf dem Lande«. Unter drastischen Zwangsmaßnahmen war zuvor die Kollektivierung in der Landwirtschaft abgeschlossen worden. Seit ihrem Beginn im Jahr 1952 setzten sich rund 130.000 Bäuerinnen und Bauern in die Bundesrepublik ab.

29. April – Der Bundesminister Theodor Oberländer im BRD-Kanzleramt wird vom Obersten Gericht der DDR »wegen fortgesetzt begangenen Mordes und fortgesetzter Anstiftung zum Mord« während der Nazi-Zeit zu lebenslangem Zuchthaus und

zur Aberkennung der Ehrenrechte auf Lebenszeit verurteilt. Er tritt im Mai zurück.

8. MAI – Die von Karl Friedrich Schinkel erbaute Neue Wache in Berlin Unter den Linden wird aus Anlass des 15. Jahrestages der Befreiung vom Faschismus Gedenkstätte gegen den Krieg. Jeden Mittwoch finden unter klingendem Spiel im Stechschritt Wachablösungen statt, die von Touristen aus aller Welt besucht werden.

12. JULI – Der ehemalige Offizier der Grenzpolizei Manfred Smolka wird in Leipzig hingerichtet. Er hatte sich geweigert, Thüringer Bauern am 17. Juni 1953 daran zu hindern, auf ihren grenznahen Äckern zu arbeiten, wurde degradiert und entlassen. Er floh in den Westen. Mit Hilfe eines »Freundes« wurde er im Stasi-Auftrag zurückgelockt und zum Tode verurteilt.

14. JULI – Willi Stoph legt sein Amt als Verteidigungsminister nieder. Westdeutsche Zeitungen vermuten als Grund seine undurchsichtige Rolle während der Nazi-Zeit. Tatsächlich bereitet er sich auf ein höheres Amt vor und vertritt fast ständig den kranken Ministerpräsidenten Otto Grotewohl.

7. SEPTEMBER – Tod Wilhelm Piecks. Für das Amt eines Staatspräsidenten wird ein kollektiver Staatsrat geschaffen, dessen Vorsitz Walter Ulbricht übernimmt.

15. SEPTEMBER – Nach der neuesten Verordnung dürfen Bürger der Bundesrepublik nur noch mit Genehmigung in die DDR einreisen. Westberliner Personalausweise werden nicht mehr anerkannt.

1961

11. JANUAR – Die DDR-Regierung verbietet zumindest für den Ostteil der Stadt den Evangelischen Kirchentag, der im Juli in ganz Berlin geplant war.

12. APRIL – Zum ersten Mal verlässt ein bemanntes Raumschiff die Erde. In »Wostok 1« umkreist der 27-jährige Russe Juri Gagarin (1934–1968) als erster Mensch unseren Planeten.

14. Juni – Der stellvertretende Ministerpräsident Willi Stoph räumt in »Neues Deutschland« Versorgungsprobleme bei Fleisch, Milch und Butter ein, nennt aber als Ursache nicht die Kollektivierung der Landwirtschaft.

15. Juni – Die berühmteste Lüge der DDR-Geschichte: Walter Ulbricht beantwortet auf einer Pressekonferenz die Frage der »Frankfurter Rundschau« mit den Worten: »Niemand hat die Absicht, eine Mauer zu errichten!«.

16. Juni – Der in den Westen geflohene ehemalige Antifaschist Heinz Brandt, bis Juni 1953 hoher SED-Funktionär in Ostberlin und schließlich Gegner Ulbrichts, wird in eine Stasi-Falle gelockt, in die DDR verschleppt und zu 13 Jahren Haft verurteilt.

25. Juli – Präsident John F. Kennedy stellt klar, für die USA seien die Anwesenheit westlicher Truppen in sowie der Zugang nach Berlin unverzichtbar. Ende der Berlinkrise.

29. Juli – Berufstätige Frauen in der DDR erhalten fortan monatlich einen bezahlten Haushaltstag.

3.–5. August – In Moskau stimmen die Chefs der kommunistischen Parteien des Warschauer Paktes dem bevorstehenden Mauerbau in Ostberlin zu.

9. August – 1.926 DDR-Flüchtlinge werden an diesem Tag in Westberlin gezählt, der bis dahin höchste »Tageszugang«.

12. August – In der Nacht zum 13. August gibt Walter Ulbricht als Vorsitzender des Nationalen Verteidigungsrates den Befehl zur Abriegelung der Sektorengrenze in Berlin. Die Ausführung überwacht Erich Honecker.

13. August – Alle Grenzübergänge nach Westberlin sind geschlossen. Mit dem Bau der Mauer unterbindet die SED-Führung die Massenflucht von DDR-Bürgern. Alle Telefonverbindungen werden gekappt.

15. August – Bis zu diesem Tag haben seit September des Jahres 1949 rund 2,7 Millionen Menschen die DDR verlassen.

16. August – Die SED-Führung lässt außer in Berlin auch die übrige innerdeutsche Grenze zur Bundesrepublik abriegeln.

16. AUGUST – Die FDJ beschließt das Aufgebot »Das Vaterland ruft! Schützt die sozialistische Republik!« – eine großangelegte Werbeaktion für den Eintritt in die NVA.

22. AUGUST – Das SED-Politbüro fordert, zum Schutz der DDR an ihrer Grenze Gesetzesverletzer »auch durch Anwendung der Waffe« zu stoppen.

22. AUGUST – Die FDJ-Ordnungsgruppen werden als »Helfer der Staats- und Sicherheitsorgane« verpflichtet und fortan bei der Aufrechterhaltung der öffentlichen Ordnung und bei politisch-ideologischen Aktionen zur Disziplinierung der Jugend eingesetzt.

7. SEPTEMBER – Ostberlin, die Hauptstadt der DDR, wird im Widerspruch zum Alliiertenstatus der Stadt zum 15. Bezirk der DDR erklärt.

20. SEPTEMBER – Die Volkskammer verkündet das »Gesetz zur Verteidigung der DDR«, das dem Staatsrat und damit vor allem seinem Vorsitzenden nahezu uneingeschränkte Notstandsrechte zubilligt.

25. OKTOBER – DDR-Grenzer verwehren Angehörigen der US-Militärmission den Zugang nach Ostberlin. Am Berliner Grenzübergang »Checkpoint Charlie« rollen Panzer der Amerikaner und der Sowjets aufeinander zu und sind bis zur Rücknahme der Befehle auf allerhöchster Ebene schussbereit.

13. NOVEMBER – Nach dem 22. Parteitag der KPdSU wird über Nacht in Berlin das Stalindenkmal entfernt, die Stalinallee in Frankfurter Allee und Stalinstadt ebenso klammheimlich in Eisenhüttenstadt umbenannt.

30. DEZEMBER – In der Moskauer »Prawda« beziffert Ulbricht den wirtschaftlichen Schaden für die DDR durch Abwerbung und Massenflucht bis zum Mauerbau mit rund 30 Milliarden DM. Von 1952 bis 1963 wechselten mehr als 20.000 Ingenieure und Techniker, 4.500 Ärzte und über 1.000 Hochschullehrer aus der DDR in die Bundesrepublik.

24. JANUAR – Die Volkskammer verabschiedet das Gesetz über die allgemeine Wehrpflicht und bezieht Ostberlin ein, während Westberlin durch den Alliiertenstatus von der Wehrpflicht in der BRD ausgenommen ist.

22. MÄRZ – Die DDR führt die Visumspflicht für alle Bundesbürger ein, welche die DDR besuchen wollen.

8. JUNI – Zehn Ostberliner Bürger gelangen mit einem gekaperten Ausflugsdampfer der »Weißen Flotte« im Kugelhagel von DDR-Grenzern über die Spree unverletzt nach Westberlin.

17. AUGUST – Der achtzehnjährige Maurer Peter Fechter wird bei einem Fluchtversuch im Todesstreifen in der Berliner Zimmerstraße von DDR-Grenzern getötet. Kurz vorher war hier der DDR-Grenzsoldat Reinhold Huhn von einem Mann erschossen worden, der seine Angehörigen durch einen selbstgegrabenen Tunnel in den Westen holte.

23. AUGUST – Die Ostberliner Stadtkommandantur der sowjetischen Truppen in Berlin wird auf Beschluss der Moskauer Regierung aufgelöst. Dafür wird für Ostberlin ein NVA-General als Stadtkommandant eingesetzt. Alle Grenztruppen sind von nun an dem Ministerium für Nationale Verteidigung unterstellt.

23. OKTOBER – Eine neue Wettbewerbsparole offenbart ungewollt die Hauptmängel der DDR-Wirtschaft: »Gründlich denken, ehrlich arbeiten, wirtschaftlich rechnen, wissenschaftlich forschen, froh und kulturvoll leben!«.

14.–27. OKTOBER – USA-Präsident John F. Kennedy verhindert auf dem Höhepunkt der Kuba-Krise unter Androhung des Einsatzes atomarer Waffen die Stationierung sowjetischer Mittelstreckenraketen auf Kuba.

15.–21. JANUAR – Der sechste SED-Parteitag stellt den »Sieg der sozialistischen Produktionsverhältnisse in der DDR« fest und erklärt »den umfassenden Aufbau des Sozialismus« zur Hauptaufgabe. Im SED-Parteiprogramm wird noch an der »Wiederherstellung der nationalen Einheit Deutschlands« festgehalten. Kreml-Chef Nikita Chruschtschow droht dem Westen von Berlin aus mit einer 100-Megatonnen-Wasserstoffbombe.

17. JANUAR – Nikita Chruschtschow besucht zusammen mit Walter Ulbricht am »Checkpoint Charlie« die Berliner Mauer.

16.–19. JUNI – Als erste Frau umkreist die Russin Walentina Tereschkowa (*1937) die Erde und landet mit »Wostok 6« nach einer Flugzeit von zwei Tagen und 22 Stunden.

21. JUNI – Der Nationale Verteidigungsrat beschließt, die deutsch-deutsche Grenze in Berlin auszubauen. Gegen illegale Grenzübertritte wird vor der Mauer ein »Kontroll- und Schutzstreifen« angelegt.

24.–26. JUNI – Wie schon der Fünfjahrplan zuvor, wird auch der bis 1965 vorgesehene Siebenjahrplan der DDR-Wirtschaft abgebrochen. Stattdessen soll das von SED und Regierung für die Volkswirtschaft beschlossene »Neue Ökonomische System der Planung und Leitung« umgesetzt werden.

30. JUNI – Walter Ulbricht wird 70 Jahre alt. Beispiel für den Personenkult um ihn ist die Losung der SED: »Uns allen zum Nutzen – Walter Ulbricht zu Ehren – am 30. Juni planschuldenfrei«.

15. JULI – Egon Bahr, Leiter des Presse- und Informationsamtes des Landes Berlin, begründet in einer Rede in der Evangelischen Akademie Tutzing die Politik des »Wandels durch Annäherung« gegenüber der DDR und dem Ostblock.

17.–22. OKTOBER – Die sowjetischen Kosmonauten Juri Gagarin und Walentina Tereschkowa besuchen die DDR und werden in Berlin, Halle, Karl-Marx-Stadt, Gera, Erfurt und Suhl begeistert empfangen.

17. DEZEMBER – Zwischen der DDR und dem Senat von Westberlin wird das erste Passierscheinabkommen vereinbart. 1,2 Millionen Westberliner besuchen über Weihnachten ihre Verwandten im Osten der geteilten Stadt.

1964

2. JANUAR – In der DDR beginnt die Ausgabe neuer Personaldokumente. Neu ist die Bezeichnung: »Personalausweis für Bürger der Deutschen Demokratischen Republik«.

1. FEBRUAR – Der Kleinroller »Schwalbe«, der zu einem Kultobjekt wird, läuft im Simson-Werk Suhl vom Band. Er leitet die sogenannte Vogelserie ein, der noch »Spatz«, »Star«, »Sperber« und »Habicht« folgen.

13. MÄRZ – Der von den Nazis zum Tode verurteilte Wissenschaftler und Regimekritiker Robert Havemann, der bis 1963 der DDR-Volkskammer angehörte, wird aus der Partei ausgeschlossen und als Professor für Physikalische Chemie an der Humboldt-Universität entlassen.

14. APRIL – Die SED-Führung stellt sich im sowjetisch-chinesischen Zerwürfnis mit einer eindeutigen Stellungnahme gegen die chinesische »Spalterpolitik« an die Seite der UdSSR.

2. MAI – Mit der Veröffentlichung der »Grundsätze für die Gestaltung des einheitlichen sozialistischen Bildungssystems« beginnt die mehr als fünfundzwanzigjährige Ära Margot Honeckers als Volksbildungsministerin.

18. MAI – In Ostberlin findet das letzte Deutschlandtreffen der Jugend mit einer halben Million Jugendlichen aus der DDR und 25.000 Gästen aus der Bundesrepublik statt. Der Jugendsender DT64, der erstmals offiziell in der DDR die Beatles spielt, geht auf Sendung und ist wegen seiner Beat-Musik beliebt.

1. AUGUST – Die DDR-Staatsbank gibt neue Geldscheine heraus, auf denen die Porträts von Alexander v. Humboldt, Schiller, Goethe, Engels und Marx zu sehen sind.

12. AUGUST – Walter Ulbricht empfängt auf der Wartburg bei Eisenach den Landesbischof der Evangelisch-lutherischen Landeskirche Thüringens Moritz Mitzenheim. Dieser schlug vor, älteren Bürgern Reisen zu Verwandten in die Bundesrepublik und nach Westberlin zu ermöglichen.

14. AUGUST – Der erste Bus mit freigekauften politischen Häftlingen aus der DDR passiert den Grenzübergang Herleshausen zur Bundesrepublik. Der Durchschnittspreis pro Häftling liegt bei 40.000 DM, hat sich aber bis zum Ende der DDR mehr als verdoppelt.

7. SEPTEMBER – Für junge Männer, die sich dem Wehrdienst mit der Waffe widersetzen, wird der Dienst unter der Bezeichnung »Bausoldat« eingeführt. Auf den Schulterstücken sind Spaten nachgebildet.

9. SEPTEMBER – Der DDR-Ministerrat verkündet, dass ältere Einwohner der DDR künftig ihre Verwandten im Westen besuchen dürfen. Ab 2. November werden diese Reisen möglich.

21. SEPTEMBER – Tod von Ministerpräsident Otto Grotewohl. Sein Nachfolger als Vorsitzender des Ministerrates wird Willi Stoph, der seit Jahren die Geschäfte des Regierungschefs geführt hat.

3. OKTOBER – Das Staatsratsgebäude wird eingeweiht. Eingebunden als architektonischer Höhepunkt ist ein Portal des gesprengten Berliner Stadtschlosses. Angeblich hat von diesem am 9. November 1918 Karl Liebknecht die sozialistische Republik verkündet, was tatsächlich vor dem Schloss geschah.

5. OKTOBER – 57 Menschen gelingt in der größten Tunnelaktion seit dem Mauerbau die Flucht nach Westberlin. Schließlich entdecken DDR-Grenzer den Tunneleingang. Es kommt zu einem Schusswechsel, bei dem der Grenzsoldat Egon Schultz getötet wird, nach dem Schulen und andere Objekte benannt werden.

6. OKTOBER – Zum 15. DDR-Jahrestag werden 10.000 DDR-Häftlinge amnestiert. Auch prominente Dissidenten kommen frei, darunter Wolfgang Harich, Georg Dertinger und Heinz Brandt.

14. OKTOBER – In der UdSSR wird Parteichef und Ministerpräsident Nikita Chruschtschow aller Ämter enthoben. Hauptkritikpunkte

sind eine gescheiterte Wirtschafts- und Landwirtschaftspolitik sowie das gestörte Verhältnis zu China. Nachfolger als Parteichef wird Leonid Breshnew, als Ministerpräsident Alexei Kossygin.

2. NOVEMBER – DDR-Rentner dürfen ab sofort pro Jahr für vier Wochen zu ihren Angehörigen in die BRD reisen. Den ersten Ansturm gibt es bereits zu Weihnachten.

1. DEZEMBER – Westdeutsche und Westberliner Besucher der DDR müssen für jeden Besuchstag 5 DM im Verhältnis 1:1 gegen Ost-Mark umtauschen.

1965

1. JANUAR – Das SED-Institut für Meinungsforschung nimmt seine Arbeit auf. Honecker lässt es 1979 schließen, weil es offensichtlich nicht das erwartete Vertrauensverhältnis zwischen Partei und Volk bestätigt.

25. JANUAR Der SPD-Parteivorstand veröffentlicht ein Memorandum von Willy Brandt über eine neue Ostpolitik. Gegenüber der DDR müsse die westliche Politik darauf abzielen, dem Ulbricht-Regime »Erleichterungen für die durch die Spaltung betroffenen Menschen und für die Bevölkerung in der Zone abzuringen.«

28. FEBRUAR–2. MÄRZ – Ägypten empfängt als erstes nichtsozialistisches Land den DDR-Staatsratsvorsitzenden Walter Ulbricht mit allen Ehren. Gemäß der Hallstein-Doktrin über die Nichtanerkennung von zwei deutschen Staaten durch Dritte stoppt die BRD die Wirtschaftshilfe für Ägypten.

25. FEBRUAR – Die Volkskammer beschließt das Gesetz über das einheitliche Bildungssystem.

7. APRIL – Sowjetische Tiefflieger stören eine Sitzung des Deutschen Bundestages in Westberlin. Die DDR verbietet den Bundestagsabgeordneten die Durchreise und sperrt vorübergehend den gesamten Transitverkehr. Die UdSSR protestiert damit gegen die Wahrnehmung von Bundesangelegenheiten der BRD durch das Parlament in Westberlin.

14. Juli – Die DDR vereinbart mit der UdSSR den Bau von Atomkraftwerken in der DDR.

8. Oktober – Das Internationale Olympische Komitee stimmt der Auffassung des Olympischen Komitees der DDR zu, dass es bei Olympischen Spielen zwei deutsche Mannschaften geben solle. Beginnend bei den Winterspielen in Grenoble und den Sommerspielen in Mexiko-Stadt werden ab 1968 jeweils zwei deutsche Mannschaften teilnehmen.

15. November – In der DDR wird die erste Anti-Baby-Pille zugelassen.

3. Dezember – Der Vorsitzende der Staatlichen Plankommission Erich Apel erschießt sich kurz vor der Unterzeichnung eines Handelsprotokolls mit der UdSSR, das die DDR erheblich benachteiligt, in seinem Büro.

15.–18. Dezember – Die elfte Tagung des SED-Zentralkomitees beschließt das »Neue ökonomische System der Planung und Leitung« (NÖSPL). Zentralismus und SED-Vorherrschaft in der Wirtschaft werden gestärkt. Zugleich werden kritische DDR-Kulturschaffende sowie der Wissenschaftler Robert Havemann als Wortführer einer demokratisch-kommunistischen Opposition gemaßregelt.

21. Dezember – Mit dem neuen Familien-Gesetzbuch der DDR werden eheliche und nichteheliche Kinder rechtlich gleichgestellt. Das Schuldprinzip bei Ehescheidungen wird abgeschafft.

22. Dezember – In der DDR wird die 45-Stunden-Woche eingeführt.

1966

7. Januar – Der Regimekritiker Robert Havemann wird als Leiter der Arbeitsstelle Fotochemie in Berlin-Adlershof entlassen und verliert bald auch seine Mitgliedschaft in der Akademie der Wissenschaften.

12. Januar – DDR-Kulturminister Hans Bentzin wird wegen »schwerer Fehler« durch Klaus Gysi ersetzt, der später noch Botschafter in Rom und Staatssekretär für Kirchenfragen wird.

15. Februar – Mit Unterstützung des FDJ-Zentralrates wird der »Oktoberklub« gegründet, der einer breiten »Singebewegung« die ideologische Richtung anzeigt.

28. Februar – Die DDR beantragt die Aufnahme in die Organisation der Vereinten Nationen.

9. April – Erster arbeitsfreier Sonnabend in der DDR. Zunächst ist aber nur jeder zweite Sonnabend arbeitsfrei.

9. Mai – In Rheinsberg in der DDR nimmt das erste deutsche Atomkraftwerk den Betrieb auf. Es wurde von der UdSSR geliefert.

12. Juni – Der DEFA-Film »Spur der Steine« mit Manfred Krug in der Hauptrolle hat Premiere. Nach inszenierten Störungen wird der Film wegen angeblicher »Herabwürdigung der Staatsmacht« aus dem Spielplan genommen.

14. November – Die neue Wettbewerbslosung für die Wirtschaft lautet: »Rationeller produzieren – für dich, für deinen Betrieb, für unseren sozialistischen Friedensstaat«. Aufgerufen wird diesmal vom VEB Strickmaschinenbau Karl-Marx-Stadt.

15. November – Die Serienfertigung des »Wartburg 353« beginnt im Automobilwerk Eisenach (AWE). Bis 1989 verlassen mehr als 1,2 Millionen Fahrzeuge das Werk.

15.–17. Dezember – Die 14. ZK-Tagung der SED unterbreitet der Bundesregierung ein Programm zur Durchsetzung der Prinzipien der friedlichen Koexistenz zwischen der DDR und der BRD. Eine Kürzung von Militärausgaben auf beiden Seiten wird vorgeschlagen.

1967

20. Februar – Die Volkskammer beschließt das Gesetz über die Staatsbürgerschaft der DDR und bekräftigt damit die Eigenstaatlichkeit der DDR.

17.–22. April – Auf dem siebten SED-Parteitag in Berlin verkündet Walter Ulbricht, in der DDR seien alle Klassengegensätze aufgehoben. In der Wirtschaftspolitik erfolgt der Übergang vom »Neuen Ökonomischen System der Planung und Leitung« (NÖSPL) zum »Ökonomischen System des Sozialismus« (ÖSS).

3. Mai – Der Ministerrat beschließt, die wöchentliche Arbeitszeit auf 43,75 Stunden zu senken.

11. Mai – Ein Bote überbringt dem BRD-Bundeskanzler Kurt Georg Kiesinger einen Brief des DDR-Ministerpräsidenten Willi Stoph mit dem Vorschlag, direkte Verhandlungen aufzunehmen.

13. Juni – Kiesinger erklärt sich in einem Antwortschreiben an Willi Stoph grundsätzlich mit Gesprächen von Beauftragten einverstanden. Erstmals wird damit von der Bundesregierung faktisch die Existenz der DDR anerkannt.

1. Juli – Das Ministerium für Staatssicherheit erlässt die Mobilmachungsdirektive 1/67, die eine detaillierte Planung von Isolierungslagern für Regimegegner vorsieht.

6. Juli – Ein Ferienzug prallt in Langenweddingen frontal mit einem Minol-Tankwagen zusammen. 94 Tote, darunter 44 Kinder.

18. August – Wegen der unentwegten Fluchtversuche aus der DDR findet in Ostberlin ein propagandistisch aufbereiteter Prozess gegen 37 Fluchthelfer statt, die zu langen Haftstrafen verurteilt werden.

28. August – Beginn der durchgehenden Fünf-Tage-Arbeitswoche. Dafür fallen Himmelfahrt, Ostermontag, Buß- und Bettag und der Tag der Befreiung am 8. Mai als arbeitsfreie Tage weg.

29. Oktober – Zum 50. Jahrestag der Oktoberrevolution gibt es in Ostberlin die bis dahin größte gemeinsame Militärparade von NVA und Sowjetarmee.

1. Dezember – Die DDR-Volkskammer beschließt, eine sozialistische Verfassung für die DDR auszuarbeiten. Am selben Tag wird die ostdeutsche Währung von »Mark der Deutschen Notenbank« (MDN) in »Mark der Deutschen Demokratischen Republik« umbenannt.

2. DEZEMBER – Gerhard Kast, Meister im VEB Funkwerk Berlin-Köpenick, fordert:»Unser Betrieb darf nicht mehr auf Kosten anderer leben«. Damit soll eine breite Bewegung zur Rentabilität der volkseigenen Betriebe entfacht werden.

1968

12. JANUAR – In der DDR tritt ein neues Strafgesetzbuch in Kraft, in dem politische Delikte je nach »Gesellschaftsgefährlichkeit« und der persönlichen Einstellung zum sozialistischen Staat stärker bewertet werden.

31. JANUAR – Der Entwurf einer neuen Verfassung der DDR wird zur öffentlichen Diskussion gestellt.

2. FEBRUAR – Der ČSSR-Politiker Josef Smrkovský, neben Alexander Dubček energischster Verfechter des Reformkommunismus, fordert die radikale Trennung von Partei und Staat und eine Machtverschiebung zugunsten des Parlaments.

6. APRIL – In der DDR findet ein Volksentscheid für die neue Verfassung statt. Die Zustimmung liegt offiziell bei 94,5 Prozent der Wahlberechtigten. Artikel 1 sichert den Führungsanspruch der SED auch verfassungsrechtlich.

30. MAI – Auf Weisung der SED wird die 800 Jahre alte Leipziger Universitätskirche gesprengt. Studenten, die dagegen protestieren, werden zu Haftstrafen verurteilt.

13.–15. JUNI – Der zehnte Bauernkongress der DDR beschließt den Übergang zur industriemäßigen Produktion in der Landwirtschaft.

30. JUNI – SED-Chefagitator Werner Lamberz nennt Walter Ulbricht an dessen 75. Geburtstag den »größten lebenden deutschen Marxisten-Leninisten«. Ulbricht bezeichnete – im Gegensatz zu Marx – den Sozialismus als »eine relativ selbstständige sozialökonomische Formation« auf dem Weg zum Kommunismus.

20./21. AUGUST – Truppen der Sowjetarmee, Polens, Ungarns und Bulgariens zerschlagen in der ČSSR den als »Prager Frühling«

bekannt gewordenen Versuch eines Reformkommunismus. Einheiten der Nationalen Volksarmee warten in den sächsischen Wäldern vergebens auf einen Einsatzbefehl.

1969

22./23. JANUAR – Eine »Schrittmacherkonferenz« von Ministerrat und Freiem Deutschen Gewerkschaftsbund berät in Halle über Wettbewerbsinitiativen zum 20. Jahrestag der DDR.

8. FEBRUAR – Die DDR-Behörden verweigern den Mitgliedern der Bundesversammlung der BRD, die in Westberlin den Bundespräsidenten wählen wollen, die Durchreise durch die DDR.

21./22. MÄRZ – Auf einem Kongress der Nationalen Front in Ostberlin begründet Walter Ulbricht die These von der »sozialistischen Menschengemeinschaft«, die weit »über das alte humanistische Ideal hinaus« gehe.

12. MAI – Der CDU-Vorsitzende Gerald Götting wird zum Präsidenten der Volkskammer gewählt. Er tritt die Nachfolge des verstorbenen Johannes Dieckmann (LDPD) an.

22. JULI – Laut Beschluss der Bundesregierung soll das Hissen der Fahne der DDR sowie das Spielen ihrer Hymne bei Siegesfeiern von Sportveranstaltungen nicht mehr behindert werden.

3. OKTOBER – Walter Ulbricht weiht am Alexanderplatz den neuen Fernsehturm ein. Wegen eines reflektierenden Kreuzes bei Sonnenschein auf der Kugel wird er auch »St. Walter« genannt. Am selben Tag startet ein zweites Fernsehprogramm. Es gibt die erste Farbfernsehsendung.

28. OKTOBER – Willy Brandt wird Bundeskanzler der Bundesrepublik Deutschland. Seine Politik gegenüber der DDR ist von der Devise »Wandel durch Annäherung« geprägt.

19. NOVEMBER – Die Puhdys geben in Freiberg ihr erstes öffentliches Konzert.

1970

1. Januar – In der DDR erhält jeder Bürger eine Personenkennzahl (PKZ), die alle entscheidenden Angaben zur Person enthält.

1. Januar – DDR-Grenzer beginnen mit der Installation der Selbstschussanlagen vom Typ SM-70 (Splitterminen) an den Grenzzäunen zur BRD.

3. Februar – Zwischen der DDR und der UdSSR werden umfangreiche Lieferverträge über Getreide vereinbart, die einen Versorgungsengpass in der DDR überwinden helfen sollen.

19. März – Bundeskanzler Willy Brandt trifft zu Gesprächen mit DDR-Ministerpräsident Willi Stoph auf dem Erfurter Hauptbahnhof ein. Es ist die erste Begegnung der Regierungschefs der beiden deutschen Staaten. Vor dem Hotel »Erfurter Hof« am heutigen Willy-Brandt-Platz ruft eine begeisterte Menge »Willy Brandt ans Fenster«.

19. April – In Berlin wird ein 19 Meter hohes Lenin-Denkmal des sowjetischen Bildhauers Nikolai Tomski eingeweiht. Im vereinten Berlin wird das Denkmal wieder abgerissen, der Lenin-Platz in Platz der Vereinten Nationen umbenannt.

21. Mai – Willi Stoph reist zu Gesprächen mit Willy Brandt nach Kassel. Er fordert die völkerrechtliche Anerkennung der DDR und die Abkehr von »innerdeutschen« Beziehungen. Brandt erläutert die Politik der Bundesregierung, die auf Gleichberechtigung und Unverletzbarkeit der Grenzen gerichtet sei, jedoch den Zusammenhalt der Nation bewahren wolle.

1. Juli – Waren aus der DDR werden nicht mehr mit dem Qualitätssiegel »Made in Germany« gekennzeichnet, sondern mit »Made in GDR«.

28. Juli – Ohne Absprache mit Walter Ulbricht, der sich im Urlaub befindet, fliegt Erich Honecker nach Moskau, um Leonid Breshnew für die Entmachtung Ulbrichts zu gewinnen.

7. Oktober – In Erfurt öffnet die erste »Goldbroiler«-Gast-
stätte der DDR. Die gegrillten Hähnchen werden vom Kombinat Industrielle Mast (KIM) in 56 Tagen vom Schlüpfen bis
zur Schlachtreife gebracht. Preis für einen halben Broiler: 3,50
Mark.

27. November – Die Staatssekretäre Egon Bahr vom Bundeskanzleramt und Michael Kohl vom DDR-Ministerrat nehmen
die Arbeit am Grundlagenvertrag zwischen beiden deutschen
Staaten auf.

1971

1. Januar – Die in der DDR durchgeführte dritte Volkszählung
registriert 17.053.699 Bürger.

21. Januar – Dreizehn Mitglieder und Kandidaten des SED-Politbüros beschweren sich in einem geheim gehaltenen Brief an
Kreml-Chef Leonid Breshnew über Ulbrichts Führungsstil.

3. Mai – Walter Ulbricht (77) erklärt auf einer ZK-Tagung seinen Rücktritt als Parteichef und nennt gesundheitliche Gründe.
Nachfolger wird sein politischer Ziehsohn Erich Honecker (58).

15.–19. Juni – In Berlin findet der achte SED-Parteitag statt.
Walter Ulbricht, der ihn eröffnen sollte, bleibt fern. Honecker
brandmarkt dessen auf Schwerpunkte gerichtete Wirtschaftspolitik mit der Bemerkung, »allzu viele außerplanmäßige Wunder« seien nicht zu verkraften. Honecker verkündet ein sozial-
politisches Programm.

7. Juli – Chefredakteur des Zentralorgans des ZK der SED,
»Neues Deutschland«, wird der vormalige Staatssekretär für
Gesamtdeutsche Fragen, Joachim Herrmann.

3. September – Das Viermächteabkommen der USA, der UdSSR,
Großbritanniens und Frankreichs über Berlin wird unterzeichnet. Es bestätigt die Aufrechterhaltung der Bindungen zwischen
Westberlin und der Bundesrepublik und garantiert die Sicherheit der Zufahrtswege.

30. SEPTEMBER – Der angeblich in der BRD von der verbotenen KPD illegal betriebene »Deutsche Freiheitssender 904« sowie der »Deutsche Soldatensender« stellen im Rahmen der Normalisierung der deutsch-deutschen Beziehungen ihre Sendungen aus dem Raum Magdeburg ein.

9. OKTOBER – Das vom sowjetischen Bildhauer Lew Kerbel geschaffene Marx-Denkmal in Karl-Marx-Stadt wird enthüllt. Es handelt sich um einen 42 Tonnen schweren Bronzekopf (auf sächsisch: »Nischel«).

15. NOVEMBER – Aus dem ehemaligen »Deutschlandsender« und der »Berliner Welle« entsteht der Sender »Stimme der DDR«.

16./17. DEZEMBER – Auf ihrer vierten ZK-Tagung macht die SED die Liquidierung der privaten und halbstaatlichen Betriebe offiziell zu ihrer nächsten Aufgabe. CDU, LDPD und NDPD begrüßen das Vorgehen der SED und leisten »Schützenhilfe«

20. DEZEMBER – In Ostberlin wird die »Vereinbarung zwischen dem Senat und der Regierung der DDR über Erleichterungen und Verbesserungen des Reise- und Besucherverkehrs« unterzeichnet. Westberlinern wird es gestattet, ein oder mehrmals bis zu dreißig Tage im Jahr »aus humanitären, familiären, religiösen, kulturellen und touristischen Gründen« die DDR zu besuchen.

21. DEZEMBER – Das SED-Politbüro und der Ministerrat kündigen eine gesetzliche Regelung an, nach der jede Frau selbst entscheiden kann, ob sie ihre Schwangerschaft unterbrechen möchte. Nach Ablauf des dritten Monats ist eine Unterbrechung aber nur möglich, wenn beispielsweise das Leben der Mutter in Gefahr ist.

1972

1. JANUAR – Mit einem feierlichen Zeremoniell auf der »Brücke der Freundschaft« in Frankfurt (Oder) wird der pass- und visafreie Verkehr zwischen der DDR und Polen eingeführt. Bis April folgen die ČSSR und Bulgarien.

6. JANUAR – In einer Rede vor Soldaten der NVA auf der Insel Rügen bezeichnet Erich Honecker die Bundesrepublik zum ersten Mal als Ausland.

29. JANUAR – Im Berliner Friedrichstadtpalast hat die Fernseh-Reihe »Ein Kessel Buntes« Premiere. Durch das Programm führen die drei »Dialektiker«, die bald wegen allzu gesellschaftskritischer »Randbemerkungen« die Unterhaltungsshow verlassen müssen.

11. FEBRUAR – Der Deutsche Fernsehfunk wird in »Fernsehen der DDR« umbenannt.

9. MÄRZ – Die Volkskammer beschließt das Gesetz über die Schwangerschaftsunterbrechung. 14 Gegenstimmen zur Besänftigung der Kirchen stellt die CDU-Fraktion.

27. APRIL – Im Deutschen Bundestag scheitert das von CDU/CSU unter Rainer Barzel beantragte konstruktive Misstrauensvotum gegen Willy Brandt.

28. APRIL – Auf Beschluss des Ministerrates erhalten frisch vermählte Ehepaare bis zum Alter von 26 Jahren ein zinsloses Darlehen von 5.000 Mark, das innerhalb von acht Jahren zurückzuzahlen ist. Mit gestaffelten Prämien wird der Kredit bei der Geburt von drei Kindern völlig erlassen.

18. MAI – Mit der Verstaatlichung der Privatbetriebe in der DDR entstehen 11.300 neue VEB mit 585.000 Beschäftigten. Damit ist der »kapitalistische« Produktionssektor verschwunden. Das Angebot an Erzeugnissen des täglichen Bedarfs, das zu vierzig Prozent aus diesen Betrieben kam, geht rapide zurück.

24. JULI – Zwischen Westberlin und 32 Ortsnetzen der DDR wird der Selbstwählfernverkehr im Telefondienst freigegeben.

10. SEPTEMBER – Die Kommunistin Angela Davis, die in den USA unter einer dubiosen Mordanklage stand, wird bei ihrem Besuch in der DDR begeistert gefeiert. Eine der größten Solidaritäts-Kampagnen der FDJ lautete: »Freiheit für Angela Davis!«.

16. OKTOBER – Ehemaligen Bürgern der DDR, die vor dem 1. Januar 1972 das Land verlassen haben, wird die Staatsbürgerschaft aberkannt.

21. November – Die DDR wird der 131. Mitgliedsstaat der UNESCO.

27. November – Besucher aus der Volksrepublik Polen, die mit ihren Einkäufen in der DDR angeblich die Versorg beeinträchtigen, dürfen nur noch jeweils 200 Mark eintauschen.

1. Dezember – Die Bundesrepublik Deutschland eröffnet in Chinas Hauptstadt Peking eine diplomatische Vertretung.

21. Dezember – DDR-Staatssekretär Michael Kohl und Bundesminister Egon Bahr unterzeichnen in Ostberlin den von ihnen ausgehandelten Grundlagenvertrag zwischen der DDR und der BRD. Er regelt die Unverletzlichkeit der Grenzen, die Anerkennung der Vier-Mächte-Verantwortung und den Austausch von Ständigen Vertretern zwischen den Regierungen der DDR und der BRD, erkennt aber nicht die DDR-Staatsbürgerschaft an. Der Vertrag tritt am 21. Juni 1973 in Kraft.

1973

5. Januar – Als Folge der Ost- und Entspannungspolitik nehmen am Anfang des Jahres weitere Staaten, darunter Italien, Spanien, die Niederlande, Frankreich und Großbritannien, diplomatische Beziehungen zur DDR auf. Die Hallstein-Doktrin ist gescheitert.

12. Januar – Zum Neujahrsempfang des DDR-Staatsratsvorsitzenden Honecker erscheinen Missionschefs aus 70 Staaten.

5.–7. März – In der DDR werden erstmals Korrespondenten der ARD, des ZDF sowie von Zeitungen und Zeitschriften aus der Bundesrepublik Deutschland akkreditiert.

27. März – Das Politbüro des ZK der SED beschließt, auf dem Marx-Engels-Platz, dem ehemaligen Schlossplatz, einen »Palast der Republik« zu bauen, der auch die Volkskammer der DDR aufnehmen soll.

29. April – Im Berliner Filmtheater »Kosmos« hat »Die Legende von Paul und Paula« von Heiner Carow nach dem Buch von Ulrich Plenzdorf Premiere.

31. MAI – Treffen zwischen Erich Honecker und dem Fraktionsvorsitzenden der SPD im Deutschen Bundestag Herbert Wehner am Werbellinsee in der DDR.

1. JUNI – Neue Geldscheine mit der Aufschrift »Mark der Deutschen Demokratischen Republik« werden in Umlauf gebracht

28. JULI–6. AUGUST – Zu den 10. Weltfestspielen der Jugend und Studenten in Berlin kommen acht Millionen Menschen nach Ostberlin. 25.000 ausländische Gäste reisen an. So international hatte sich Ostberlin nach dem Mauerbau noch nicht präsentiert.

1. AUGUST – Der Vorsitzende des Staatsrates der DDR Walter Ulbricht stirbt im Alter von 80 Jahren. Die Trauerfeier wird auf die Zeit nach den Weltfestspielen verlegt.

18. SEPTEMBER – Die DDR wird als 133. Staat Mitglied der Organisation der Vereinten Nationen.

2. OKTOBER – Das ZK der SED beschließt das Wohnungsbauprogramm – drei Millionen Wohnungen sollen bis 1990 entstehen. Damit soll das Wohnungsproblem in der DDR gelöst sein.

3. OKTOBER – Die Volkskammer wählt Willi Stoph zum Vorsitzenden des Staatsrates der DDR. Am selben Tag wird Horst Sindermann sein Nachfolger im Amt des Vorsitzenden des Ministerrates.

2. NOVEMBER – SED-Generalsekretär Erich Honecker legt den Grundstein für den Palast der Republik.

15. NOVEMBER – Eine Verdopplung des Mindestumtauschs für Besucher aus »nichtsozialistischen Staaten und West-Berlin« wird wirksam. Damit müssen ab sofort beim Besuch der DDR pro Tag 20 DM und beim Besuch Ostberlins 10 DM zum Kurs 1:1 umgetauscht werden.

21. NOVEMBER – In den Zwickauer Sachsenring-Werken verlässt der millionste Personenkraftwagen »Trabant« die Montagehalle.

13. DEZEMBER – Thälmann-Pioniere, das sind in der Pionierorganisation »Ernst Thälmann« organisierte Schüler ab der vierten Klasse, tragen fortan ein rotes Halstuch. Das blaue Tuch ist künftig nur noch den Jungpionieren der Klassen eins bis drei

vorbehalten. Die drei Ecken des Halstuches symbolisieren Schule, Elternhaus und Pionierorganisation.

19. DEZEMBER – Ab sofort dürfen auch DDR-Bürger in den bis dahin westlichen Besuchern vorbehaltenen »Intershop«-Läden für Westgeld einkaufen.

1974

1. JANUAR – Das bei Auslandsfahrten vorgesehene Landeskennzeichen »D« an Kraftfahrzeugen wird durch ein »DDR«-Schild ersetzt.

10. JANUAR – Der Vorsitzende der Pionierorganisation »Ernst Thälmann«, Egon Krenz, wird mit 36 Jahren 1. Sekretär des Zentralrats der FDJ. Die obere Grenze des FDJ-Mitgliedsalters liegt bei 25 Jahren.

24. APRIL – Günter Guillaume, persönlicher Referent von Bundeskanzler Willy Brandt, und seine Frau Christel werden als DDR-Spione verhaftet. Kurz darauf tritt Brandt als Kanzler zurück.

2. MAI – In Berlin und Bonn nehmen Ständige Vertretungen der BRD und der DDR bei den Regierungen beider deutscher Staaten ihre Arbeit auf. Ein Botschafts-Status bleibt ihnen versagt.

22. JUNI – Eines der berühmtesten Tore der deutschen Fußballgeschichte schießt der Magdeburger Jürgen Sparwasser von der DDR-Auswahl beim 1:0 im Vorrunden-Spiel der DDR in Hamburg gegen die BRD bei der Fussball-Weltmeisterschaft.

4. SEPTEMBER – Die Vereinigten Staaten von Amerika nehmen diplomatische Beziehungen zur DDR auf. Damit haben alle Siegermächte des Zweiten Weltkrieges die DDR diplomatisch anerkannt.

27. SEPTEMBER – Aus der DDR-Verfassung von 1968 werden alle Hinweise auf Deutschland und eine Wiedervereinigung sowie auf die deutsche Nation ausgemerzt. Die DDR ist nun nicht mehr ein »sozialistischer Staat deutscher Nation« sondern ein »sozialistischer Staat der Arbeiter und Bauern«. Die National-

hymne mit der Formulierung »Deutschland, einig Vaterland« wird nicht mehr gesungen.

5.–8. OKTOBER – Kreml-Chef Leonid Breshnew weilt anlässlich der Festlichkeiten zum 25. Jahrestag der DDR in Ostberlin.

18. NOVEMBER – Beim Bau des Palastes der Republik in Berlin wird Richtfest gefeiert.

22. NOVEMBER – Die »deutsche presseagentur« (dpa) der Bundesrepublik und der »Allgemeine Deutsche Nachrichtendienst« (ADN) der DDR vereinbaren den Austausch von Nachrichten.

1975

1. JANUAR – Die Sonntags-Beilagen aller DDR-Tageszeitungen werden eingestellt, andere Blätter werden dünner bzw. erscheinen in größeren Abständen. Hintergrund ist ein permanenter Papiermangel.

25. MÄRZ – Als erstes westliches Land erkennt Österreich die Staatsbürgerschaft der DDR an.

17. APRIL – Der nach Jurek Beckers Roman von Frank Beyer gedrehte DEFA-Film »Jakob der Lügner« kommt in die Kinos. Er wird für den »Oscar« nominiert.

27. APRIL – In Berlin werden die ersten »Trassenbauer« aus der DDR zum Bau der »Drushba-Trasse« von Orenburg nach Ushgorod verabschiedet. Am Bau der Erdgasleitung beteiligen sich Bauleute aus sieben sozialistischen Ländern.

17. JULI Erstes amerikanisch-sowjetisches »Rendezvous im All«. Die sowjetische Raumkapsel »Sojus 19« koppelt an das amerikanischen Raumschiff »Apollo 18« an.

30. JULI – Durch seine Teilnahme an der KSZE-Konferenz in Helsinki findet Erich Honecker die Souveränität der DDR international anerkannt. Er trifft erstmals mit Bundeskanzler Helmut Schmidt zusammen.

1. AUGUST – Die Schlussakte der »Konferenz für Sicherheit und Zusammenarbeit in Europa« wird von 35 Staaten unterzeich-

net. Viele Bürgerrechtler werden sich von nun an auf die darin verankerten Menschenrechte berufen.

19. AUGUST – Der CDU-Vorsitzende Helmut Kohl reist mit seiner Familie privat nach Leipzig.

22. SEPTEMBER – Die von Klaus Jentzsch gegründete und unter der Jugend populäre DDR-Rock-Band »Renft« wird verboten.

7. OKTOBER – Unterzeichnung des zweiten (nach 1955) »Vertrages über Freundschaft, Zusammenarbeit und gegenseitigen Beistand« zwischen der DDR und der UdSSR.

26. OKTOBER – SED-Politbüro und Ministerrat stiften den Titel »Held der DDR« für »Heldentaten bei der Gewährleistung des militärischen Schutzes und der staatlichen Sicherheit«. Die Verleihung erfolgt auf Vorschlag des Nationalen Verteidigungsrates durch den Staatsratsvorsitzenden.

15. DEZEMBER – Günter Guillaume und seine Ehefrau werden vom Oberlandesgericht Düsseldorf wegen Spionage für die DDR in der Bundesrepublik zu 13 bzw. acht Jahren Haft verurteilt.

16. DEZEMBER – Ausweisung des Ostberliner Korrespondenten des Nachrichtenmagazins »Der Spiegel« Jörg Mettke, weil er über Zwangsadoptionen in der DDR berichtet hat.

1976

26. JANUAR – Der westdeutsche Journalist Rainer Schubert wird als »Fluchthelfer« in Ostberlin wegen »staatsfeindlichen Menschenhandels« zu 15 Jahren Gefängnis verurteilt.

25. APRIL – Auf dem ehemaligen Schlossplatz in Ostberlin wird der »Palast der Republik« eröffnet, in dem auch die Volkskammer ihr Domizil hat.

30. APRIL – Michael Gartenschläger, ein aus der DDR »freigekaufter« politischer Häftling, wird an der DDR-Grenze erschossen. Bei der Demontage einer Selbstschussanlage von der Westseite aus war er in eine Stasi-Falle geraten.

18.–22. MAI – Auf dem neunten SED-Parteitag wird Erich Honecker zum Generalsekretär des ZK der SED gewählt. Ein neues SED-Programm schreibt die führende Rolle der SED in allen Bereichen der Gesellschaft fest.

27. MAI – In der DDR wird die 42-Stunden-Woche für Schichtarbeiter und die 43 3/4-Stunden-Woche für alle anderen Werktätigen eingeführt.

13. AUGUST – Der Versandhandel von HO und Konsum in der DDR wird wegen allzu großer Diskrepanz zwischen Bestellungen und Auslieferungen eingestellt.

15. AUGUST – Der 47-jährigen Pfarrers Oskar Brüsewitz verbrennt sich aus Protest gegen die SED-Politik auf dem Marktplatz von Zeitz. In einem mit A.Z. unterzeichneten Kommentar im »Neuen Deutschland« wird er als »pervers« und »geisteskrank« diffamiert. Zahlreiche Bürger, darunter Mitglieder der SED, und offizielle Kirchenkreise protestieren dagegen.

15. SEPTEMBER – Die Kosmonauten Waleri Bykowski und Wladimir Axjonow fotografieren bei ihren Erdumrundungen mit »Sojus 22« mit der vom VEB Carl Zeiss Jena entwickelten Multispektralkamera (MKF 6) die Erdoberfläche.

29. OKTOBER – Horst Sindermann wird als Regierungschef abgelöst und zum Präsidenten der Volkskammer gewählt. Staatsratsvorsitzender Willi Stoph wird erneut Vorsitzender des Ministerrates und SED-Chef Erich Honecker Staatsoberhaupt der DDR.

16. NOVEMBER – Der Liedermacher Wolf Biermann wird nach einem Konzert für die IG Metall in der Bundesrepublik, das von der ARD übertragen wird, aus der DDR ausgebürgert. Unter den DDR-Künstlern löst die »Biermann-Affäre« Proteste aus. Viele Prominente Künstler verlassen die DDR.

26. NOVEMBER – DDR-Regimekritiker Robert Havemann wird unter Hausarrest gestellt, er darf sein Haus in Grünheide bei Berlin nicht verlassen.

22. DEZEMBER – ARD-Korrespondent Lothar Loewe wird aus der DDR ausgewiesen. In einem Kommentar über das DDR-Grenzregime bezichtigte er die Grenzer: »Sie schießen auf Menschen wie auf Hasen.«

11. Januar – In Ostberlin werden fortan DDR-Bürger, die die Ständige Vertretung der BRD in der Hannoverschen Straße aufsuchen wollen, von der Volkspolizei kontrolliert.

17. Februar – Erich Honecker gesteht in einem Interview mit der »Saarbrücker Zeitung« ein, dass rund 10.000 DDR-Bürger Ausreiseanträge gestellt haben. Er verlangt erneut die Anerkennung der DDR-Staatsbürgerschaft.

20. Juni – Nach der Genehmigung seines Ausreiseantrages verlässt Manfred Krug die DDR. Vom SED-Regime wegen seines Protestes gegen die Biermann-Ausbürgerung kaltgestellt, übersiedelt der beliebte Schauspieler mit Familie nach Westberlin.

23./24. Juni – Um den internationalen Rückstand auf dem Gebiet der elektronischen Datenverarbeitung aufzuholen, beschließt die SED-Führung die bevorzugte Entwicklung auf diesem Gebiet und die Bildung entsprechender Kombinate.

30. Juli – Der Chef der Dresdner Bank Jürgen Ponto wird von den RAF-Mitgliedern Christian Klar, Brigitte Mohnhaupt und Susanne Albrecht erschossen. Albrecht und andere RAF-Mitglieder tauchen später in der DDR mit falscher Identität unter.

23. August – Der DDR-Regimekritiker Rudolf Bahro, dessen kritisches Buch über den DDR-Sozialismus »Die Alternative« nur im Westen erschien, wird verhaftet.

26. August – Der regimekritische Schriftsteller Jürgen Fuchs sowie die Musiker Christian Kunert und Gerulf Pannach werden in die BRD abgeschoben.

21. September – Aufgrund des chronischen Mangels in der DDR dürfen bei Einreisen aus dem westlichen Ausland unbeschränkt Kaffee, Kakao und Schokolade mitgebracht werden.

23. September – Der Kaffeepreis auf dem Weltmarkt hat sich innerhalb von zwei Jahren verdreifacht, die DDR gibt in diesem Jahr 300 Millionen Dollar für Kaffee-Importe aus.

7. Oktober – Auf dem Berliner Alexanderplatz kommt es bei den Feierlichkeiten zum Geburtstag der DDR zu Massenschlägereien

zwischen Jugendlichen und der Volkspolizei mit drei Toten und zahlreichen Verletzten.

1978

10. JANUAR – »Spiegel«-Korrespondent Ulrich Schwarz wird aus der DDR ausgewiesen. Das Nachrichtenmagazin hatte das »Manifest« einer »demokratischen Opposition der DDR« veröffentlicht. Außerdem wird Schwarz der Unterstützung für die Publikation von Rudolf Bahros Buch »Die Alternative« bezichtigt.

6. MÄRZ – SED-Sekretär und Politbüromitglied Werner Lamberz, als »Kronprinz« Honeckers im Gespräch, der Chef der SED-Auslandsabteilung, Paul Markowski, der Dolmetscher Armin Ernst und der ADN-Fotograf Achim Spremberg kommen bei einem Hubschrauberabsturz in Libyen ums Leben.

13. MÄRZ – Der Staatsrat beschließt die Stiftung des Ehrentitels »Fliegerkosmonaut der Deutschen Demokratischen Republik«.

14. MÄRZ – Planungschef Gerhard Schürer unterrichtet Honecker in einem Brief, dass sich die DDR »in akuten Zahlungsschwierigkeiten« befindet. Honecker weist die Besorgnisse zurück.

30. JUNI – Der Regimekritiker Rudolf Bahro wird vom Berliner Stadtgericht u.a. wegen »geheimdienstlicher Verbindungsaufnahme« und »Geheimnisverrat« zu acht Jahren Freiheitsentzug verurteilt. Sein Verteidiger ist der Rechtsanwalt Gregor Gysi.

6. JULI – Honecker übergibt in Berlin-Marzahn die millionste Wohnung, die seit dem siebten Parteitag fertiggestellt wurde.

7. JULI – Der Ostberliner Wehrdienstverweigerer Nico Hübner wird zu fünf Jahren Freiheitsentzug verurteilt. Bei der Verweigerung des Wehrdienstes hatte er sich auf den von den Alliierten proklamierten »entmilitarisierten Status« von Berlin berufen.

26. AUGUST – Sigmund Jähn startet an der Seite von Waleri Bykowski im sowjetischen Raumschiff »Sojus 31« als erster Deutscher in den Weltraum.

1. SEPTEMBER – In den Schulklassen 9 und 10 wird mit acht Doppelstunden im Jahr der besonders von den Kirchen scharf kritisierte Wehrkundeunterricht eingeführt.

3. SEPTEMBER – Eine offizielle DDR-Delegation unter Leitung des stellvertretenden Staatsratsvorsitzenden und CDU-Vorsitzenden Gerald Götting weilt zur Amtseinführung von Papst Johannes Paul I in Rom.

21.–29. SEPTEMBER – Der erste Deutsche im Weltall, Sigmund Jähn, und sein russischer Partner Waleri Bykowski bereisen die DDR und werden in Städten und Gemeinden als Helden gefeiert.

16. OKTOBER – Der Erzbischof von Krakau, Karol Kardinal Wojtyła, wird zum Papst gewählt und nennt sich Johannes Paul II.

16. NOVEMBER – Zwischen der DDR und der Bundesrepublik wird der Bau der Autobahn zwischen Berlin und Hamburg vereinbart.

31. DEZEMBER – Deutschland versinkt im Schnee. Ein plötzlicher Temperatursturz und tagelang anhaltender Schneefall bescheren dem Norden und Osten der DDR eine Winterkatastrophe unvorhergesehenen Ausmaßes. Teile des Landes sind von der Versorgung abgeschnitten, der Verkehr kommt zum Erliegen, die Energieversorgung bricht zu großen Teilen zusammen, die Insel Rügen muss aus der Luft versorgt werden, in der Landwirtschaft sind erhebliche Tierverluste zu beklagen.

1979

19. JANUAR – Der MfS-Offizier Werner Stiller setzt sich in die Bundesrepublik Deutschland ab. Danach werden zahlreiche DDR-Agenten im Westen enttarnt.

1. FEBRUAR – Volksbildungsministerin Margot Honecker erlässt eine Direktive, nach der an den Schulen Wehrunterricht mit Waffenausbildung für Jungen und Mädchen eingeführt werden soll.

6. MÄRZ – Ursel Lorenzen, die seit den sechziger Jahren als

Sekretärin im Brüsseler Hauptquartier der NATO arbeitete und über einen »Romeo« zur MfS-Spionin wurde, setzt sich kurz vor ihrer Enttarnung in die DDR ab.

17./18. MÄRZ – In Frankfurt/Main gründen sich »Die Grünen« als Vereinigung, um an den Europawahlen teilzunehmen. Spitzenkandidatin wird Petra Kelly.

5. APRIL – UN-Generalsekretär Kurt Waldheim trifft zu einem viertägigen DDR-Besuch in Berlin ein. Er empfängt die Ehrendoktorwürde der Humboldt-Universität.

16. APRIL – DDR-Bürger dürfen in Intershops nur noch mit Forumschecks bezahlen, die von DDR-Banken gegen Westgeld ausgegeben werden.

22.–25. APRIL – Der DDR-Schriftsteller Stefan Heym und der Physiker Robert Havemann stehen wegen »Devisenvergehen« vor Gericht. Tatsächlich werden ihnen ihre Veröffentlichungen im Westen vorgeworfen.

1.–3. JUNI – Zu Pfingsten findet in Berlin das »Nationales Jugendfestival der FDJ« mit rund 700.000 Teilnehmern und 2.000 Veranstaltungen statt.

7. JUNI – Neun Schriftsteller, darunter Kurt Bartsch, Stefan Heym, Karl-Heinz Jacobs, Klaus Schlesinger, Rolf Schneider und Joachim Seyppel, werden aus dem DDR-Schriftstellerverband ausgeschlossen.

28. JUNI – Die DDR-Volkskammer verschärft die Gesetze gegen politische Gegner. So werden künftig ungenehmigte Veröffentlichungen im Westen als staatsfeindliche Hetze verfolgt.

16. SEPTEMBER – In Thüringen fliehen zwei Familien mit einem selbstgebauten Heißluftballon in die Bundesrepublik.

4.–8. OKTOBER – Der sowjetische Partei- und Staatschef Leonid Breshnew kündigt bei seinem Besuch in Ostberlin den Abzug von 20.000 sowjetischen Soldaten und 1.000 Panzern aus der DDR an. Das hängt offensichtlich mit dem bevorstehenden Einmarsch in Afghanistan zusammen.

13. DEZEMBER – Die SED-Führung kritisiert den NATO-Doppelbeschluss, der die Aufstellung von Atomraketen in Westdeutschland vorsieht, und begründet damit die Erhöhung des Verteidigungs-Etats.

14. DEZEMBER – Bei einer Amnestie zum 30. Jahrestag der DDR werden knapp 13.000 Häftlinge entlassen, darunter Rudolf Bahro, der in den Westen ausgewiesen wird.

25. DEZEMBER – Sowjetische Truppen marschieren in Afghanistan ein, ihr Statthalter wird Babrak Kamal, der durch Truppenstationierung eine enge Anbindung an die UdSSR anstrebt. Nach aussichtslosem Kampf gegen die fanatisch-religiösen Mudschahedin ziehen die letzten sowjetischen Truppenteile erst 1989 wieder ab. Bis dahin gab es bis zu 1,5 Millionen Opfer auf afghanischer Seite sowie 15.000 gefallene Sowjetsoldaten.

DIE ACHTZIGER JAHRE

1980

2. JANUAR – Das klassizistische Reiterstandbild von Preußenkönig Friedrich dem Großen wird wieder an seinem alten Platz in Berlin Unter den Linden aufgestellt.

29. JANUAR – Im traditionsreichen alten Friedrichstadtpalast, der bereits Zirkus, Theater und Varieté war, findet die letzte Vorstellung statt. Ein neuer Palast ist in der Friedrichstraße geplant.

30. JANUAR – Aus Protest gegen den Einmarsch der UdSSR in Afghanistan sagt Bundeskanzler Helmut Schmidt ein Treffen mit Erich Honecker ab.

8. MAI – Am Rande der Trauerfeier für den verstorbenen jugoslawischen Präsidenten Josip Broz Tito treffen in Belgrad Bundeskanzler Schmidt und Erich Honecker zusammen.

19. Juli–3. August – Die Olympischen Spiele in Moskau werden von 30 westlichen Ländern, darunter USA und BRD, aus Protest gegen den Einmarsch der UdSSR in Afghanistan boykottiert.

25. August – Der britische Verleger Robert Maxwell überreicht dem SED-Chef an dessen 68. Geburtstag die erste Ausgabe der Honecker-Memoiren »Aus meinem Leben«, die in der Reihe »Leaders of the World« erscheinen.

31. August – Der Streikführer auf der Danziger Werft Lech Wałęsa und der stellvertretende polnische Ministerpräsident Mieczysław Jagielski unterzeichnen das »Danziger Abkommen«. Darin sind das Streikrecht und das Recht zur Gründung unabhängiger Gewerkschaften verbürgt.

13. Oktober – Der Devisen-Zwangsumtausch für Westbesucher in der DDR wird von 13 auf 25 DM pro Tag erhöht, für Westberliner von 6,50 DM auf ebenfalls 25 DM. Die Besucherzahlen gehen erwartungsgemäß zurück.

13. Oktober – In einer Rede in Gera fordert Honecker von der BRD die Anerkennung der DDR-Staatsbürgerschaft, den Grenzverlauf in der Flussmitte der Elbe, die Auflösung der Erfassungsstelle für DDR-Verbrechen in Salzgitter und die Umwandlung der Ständigen Vertretungen in Bonn und Ostberlin in Botschaften.

30. Oktober – Angesichts der politischen Lage in Polen werden bei beabsichtigten Besuchsreisen von DDR-Bürgern nach Polen Einladungen verlangt.

10.–13. November – Mit der Republik Österreich besucht Erich Honecker als Staatsoberhaupt erstmals ein westliches Land.

5. Dezember – Die Warschauer-Pakt-Staaten erörtern in Moskau die Lage in Polen, wo die Gewerkschaft »Solidarność« der PVAP die Führungsrolle abspricht.

31. Dezember – In der DDR erscheinen zu diesem Zeitpunkt 39 Tageszeitungen mit täglich fast neun Millionen Exemplaren, 31 Illustrierte und Wochenzeitungen mit einer Gesamtauflage von 9,3 Millionen sowie 523 weitere Zeitschriften mit zusammen 2,5 Millionen Exemplaren.

19. MÄRZ – Aufgrund eigener wirtschaftlicher Probleme kürzt die UdSSR ihre Erdöllieferungen an die RGW-Partner. Statt der vereinbarten 19 bekommt die DDR in diesem Jahr nur 17,1 Millionen Tonnen und muss zusätzlich Erdöl im Westen kaufen.

10. APRIL – Der DDR-Oppositionelle Matthias Domaschk wird von der Stasi im Zug von Jena nach Berlin verhaftet. Er stirbt zwei Tage später in der Geraer Haftanstalt.

11.–16. APRIL – Auf dem zehnten SED-Parteitag wird die Linie von der Einheit von Wirtschafts- und Sozialpolitik bestätigt. Günter Schabowski wird Kandidat des SED-Politbüros.

13. MAI – Auf dem Petersplatz in Rom wird Papst Johannes Paul II. von dem türkischen Attentäter Ali Acge durch drei Schüsse lebensgefährlich verletzt. Der Verdacht wurde nie ausgeräumt, dass der Auftrag aus Moskau kam.

16. MAI – Bei einem Geheimtreffen in Berlin erörtern Breshnew, Honecker und Husák aus der ČSSR die Lage in Polen.

25.–31. MAI – Beim Besuch Honeckers in Japan wird die Lieferung von 10.000 Pkw der Marke »Mazda« in die DDR vereinbart. Die Autos werden überwiegend an Privilegierte, z.B. Künstler und Funktionäre, verkauft.

29. MAI – Der nicht nur in Kirchenkreisen umstrittene Wehrkundeunterricht wird auch in den Klassen 11 und 12 der Erweiterten Oberschulen eingeführt.

26. JUNI – In Leipzig wird nach einem Geheimprozess der MfS-Hauptmann Werner Teske per Genickschuss hingerichtet. Er hatte versucht, sich in den Westen abzusetzen.

13. AUGUST – Der 20. Jahrestag des Mauerbaus wird von der SED in Ostberlin mit einer großen Militärparade gefeiert.

14. AUGUST – Streik von 17.000 Beschäftigten der Danziger Leninwerft in Polen. Sie verbinden ihren Protest mit politischen Forderungen.

20. AUGUST – 150 europäische Schriftsteller, z.B. Heinrich Böll und Anna Seghers, unterzeichnen einen Appell gegen das Wettrüsten.

1. OKTOBER – Günter Guillaume, der den damaligen Kanzler Willy Brandt für die DDR ausspionierte und 1974 verhaftet wurde, wird im Zuge eines Agentenaustauschs in die DDR entlassen.

8. OKTOBER – Das für 100 Millionen Mark gebaute neue Gewandhaus in Leipzig wird eingeweiht. Zur Eröffnung dirigiert Gewandhauskapellmeister Kurt Masur.

11.–13. DEZEMBER – Erich Honecker und Helmut Schmidt treffen sich am Werbellinsee in der DDR. Schmidt besucht auch die von Sicherheitskräften belagerte Stadt Güstrow.

13. DEZEMBER – Die polnische Führung unter Wojciech Jaruzelski verhängt das Kriegsrecht. Damit soll die für Freiheit und Demokratie kämpfende Gewerkschaftsbewegung Solidarność unterdrückt, aber auch einem möglichen Einmarsch von Staaten des Warschauer Paktes vorgebeugt werden.

14. DEZEMBER – Begegnung von Schriftstellern der DDR und der BRD in Ostberlin zur europäischen Friedensförderung.

1982

25. JANUAR – Der Berliner Pfarrer Rainer Eppelmann wird als maßgeblicher Autor des Appells »Frieden schaffen ohne Waffen«, der einen Verzicht auf Nuklearwaffen fordert, verhaftet.

7. MÄRZ – In Ostberlin stirbt der berühmte Regisseur Konrad Wolf (»Ich war 19«, »Der geteilte Himmel«, »Solo Sunny«), Sohn des Dramatikers Friedrich Wolf und Bruder des Chefs der MfS-Auslandsspionage Markus Wolf.

9. MÄRZ – Der Vorsitzende der PLO, Palästinenser-Führer Jassir Arafat, wird wie ein Staatsoberhaupt von Erich Honecker empfangen. Die palästinensische Vertretung in der DDR erhält den Status einer Botschaft.

18. MÄRZ – Während der Leipziger Messe trifft SED-Wirtschaftssekretär Günter Mittag mit Bundeswirtschaftsminister Otto Graf Lambsdorff (FDP) zusammen. Am selben Tag treffen in

Ostberlin erstmals offiziell Abgeordnete der Volkskammer und des Bundestages aufeinander.

29. MÄRZ – Der polnische Parteichef Wojciech Jaruzelski besucht die DDR. Um die materielle Not in Polen zu lindern, werden sowohl in der DDR als auch in der BRD Hilfsaktionen gestartet.

9. APRIL – In Grünheide bei Berlin stirbt der DDR-Regimekritiker, Physiker und Philosoph Robert Havemann im Alter von 72 Jahren.

1. MAI – Die DDR-Führung legalisiert mit dem Gesetz über die Staatsgrenze den Waffeneinsatz gegen »Grenzverletzer«.

15. MAI – Die ersten jungen Trassenbauer aus der DDR reisen zum Bau der neuen Erdgastrasse in die UdSSR. Sie übernehmen den DDR-Anteil beim Bau der 4.451 km langen Gasleitung von Urengoi nach Ushgorod als »Jugendobjekt Erdgastrasse«.

15. JULI – Die UdSSR beginnt mit der Stationierung nuklearer Kurzstrecken-Raketen »SS 20« in der DDR.

1. SEPTEMBER – Der Dissident Roland Jahn aus Jena wird verhaftet, weil er für Solidarität mit der polnischen Gewerkschaft »Solidarność« demonstriert.

10. NOVEMBER – Der sowjetische Partei- und Staatschef Leonid Breshnew (76) stirbt, Nachfolger als KPdSU-Generalsekretär wird der ehemalige KGB-Chef Juri Andropow.

20. NOVEMBER – Die 265 Kilometer lange, von der BRD finanzierte Autobahn zwischen Berlin und Hamburg wird nach vier Jahren Bauzeit für den Verkehr freigegeben.

3. DEZEMBER – Wegen der Energiekrise in den Ländern des Ostblocks wird der Braunkohle-Abbau in den Tagebauen der DDR verstärkt.

1983

15. JANUAR – Die Partei- und Staatsführer der Warschauer-Pakt-Staaten bieten bei ihrem Treffen in Prag dem Westen Gewaltverzicht und Abrüstung an. Sie reagieren auf den Plan der

NATO, in Westeuropa 108 zusätzliche Pershing-II-Raketen zu stationieren.

6. MÄRZ – Bei den Wahlen in der BRD gelangen erstmals »Die Grünen« in den Bundestag.

10. APRIL – Der 43-jährige Bremer Tourist Rudolf Burkert stirbt während eines Verhörs am DDR-Grenzübergang Drewitz an Herzversagen. Nach westlichen Protesten sagt Honecker seinen geplanten Besuch in der BRD ab.

21. APRIL – Die Wartburg bei Eisenach wird anlässlich des 500. Geburtstages von Martin Luther nach umfassenden Restaurierungsarbeiten wieder für Besucher geöffnet.

12. MAI – Auf dem Alexanderplatz demonstrieren Bundestagsabgeordnete der Grünen, darunter Petra Kelly und Otto Schily, für Abrüstung in Ost und West.

8. JUNI – Der Jenaer Student Roland Jahn wird von Stasi-Mitarbeitern in einen Transitzug gesperrt und gegen seinen Willen in den Westen abgeschoben. Das soll dazu beitragen, die Oppositionsgruppe »Jenaer Friedensgemeinschaft« zu zerschlagen.

29. JUNI – Die Bundesregierung bürgt für einen vom bayerischen Ministerpräsidenten Franz Josef Strauß vermittelten Kredit in Höhe von einer Milliarde DM an die DDR. Den Vertrag hatte Strauß mit DDR-Staatssekretär Alexander Schalck-Golodkowski ausgehandelt. Zu dieser Zeit war die DDR international einem Kreditboykott ausgesetzt.

24. JULI – Im Rahmen einer privaten Reise in die Tschechoslowakei, nach Polen und in die DDR trifft Bayerns Ministerpräsident Franz-Josef Strauß überraschend mit Staats- und Parteichef Erich Honecker im Schloß Hubertusstock am Werbellinsee zusammen.

19. SEPTEMBER – Berthold Beitz, Vorsitzender der Krupp-Stiftung und Vorsitzender des Aufsichtsrates der Fried. Krupp GmbH in Essen und mehrfach Gesprächspartner Erich Honeckers, erhält die Ehrendoktorwürde der Ernst-Moritz-Arndt-Universität Greifswald.

24. SEPTEMBER – Zum dreißigjährigen Bestehen der »Kampfgrup-

pen der Arbeiterklasse« findet in der Berliner Karl-Marx-Allee ein Appell mit 10.000 »Kämpfern« statt.

5. OKTOBER – Mit gebührendem Abstand zum Milliarden-Kredit aus der BRD kündigt Erich Honecker als vertrauliche Gegenleistung den Abbau von Minen und Selbstschussanlagen an der Grenze zur BRD an.

17. OKTOBER – Als einer der bekanntesten Volksmusiker der DDR stirbt mit 56 Jahren in Suhl Herbert Roth, der Komponist des »Rennsteigliedes«.

25. OKTOBER – Rockmusiker Udo Lindenberg gastiert mit seinem Panik-Orchester im Palast der Republik.

25. NOVEMBER – Der 46-jährige Egon Krenz wird Mitglied des SED-Politbüros. Als Sekretär für Kader und Sicherheit ist er zweiter Mann in der SED-Führung und gilt als »Kronprinz« Honeckers.

1984

9. JANUAR – Die Deutsche Reichsbahn der DDR übergibt die West-Berliner S-Bahn kostenlos an den Westberliner Senat. Die S-Bahn im Westteil der Stadt hatte bis dahin der DDR gehört und war von vielen Westberliner Bürgern boykottiert worden.

9. FEBRUAR – In Moskau stirbt KPdSU-Chef Juri Andropow. Nachfolger wird der kranke Konstantin Tschernenko.

9. FEBRUAR – Erich Honecker übergibt in Berlin die zweimillionste Wohnung, seit das Wohnungsbauprogramm beschlossen wurde.

13. FEBRUAR – Anlässlich der Trauerfeierlichkeiten für Andropow treffen in Moskau erstmals Bundeskanzler Helmut Kohl und Erich Honecker zu Gesprächen zusammen. Sie vereinbaren einen Besuchstermin für Honecker in der BRD.

5. MÄRZ – Der aus der DDR geflohene Fußball-Star Lutz Eigendorf kommt in der Bundesrepublik bei einem mysteriösen Autounfall ums Leben. Gerüchte über ein Attentat der Stasi werden nie ausgeräumt.

4. APRIL – In Bonn spricht SED-Politbüromitglied Günter Mittag mit Bundeskanzler Kohl über den vorgesehenen Besuch Honeckers in Bonn. Kohl versichert, es werde ein Besuch ohne harte Töne, »der des Staatsoberhauptes der DDR würdig ist«.

27. APRIL – Bei der Eröffnungsgala zum neuen Friedrichstadtpalast erlaubt sich O.F. Weidling spitze Bemerkungen über alltägliche Willkür. Er wird aus der TV-Ausstrahlung herausgeschnitten. Weidling, bis dahin ein Publikumsliebling, erhält Auftrittsverbot.

10. MAI – Das Nationale Olympische Komitee teilt mit, dass DDR-Athleten an den Olympischen Sommerspielen in Los Angeles/USA nicht teilnehmen werden. Revanche für den Olympiaboykott des Westens bei den Moskauer Spielen 1980.

25. JUNI – Die Ständige Vertretung der BRD in Ostberlin, in der 55 Bürger ihre Ausreise in den Westen erzwingen wollen, schließt vorübergehend.

25. JUNI – Der Staatsminister im Kanzleramt der BRD Philipp Jenninger stellt auf einer Pressekonferenz den neuen Kreditvertrag der Deutschen Bank mit der DDR über 950 Millionen DM vor, für den die Bundesregierung bürgt.

4. SEPTEMBER – Nach heftiger Kritik aus Moskau über seinen beabsichtigten Staatsbesuch in Bonn sagt Erich Honecker unter fadenscheiniger Begründung seine Reise in die Bundesrepublik ab.

5. OKTOBER – Die ersten Retortenbabys im Ostblock werden in der Charité geboren. Es sind Zwillinge.

1985

10. JANUAR – Der BRD-Kabarettist Dieter Hildebrandt (»Lach- und Schießgesellschaft«, »Scheibenwischer«) und sein österreichischer Kollege Werner Schneyder treten gemeinsam in Leipzig auf.

6. FEBRUAR – Erich Honecker zeichnet das Ministerium für Staatssicherheit mit dem Karl-Marx-Orden sowie einem Ehrenbanner des ZK der SED aus.

13. FEBRUAR – Zum 40. Jahrestag der Zerstörung Dresdens im Zweiten Weltkrieg wird die wiedererbaute Semperoper mit der romantischen Oper »Der Freischütz« von Carl Maria von Weber eröffnet.

10. MÄRZ – KPdSU-Chef Konstantin Tschernenko stirbt. Am Tag darauf wird Michail Gorbatschow zum neuen Generalsekretär gewählt. Von Anfang an gibt er mit seinem Reformkurs auch vielen Menschen in der DDR Hoffnung auf einen Wandel.

23. APRIL – Erstmals besucht Erich Honecker in seiner Eigenschaft als Staatsoberhaupt mit Italien ein Land, das der NATO angehört.

24. APRIL – Im Vatikan wird Erich Honecker von Papst Johannes Paul II. empfangen.

8. MAI – In einer historisch bedeutsamen Rede zum 40. Jahrestag der Beendigung des Zweiten Weltkrieges bezeichnet Bundespräsident Richard von Weizsäcker den 8. Mai 1945 als »Tag der Befreiung«.

18. JULI – Erich Honecker empfängt den SPD-Bundestagsabgeordneten Gerhard Schröder, der für mehrere Tage in der DDR weilt.

31. JULI – Die Minenräumaktion an der innerdeutschen Grenze ist beendet. Honecker hat sein Versprechen gegenüber Strauß als Gegenleistung für den Milliarden-Kredit eingehalten.

22. AUGUST – Der beim westdeutschen Verfassungsschutz für die Abwehr von DDR-Spionage zuständige Hansjoachim Tiedge läuft laut einer ADN-Meldung in die DDR über. Später übersiedelt er nach Moskau.

1. SEPTEMBER – Am Rande der Leipziger Herbstmesse treffen SED-Generalsekretär Honecker und der bayerische Ministerpräsident Strauß erneut zusammen.

17. SEPTEMBER – Der Industrielle Otto Wolff von Amerongen, seit 1956 Vorsitzender des Ostausschusses der deutschen Wirtschaft in der BRD, wird Ehrendoktor der Universität Jena.

1. OKTOBER – In den Automobilwerken Eisenach (AWE) läuft der millionste Pkw «Wartburg 353» seit 1965 vom Band.

3. Oktober – Treffen von SED-Chef Erich Honecker und Partei- und Staatschef Michail Gorbatschow in Moskau. Gorbatschow fordert die Umgestaltung des RGW, dessen Apparat wesentlich verkleinert werden müsse. Viele Apparate des RGW seien »Friedhöfe für neue Ideen, Schutzgebiete für Nichtstuer und Verschleppungstaktiker.« Das Zerwürfnis ist offensichtlich.

15. Oktober – Gegenüber der amerikanischen Zeitschrift »Newsweek« vergleicht Helmut Kohl die rhetorischen Fähigkeiten Gorbatschows mit denen des NS-Propagandaministers Joseph Goebbels, was das Verhältnis zwischen Bonn und Moskau erheblich belastet.

15. Oktober – Das DDR-Urlauberschiff »Arkona« startet zur ersten Ostseerundfahrt für verdienstvolle Werktätige. Das Schiff hieß vorher »Astor« und diente in der Bundesrepublik auch als Drehort für die Fernsehserie »Traumschiff«.

15. November – Oskar Lafontaine, Ministerpräsident des Saarlandes, besucht die DDR. Dabei wird zwischen Eisenhüttenstadt und Saarlouis die erste deutsch-deutsche Städtepartnerschaft vereinbart.

19.–21. November – Erstes Gipfeltreffen zwischen US-Präsident Ronald Reagan und KPdSU-Generalsekretär Gorbatschow in Genf. Beide erklären, dass ein Atomkrieg niemals geführt werden dürfe, und bekennen sich zum militärischen Gleichgewicht.

1986

24. Januar – Als erste organisierte Oppositionsgruppe in der DDR gründen Bärbel Bohley, Gerd und Ulrike Poppe und weitere Bürgerrechtler die »Initiative Frieden und Menschenrechte«.

11. Februar – Spektakulärer Agentenaustausch auf der Glienicker Brücke zwischen Potsdam und Westberlin. Der sowjetische Regimekritiker Anatoli Schtscharanski sowie drei westliche Agenten werden gegen fünf Ostspione ausgetauscht.

19. Februar – DDR-Volkskammerpräsident Horst Sindermann reist zu einem viertägigen Besuch nach Bonn. Er ist der ranghöchste DDR-Repräsentant, der bisher in die BRD reiste.

16. April – Zum 100. Geburtstag von Ernst Thälmann wird der Standort eines alten Gaswerkes im Stadtbezirk Prenzlauer Berg in einen Thälmann-Park umgestaltet und ein Thälmann-Denkmal des sowjetischen Bildhauers Lew Kerbel eingeweiht.

17.–21. April – Auf dem elften SED-Parteitag betont Erich Honecker die sich weiter erhöhende Rolle der SED als führende Kraft beim Aufbau des Sozialismus. Michail Gorbatschow erklärt als Gast, dass »Selbstkritik die unablässige Voraussetzung für den Erfolg« sei. Dennoch verweigern sich die SED-Hardliner den von Gorbatschows angemahnten Reformen. Gorbatschow unterbreitet weitere Vorschläge zur Abrüstung, die vor allem auf die Reduzierung konventioneller Waffen in Europa abzielen.

26. April – Um 1.23 Uhr kommt es im vierten Reaktorblock des sowjetischen Atomkraftwerkes in Tschernobyl, 1.000 Kilometer von Berlin entfernt, zu einer Explosion, die einen Brand auslöst. Das Unglück wurde zunächst heruntergespielt, bis die alarmierenden Messdaten über den Grad der Verseuchung freigegeben werden müssen.

5. August – Zum 25. Jahrestag des Mauerbaus erscheint eine DDR-Briefmarke, die bewaffnete Kampfgruppen-Mitglieder vor dem Brandenburger Tor zeigt. Die Bundespost lehnt eine Beförderung der Briefe mit dieser Marke ab.

2. Oktober – Zwischen Mukran auf Rügen und dem sowjetischen Klaipeda (Memel) wird eine Fährverbindung eingeweiht. Sie schafft unter Umgehung Polens eine direkte Verbindung zwischen der DDR und der Sowjetunion.

12. Dezember – Auf dem Flughafen Berlin-Schönefeld stürzt beim Landeanflug eine »Tupolew 134« der Aeroflot aus Minsk ab. 72 Menschen kommen ums Leben.

16. Dezember – Der sowjetische Parteichef Gorbatschow teilt dem in einem Lager bei Gorki inhaftierten Wissenschaftler und Bürgerrechtler Andrei Sacharow persönlich dessen Entlassung mit.

4. JANUAR – Bundeskanzler Helmut Kohl bezeichnet die DDR als »Regime, das politische Gefangene in Gefängnissen und Konzentrationslagern hält«. Der Ständige Vertreter der DDR in Bonn protestiert.

13. JANUAR – Energiekrise: Wegen eines Schnee- und Kälte-Einbruchs friert die Braunkohleförderung ein, Strom- und Wärmeversorgung sind gestört, es kommt zu empfindlichen Opfern in der tierischen Produktion.

28. JANUAR – »Neues Deutschland« veröffentlicht Auszüge aus einer Rede von Michail Gorbatschow über die »Umgestaltung und die Kaderpolitik der Partei«. Passagen, in denen Gorbatschow deutliche Kritik an seinen Amtsvorgängern übt, werden ausgespart.

6. FEBRUAR – DDR-Spionagechef Markus Wolf, Stellvertreter von MfS-Minister Erich Mielke, tritt mit 65 Jahren »aus gesundheitlichen Gründen und auf eigenen Wunsch« in den Ruhestand.

9. APRIL – Kurt Hager, Mitglied des Politbüros und Sekretär des ZK der SED, bezeichnet in einem »Stern«-Interview den von Gorbatschow eingeleiteten radikalen Wandel einen »Tapetenwechsel«, dem man als Nachbar nicht folgen müsse.

28. MAI – Der westdeutsche Sportflieger Matthias Rust landet mit einer Cessna auf dem Roten Platz in Moskau. Er konnte unbehelligt von Finnland aus 800 Kilometer sowjetischen Luftraum durchqueren. Verteidigungsminister Sokolow und Luftabwehrchef Koldunow verlieren ihre Ämter.

12. JUNI – USA-Präsident Ronald Reagan fordert in Westberlin bei einem Besuch am Brandenburger Tor: »Herr Gorbatschow, reißen Sie diese Mauer ein!«.

7.–11. SEPTEMBER – Erich Honecker besucht als erstes DDR-Staatsoberhaupt die BRD. Stationen der Reise sind Bonn, Düsseldorf, Trier, Saarbrücken und München. Honecker bemüht sich um westliche Finanzhilfe, BRD-Kanzler Helmut Kohl um menschliche Erleichterungen und wirtschaftliche Zusammenarbeit.

25. NOVEMBER – Die Staatssicherheit durchsucht die »Umwelt-bibliothek« der Ostberliner Zionskirchgemeinde und verhaftet sieben Oppositionelle. In den folgenden Tagen werden Mahn-wachen und Solidaritätsgottesdienste veranstaltet, bis die Ver-hafteten wieder frei kommen.

1988

7. JANUAR – Zum ersten Mal wird Erich Honecker von einem Staatspräsidenten der westlichen Alliierten empfangen. In Paris trifft er mit François Mitterand zusammen.

10. JANUAR – Der Fußballer Jürgen Sparwasser, der 1974 im WM-Vorrunden-Spiel gegen die BRD das berühmte »Sparwasser-Tor« gegen die BRD schoss, setzt sich in die Bundesrepublik ab.

15. JANUAR – Johannes Rau, Ministerpräsident von Nordrhein-Westfalen, eröffnet in Ostberlin eine Ausstellung mit Werken von Joseph Beuys (1921–1986), die ab März auch in Leipzig gezeigt wird.

17. JANUAR – Während der Gedenkveranstaltung zum Jahrestag der Ermordung Rosa Luxemburgs und Karl Liebknechts werden in Ostberlin 150 Personen verhaftet, die für Meinungsfreiheit demonstrieren (u.a. mit dem Luxemburg-Zitat: »Freiheit ist immer die Freiheit des Andersdenkenden«). Einige prominente Mitglieder oppositioneller Gruppen werden zur Ausreise in den Westen genötigt, darunter Bärbel Bohley.

25. FEBRUAR – In der DDR beginnt der Abzug sowjetischer Mittel-streckenraketen. Ein Teil der Standorte, u.a. Warenshof an der Müritz, wird unter propagandistischem Aufwand zu Ferienzen-tren umgestaltet.

13. MÄRZ – »Neues Deutschland« druckt auf Weisung Honeckers einen ganzseitigen Artikel der sowjetischen Altstalinistin Nina Andrejewa aus »Sowjetskaja Rossia« nach, der Gorbatschow Verrat an der Sache des Kommunismus vorwirft und von Gor-batschow-Gegnern im KPdSU-Politbüro lanciert wurde.

14. MÄRZ – Nachdem seit 1982 jeden Montag ein »Friedensgebet« in der Leipziger Nikolaikirche veranstaltet wird, ziehen danach erstmals 300 Teilnehmer in einem Schweigemarsch durch die Stadt.

19. JULI – Vor 160.000 Zuschauern in Ostberlin tritt USA-Rocklegende Bruce Springsteen auf. Die FDJ hat das Konzert organisiert, Katarina Witt moderiert im Blauhemd und wird ausgepfiffen.

12. SEPTEMBER – Erich Honecker bekommt den ersten im Kombinat Mikroelektronik Dresden entwickelten und gefertigten 1-Megabit-Chip überreicht. Zu einer Serienproduktion kommt es nicht mehr.

2. OKTOBER – Bei den Olympischen Sommerspielen in Südkorea erringen DDR-Sportler 37 Gold-, 35 Silber- und 30 Bronzemedaillen und belegen nach der UdSSR den zweiten Platz. Mit sechs Goldmedaillen im Schwimmen ist Kristin Otto aus der DDR die »Königin« der Spiele.

11. NOVEMBER – Bei der Ehrung von Sportlerinnen und Sportlern im Amtssitz des Staatsrates der DDR verwendet Erich Honecker überraschend das bis dahin als sektiererisch verteufelte Bild vom »Sozialismus in den Farben der DDR«, um sich von Gorbatschows »Glasnost« und »Perestroika« abzugrenzen.

18. NOVEMBER – Erich Honecker verleiht Rumäniens Staatschef Nicolae Ceauşescu in Ostberlin den Karl-Marx-Orden. Ein Jahr später wird der rumänische Diktator nach einem Volksaufstand zum Tode verurteilt und hingerichtet.

1989

15. JANUAR – Mehrere hundert Bürgerinnen und Bürger fordern in Leipzig Meinungs-, Versammlungs- und Pressefreiheit. Es gibt zahlreiche Verhaftungen.

19. JANUAR – Erich Honecker vertritt die Meinung: »Die Mauer wird in 50 Jahren und auch in 100 Jahren noch bestehen blei-

ben, wenn die dazu vorhandenen Gründe noch nicht beseitigt sind.«.

6. FEBRUAR – Der 20-jährige Kellner Chris Gueffroy wird auf der Flucht erschossen. Er ist der letzte »Mauertote« der DDR.

1. APRIL – Die Reiseverordnung vom Dezember 1988 tritt in Kraft, wonach Besuchsreisen zu Verwandten im westlichen Ausland auch für Ehepartner möglich sind.

2. MAI – Ungarn schert aus dem Ostblock aus. Die Grenze nach Österreich wird durchlässig. Zahlreiche DDR-Bürger gelangen über diesen Weg in den Westen.

7. MAI – Letzte Kommunalwahlen in der DDR. 98,85 Prozent stimmen für die Kandidaten der Nationalen Front. Bürgerrechtler stellten Manipulationen fest, ihre Eingaben werden zurückgewiesen. Aus Protest dagegen beginnen die Montagsdemonstrationen.

23. MAI – Zur Erhaltung ihrer persönlichen Macht beschließen die Mitglieder des »betagten« SED-Politbüros, den zwölften SED-Parteitag für Mai 1990 einzuberufen, obwohl er laut Statut erst 1991 fällig wäre. Erich Honecker, dann bereits 77 Jahre alt, sollte den Rechenschaftsbericht erstatten, was seine Wiederwahl als SED-Chef bedeutet hätte.

8. JUNI – Für die DDR-Volkskammer war das Massaker auf dem Pekinger Platz des Himmlischen Friedens, bei dem 3.000 Oppositionelle umgebracht wurden, laut einer Erklärung eine »Niederschlagung der Konterrevolution«.

9. JULI – Das älteste Mitglied der DDR-Volkskammer, Wilhelmine Schirmer-Pröscher, wird 100 Jahre alt.

19. AUGUST – Bei einem von Kaiser-Enkel Otto von Habsburg veranstalteten »Paneuropäischen Picknick« an der Grenze Ungarns bei Sopron nutzen 600 DDR-Bürger die Möglichkeit zur Flucht.

10. SEPTEMBER – Ungarn öffnet die Grenzen für DDR-Bürger. Trabi-Kolonnen ziehen in Richtung Bayern, wo Zeltstädte für die Flüchtlinge errichtet werden.

11. SEPTEMBER – Im Haus des 1982 verstorbenen Regimekritikers Robert Havemann in Grünheide bei Berlin gründen 29 Bürger-

rechtler, darunter Bärbel Bohley und Katja Havemann, die Oppositionspartei »Neues Forum«. In wenigen Wochen streben 200.000 DDR-Bürger eine Mitgliedschaft an. Das DDR-Innenministerium verweigert die Zulassung.

19. SEPTEMBER – Die Oppositionsbewegung »Neues Forum« beantragt ihre offizielle Zulassung. Diese wird einen Tag später vom Innenministerium abgelehnt, die Organisation als »staatsfeindlich« bezeichnet.

30. SEPTEMBER – Hans-Dietrich Genscher, BRD-Außenminister, eröffnet den 7.000 ausreisewilligen DDR-Bürgern, die in der Prager BRD-Botschaft Zuflucht gesucht haben, dass sie in den Westen ausreisen dürfen.

7. OKTOBER – Zum 40. Jahrestag der DDR mahnt Michail Gorbatschow in Ostberlin: »Gefahren warten nur auf jene, die nicht auf das Leben reagieren.« Während der Feiern kommt es zu einer Straßenschlacht in Berlin, Polizei und Stasi greifen hart durch, Hunderte Demonstranten werden festgenommen und »zugeführt«.

9. OKTOBER – 70.000 Menschen ziehen durch Leipzig und rufen »Wir sind das Volk«. Die Polizei greift nicht ein. Ermutigt verstärken sich die Montagsdemos überall in der DDR.

18. OKTOBER – Erich Honecker legt auf Druck des SED-Politbüros alle Ämter nieder. Nachfolger als SED-Generalsekretär wird Egon Krenz. Er verspricht den Bürgern Dialog und Wende. Doch kaum einer glaubt dem langjährigen »Kronprinzen« Honeckers.

31. OKTOBER – Egon Krenz empfängt Absolventen der Militärakademien und erklärt, auch unter den sich verändernden Bedingungen sicherten die Streitkräfte die Unantastbarkeit des Hoheitsgebietes der DDR.

4. NOVEMBER – Nahezu eine Million Menschen fordern auf einer von Künstlern einberufenen Kundgebung auf dem Berliner Alexanderplatz demokratische Reformen in der DDR und Beseitigung der Allmacht der SED.

7. NOVEMBER – Der Vorsitzende des Ministerrates Willi Stoph und die Regierung der DDR treten zurück.

9. NOVEMBER – Um 18.57 Uhr verkündet Günter Schabowski als Sprecher des SED-Politbüros auf einer Pressekonferenz die Öffnung der innerdeutschen Grenze. Binnen Stunden sind Hunderttausende an den Grenzübergängen, die Schlagbäume gehen hoch, die Mauer ist gefallen. 1.265 km Metallgitterzaun, Betonmauern und Beobachtungstürme durch Deutschland werden zu Relikten des Kalten Krieges.

13. NOVEMBER – Hans Modrow wird DDR-Regierungschef.

18. NOVEMBER – Das Ministerium für Staatssicherheit wird in ein »Amt für Nationale Sicherheit« umbenannt.

1. DEZEMBER – Die Volkskammer tilgt die »führende Rolle« der SED aus der Verfassung.

3.–6. DEZEMBER – SED-Generalsekretär Egon Krenz tritt zurück. Die SED benennt sich in SED/PDS um und wählt den Rechtsanwalt Dr. Gregor Gysi zum Vorsitzenden.

6. DEZEMBER – Prof. Dr. Manfred Gerlach, Vorsitzender der LDPD, wird als Nachfolger von Egon Krenz von der Volkskammer zum Vorsitzenden des Staatsrates gewählt.

19. DEZEMBER – Bundeskanzler Helmut Kohl trifft zu einem Besuch in Dresden ein und wird von der Bevölkerung bejubelt. Kohl wertet den Ruf »Wir sind ein Volk!« als den Volkswillen zur deutschen Einheit.

31. DEZEMBER – Die DDR besitzt an diesem Tag 16.433.796 Einwohner, das ist bis dahin ein historischer Tiefstand der Bevölkerungsentwicklung seit Kriegsende im Osten.

1990

1. Januar – Reisefreiheit in beide Richtungen: Von nun an können Bundesbürger die DDR und Ostberlin ohne Visum und ohne Zwangsumtausch besuchen.

3. Januar – Der Runde Tisch, an dem die SED/PDS-Regierung mit Bürgerrechtlern verhandelt, vereinbart eine »Große Koalition der Vernunft«. Die Regierung unter Hans Modrow wird toleriert, doch zunächst ist der Runde Tisch die tatsächliche Machtzentrale der DDR.

5. Januar – Bürgerkomitees halten ehemalige Bezirksverwaltungen des Ministeriums für Staatssicherheit besetzt. In Gera erzwingen Bürgerrechtler den Zutritt zur dortigen MfS-Bezirksverwaltung und übernehmen die Kontrolle von Akten und Waffen.

8. Januar – Bei den Montagsdemos in Leipzig lautet der Ruf inzwischen auch: »Wir sind ein Volk«. Immer mehr Bürger fordern Wiedervereinigung statt Reformen.

15. Januar – Nachdem auf Druck der Straße die Auflösung des Ministeriums für Staatssicherheit beschlossen wurde, stürmen Demonstranten das Stasi-Hauptquartier in der Ostberliner Normannenstraße. Die Besetzer finden 180 Kilometer Stasi-Akten. Auf mysteriöse Weise gelangt die so genannte »Rosenholzkartei« mit den Stasi-Westagenten in die USA.

21. Januar – Der ehemalige SED-Generalsekretär Egon Krenz wird aus der SED/PDS ausgeschlossen.

26. Januar – In Moskau findet unter Gorbatschows Leitung eine Krisensitzung zur Lage in der DDR statt. Es herrscht Einigkeit, dass die DDR nicht zu halten sein wird. Eine Sechser-Konferenz zu Deutschland (»Vier-plus-Zwei«) wird ebenso befürwortet wie die Vorbereitung des Abzugs der sowjetischen Streitkräfte aus der DDR.

29. JANUAR – Erich Honecker wird verhaftet, im Gefängnis Rummelsburg verhört, doch wegen Haftunfähigkeit wieder freigelassen.

4. FEBRUAR – Die SED/PDS ändert ihren Namen um in »Partei des demokratischen Sozialismus« (PDS).

7. FEBRUAR – Die Oppositionsgruppen »Neues Forum«, »Demokratie Jetzt« und »Initiative Frieden und Menschenrechte« vereinigen sich zum »Bündnis 90«.

13./14. FEBRUAR – DDR-Ministerpräsident Hans Modrow sowie Mitglieder seiner Regierung besuchen Bonn und führen zahlreiche Gespräche u.a. mit Wirtschafts- und Finanzexperten.

1. MÄRZ – Die volkseigenen Betriebe in der DDR werden in Kapitalgesellschaften verwandelt. Sie sollen von einer Treuhandanstalt im Auftrag des Runden Tisches in die Marktwirtschaft überführt werden.

18. MÄRZ – Die letzten und einzigen freien Wahlen zur DDR-Volkskammer führen die von der DDR-CDU dominierten »Allianz für Deutschland« zum Sieg.

5. APRIL – Dr. Sabine Bergmann-Pohl (CDU) wird Präsidentin der ersten freigewählten Volkskammer der DDR und nimmt bis zum Ende der DDR auch das Amt eines Staatsoberhauptes wahr.

12. APRIL – Ministerpräsident der DDR wird der Ostberliner Rechtsanwalt Lothar de Maizière (CDU). Seine Regierungskoalition will einen schnellen Beitritt der DDR zum Wirkungsbereich des Grundgesetzes der BRD.

2. MAI – Die Regierungen vereinbaren eine »Wirtschafts- und Währungsunion« zum 1. Juli. Das DDR-Geld wird in West-Mark umgetauscht. Das soll die Fluchtwelle aus der DDR aufhalten.

1. JUNI – Karl-Marx-Stadt heißt wieder Chemnitz.

1. JULI – Um Mitternacht beginnt die Währungsunion mit langen Menschenschlangen vor den Banken. Ab dem frühen Morgen dürfen DDR-Bürger pro Kopf 4.000 Ost-Mark im Verhältnis 1:1 umtauschen (Rentner: 6.000 Mark), den Rest 1:2. Das neue Geld

offenbart bald die Schattenseiten für die Unternehmen. Sie sollen ihre Arbeitskräfte in DM entlohnen, aber viele ihrer Produkte sind für West-Geld kaum zu verkaufen. Erste Entlassungen.

1. JULI – Mit Beginn der Wirtschafts-, Währungs- und Sozialunion enden nach 45 Jahren alle Grenzkontrollen in Berlin und an der innerdeutschen Grenze.

14.–16. JULI – Bei einem Besuch der UdSSR erhält Bundeskanzler Helmut Kohl von Michail Gorbatschow die Zustimmung zur Wiedervereinigung Deutschlands in Freiheit.

23. AUGUST – Nach einer dramatischen Nachtsitzung beschließt die DDR-Volkskammer mit 294 Ja-Stimmen von CDU, SPD, DSU, DBD und FDP den Beitritt zur BRD nach Artikel 23 des Grundgesetzes mit Wirkung vom 3. Oktober. 62 Abgeordnete, vornehmlich der PDS, stimmen dagegen.

6. SEPTEMBER – Die Volkskammer beschließt, die Stasi-Akten öffentlich zugänglich zu machen. Außerdem sollen enteignete Klein- und Handwerksbetriebe ihren ehemaligen Eigentümern zurückgegeben werden.

21. SEPTEMBER – Der DDR-Minister für Abrüstung und Verteidigung, Rainer Eppelmann, unterzeichnet den Befehl zur Auflösung der Grenztruppen der DDR.

3. OKTOBER – Um Mitternacht feiert Deutschland den Anschluss der DDR an die Bundesrepublik Deutschland. Die DDR ist nur noch Bestandteil der Geschichte.

DER AUTOR

Klaus Taubert wurde 1940 in Walschleben bei Erfurt geboren, war zunächst Facharbeiter für organische Grundstoffchemie, dann Zugfunksprecher, Betriebs-funkredakteur und mit 22 Jahren jüngster Chefredakteur einer Kreiszeitung in der DDR.

Bald darauf ging er als Reporter zum Allgemeinen Deutschen Nachrichten-dienst (ADN), der staatlichen Nachrichtenagentur der DDR. Dort brachte er es bis zum stellvertretenden Chefredakteur und war außerdem »Hofberichterstatter« Honeckers. Er studierte Journalistik und Gesellschaftswissenschaft, veröffent-lichte Bild-Text-Bände, schrieb Kriminalhörspiele für den Rundfunk, Satiren für mehrere Zeitungen, Beiträge für Kinderbücher sowie Songtexte, darunter den Titel »Der Angstverkäufer« für die Puhdys.

Nach dem Ende der DDR war Klaus Taubert für einen großen westdeutschen Verlag tätig. Derzeit arbeitet er an heiteren bis satirischen Erzählungen sowie an Geschichten für Kinder und Erwachsene.

Klaus Taubert
GENERATION FUSSNOTE*
Bekenntnisse eines Opportunisten
ISBN 978-3-89602-811-2

Titelfoto und Abbildungen im Bildteil: Archiv Klaus Taubert
Covergestaltung: Natalie Reed

KATALOG

Wir senden Ihnen gern kostenlos unseren Katalog
Schwarzkopf & Schwarzkopf Verlag GmbH / Abt. Service
Kastanienallee 32 | 10435 Berlin
Telefon: 030 – 44 33 63 00 | Fax: 030 – 44 33 63 044

INTERNET | E-MAIL

www.schwarzkopf-schwarzkopf.de
info@schwarzkopf-schwarzkopf.de